絵はがきの別府

古城俊秀コレクションより

松田法子 著
古城俊秀 監修

左右社

本書に収録した絵はがきはすべて古城俊秀コレクションによる。古城氏が所有する地元大分県を題材とした一万枚を超える絵はがきのうち、とくに別府にかんするものをおよそ六〇〇枚、収録した。氏の絵はがきコレクションは、地域別、テーマ別に整理され、合計数万枚に及ぶ。なお参考資料として掲載したパンフレットなどもすべて氏のコレクションによる。

絵はがきに魅せられて

古城俊秀

コレクションの始まり

わたしが絵はがきのコレクションをはじめたのは、もうだいぶ以前のことになる。そもそものきっかけは切手に魅せられたことだった。

小さな紙片に精巧で美しい図案が印刷されている切手の魅力を知ったのは、思い出してみれば小学生の頃のことだ。ある日下校途中の郵便局で昭和二十四年三月十日発行の別府観光切手を買った。はがき用の二円、封書用の五円の二枚の切手だった。この別府港と高崎山を描いた切手は、グラビア刷りがほとんどだった当時、色刷り彫刻凹版印刷で刷られており、その美しさに感動したことを今でも覚えている。少ない小遣いの中から買ったその最初の切手がわたしのコレクションのすべてのはじまりだった。

やがて切手収集は自分の生活の一部のようになり、郵便局に職を得てからも、ささやかな趣味として続けてきた。わたしが入局した当時は、東京オリンピックの直前で空前の切手ブームが起きていた頃。記念切手の発売日には、窓口に行列ができ、販売制限をしたことも忘れがたい記憶だ。

切手にはさまざまな魅力がある。たとえば未使用切手や外国の切手に魅せられる収集家もいる。その切手が実際にはどのように使われたのか、それがわたしの興味だった。そうすると自然に私製はがきに貼られた切手と消印が気になりはじめた。この世界でエンタイヤと呼ばれる、切手を使用した封書やはがきである。いつ、どの土地で、そのはがきと切手は投函されたのか。それが気になり始めてから、絵はがきの魅力に気づくのに、大して時間はかからなかったように思う。

本格的に絵はがきを収集するようになったのは、逓信省発行の第一回記念絵はがき「万国郵便連合加盟二十五周年記念」六枚一組のセットを手に入れたことから始まる。明治三十五年六月十八日、わが国は万国郵便連合加盟から二十五周年を迎え、それを記念して逓信省がはじめて記念はがきを発行したのだ。その数年前には私製はがきの使用も許可されていたが、やはり官製はがきの美しさ、品質と比べると雲泥の差があった。このセットを手にして以来、絵はがきがはっきりと収集の対象となった。

私の収集方法

これまで長く楽しんで集めてきたが、その方法はごく普通のものだ。古書店をのぞき、縁日や骨董市の出店をめぐる。もちろん交換会にも出席して、わたしの求める範囲をみなに知ってもらうようにしてきた。値段があってないようなこの世界のことだから、いろいろな駆け引きもすることになる。他のコレクターたちがもう探し尽くした後から、わたしの求めるものを見つけ出した時の喜びは大きい。初物などと呼ばれる出物に出会うのはなおさらのことだ。

関東へ出かけることはほとんどないが、京都など関西方面、愛媛などへは足を伸ばすようにしている。本書では「別府圏」（五七頁）と指摘されているが、このあたりからわたしの探す絵はがきが出てくることが多いのだ。

コレクションの内容

絵はがきのコレクターは、その人のご当地のはがきを収集しているもの。したがって、大分に生まれ育った私が、別府をはじめとする県下のはがきを集めているのは当然といえるだろう。

その他には、図案や構図が奇抜で愉快なアイデアにあふれた、明治末から大正にかけての干支を題材にしたもの、時代とともに変化してゆく町並みを写したもの、お正月の子供たちの遊び風景といったテーマを集めている。各年の一月一日印をはがきで収集していたのだが、その中で手に入れた明治四十年代の干支の私製はがきがこれらのテーマのはじまりだった。双六、カルタ、書き初めなどの室内遊び、屋外では凧揚げ、ハネツキ、雪合戦、スキーにスケートなど昔の遊びが図案に取り上げられている。子供たちの和服、兵隊さんとの組合せも面白く、色彩も素晴らしく美しいものが多い。

また汽車・電車・飛行機・バスなどの乗り物、博覧会や共進会といった地域の殖産興業イベントの際につくられた絵はがきも収集のテーマとしている。乗り物では商船や軍艦、進水式といった船に関係する絵はがきにも力を入れている。いまもっとも興味のあるテーマは、関西と別府を結ぶ瀬戸内航路の商船絵はがきだ。本書にも取り上げられているが、大阪商船をはじめ、さまざまな会社が顧客への挨拶状、お土産として絵はがきを発行していたのだ。本書にも、船があり町並みがあり、博覧会や公園、陸海軍や飛行艇まで、私のコレクションの多様さを反映させることが出来たのではないだろうか。

しかし、こうした題材の絵はがきであれば何でもいいとは思っていない。私が集めているのは、戦前、中でも明治末期から大正初期のいわば絵はがきの黄金期のもので、強いていうならば実逓のもの。一度使用された絵はがきは、未使用のものと比べると当然、受取人の手で捨てられることも多いだろうし、なにしろ別府の絵はがきであれば別府以外の日本全国へ、それに当時は大陸や台湾へも差出されるもの。加えてたとえば軍艦の乗組員へ宛てたもの、あるいは乗組員が差出したものなどもある。収集するのは苦労が多いが、なるべくならば実逓便を手に入れてきた。本書にもスタンプが押されていたり、書き込みがあったりするはがきが多く収録されているが、それこそは私のコレクションなのである。

絵はがきの魅力は、画一されたサイズの中に、最大限のアイデアを練って構図を描いている点にあると私は思う。同じ別府湾の大阪商船が題材でも、構図の美しいものもあれば、そうでもないものもある。より美しいもの、より面白いものを探すのも、コレクションの大きな楽しみだ。また、銅版の簡単なものから、一枚一枚手で彩色したはがき、さらには豪華にエンボス加工を施すはがきまで存在し、この当時の印刷技術の幅広さ、高度さを伺い知ることが出来るのも楽しい。

この一点

もう手放してしまったものも含めて、いままで何十万枚と絵はがきを見てきたので、この一点というものを選ぶのはなかなかに難しい。集めているジャンルの中でも、それぞれに素晴らしいものがあるし、年月を経てコレクションも、より甲乙つけがたいものばかりになってきた。最高の一点を探し出すというよりも、こんな場所も絵はがきになっていたのか、と驚かされることの方が最近では楽しい。つい先日も「大分　峠切通」というはがきを手に入れた。明治大正の時代にはいまと違い何ということもない土地。当時ここを絵はがきにした写真師や発行元は、遠い未来の現在の姿を想像していただろうか。こんなはがきとの出会いが面白い。

本書の中では、たとえば501「豊後佛崎電車」の一枚を挙げたい（二五四頁）。本文にも書かれているとおり、鉄道大分駅開通が明治四十四年十一月一日。この絵はがきはその前年、四十三年二月の実逓便。つまり鉄道が開通する直前のこのあたりの様子を伝えているのだ。乗り降りする人々の様子もよくわかるし、電車内にもどうやらたくさんの乗客がいるように見える。欲をいえばこのはがきのせっかくの構図を、差出人の書き込みが邪魔してしまっているが……。鉄道関係の史料や電車の写真集、史誌などにも目を通しているが、これは見かけたことがなく、鉄道開通以前のころの、難所といわれた仏崎の史料としても貴重なのではないかと思う。

コレクションを通じた出会い

こうして集めてきた年月の間には、いろいろな求めもあった。

もう十年以上前であるが、NHK大分放送局で「絵はがきと歩む大分の二十世紀展」というイベントが催されたことがあった。企画を担当したアナウンサーがどこで聞いたか、我が家を訪ねてこられ、ぜひ県内の絵はがきを貸して欲しいとの依頼であった。放送局新会館一階ロビーを使った三日間の期間中には、過去にない多くの入場者が訪れたと後日、放送局長から聞かされた。なかには我が家の写っている絵はがきや鳥瞰図が欲しいという声もあり、反響の大きさに驚いたという。企画担当者も、自分の最初の企画展の大成功で、同僚を大いに羨ましがらせましたと嬉しそうであった。

全国各地で発行されている旅館の絵はがきは集めているコレクターも多く、互いに交換することも少なくない。別府の絵はがきについていえば、流川通を写したはがきは多いのだが、それ以外は旅館を除くと少なく、私が持っているとどこからか耳にして、ぜひ譲って欲しいといってくる人も。絵はがきに限らず、初三郎の鳥瞰図や地図、パンフレットも、たびたび譲って欲しいといわれる。この時代の、紙ものとよばれるものに惹かれる人は私のみならず多くいるようだ。

今回、ごく一部とはいえこうして選び出し本にすることで、私のコレクションをご覧いただければ、誰もが夢中になってしまう絵はがきの面白さ、素晴らしさを感じていただけるのではないだろうか。

はじめに

写真絵はがきと別府

松田法子

本書は、大分県別府市の温泉場である別府温泉を写した、明治末期から昭和初期の写真絵はがきを素材にする。

別府は、温泉場と温泉関連業を基盤にして明治期には空間的にも社会的にも大幅な拡大を遂げ、国内最大の温泉町に成長した特異な都市である。本書では、このような特徴をもつ別府を対象に、その歴史上の多様な姿を写し取って各地へ流通させた写真絵はがきを、別府の都市史と共に追いかけてみたい。

本書の絵はがき

本書に収録した絵はがきは、古城俊秀氏が四十年にわたって蒐集されたものである。古城氏が所蔵する別府の絵はがきは全体で四千点あまりになるが、本書ではそのごく一部である約六〇〇点を収録した。

選定の際には、既存の出版物にたびたび使われているものや、ポーズをつけた芸妓を砂湯に配するなど、別府の写真絵はがきの定型をとるものはできるだけ除いた。これまでに知られている〈別府〉イメージを別の側面からあぶり出すためである。古城コレクションにはこれまであまり公にされてこなかった画像の絵はがきばかりが吟味されて集められており、本書には新鮮な別府のイメージが非常にたくさん収録されているはずである。

写真絵はがきと都市

絵はがきを「記念」と「記述」、写真を「記録」と「記号」のメディアと捉えれば、写真絵はがきはこれら四つの性格を備えることになる。

写真絵はがきは、そこに写された対象と情報の豊富さから、これまでにもさまざまな分野で史料として使われてきた。しかし画像の面白さを楽しみ、情報を引用的に参照するだけではなく、写真絵はがきの画像群総体を、絵はがきという媒体とそこに写し出された場所や都市そのものとあわせて論じる試みは、まだはじまったばかりである。写真絵はがきの表と裏には、場所の捉え方とその伝え方にかんする、記念性、記述性、記録性、記号性が、隣り合い、また背中合わせになっている。

本書の構成

全体は三章にわかれている。海と浜辺、そして砂湯があることで特別な温泉場になった別府の特徴を捉えるべく、「渚と泉」と題するまとまりを第一章とした。別府は海水と温泉、二種類の豊かな水際に展開した町なのである。

第二章「大別府」では、別府温泉の基盤をなす歴史の古層にさかのぼったのち、「別府八湯」などと呼ばれた戦前期別府のひろがりを捉えた。

「別府」という地名は、狭義には江戸時代の別府村にさかのぼる名称で、本来はその別府村の領域を指す。しかし明治期以降に別府村は、浜脇村などの隣村と合併して「大」別府村となり、さらに合併を重ねて、別府町、別府市へと拡大していった。ただし本書が扱う〈別府〉の領域は、このような行政的な範囲の「別府」だけではない。むしろ「別府八湯」など、複数の温泉場や名所など小さな場所の群が「別府」という名のもとにゆるやかに結合してつくりだしている領域に注目している。本書では広義の「別府温泉」に含まれる個々の場所の個性的な歴史と、このような場所群が連動することで描き出す領域の歴史とを捉えたいと考えている。

さらに本章では、温泉場に発生するプリミティブな建築や業種、すなわち共同浴場や旅館について取り上げている。浴場と旅館の数や規模は圧倒的であり、数多ある戦前期日本の温泉町と別府とは、この点で一線が画される。それは本章の冒頭に示すとおり、古来この地に存在した強力な温泉資源を背景に成立したものなのである。

第三章は「別府とその世紀」と題し、絵はがきに写し取られた二十世紀前半の別府と、そこに付与されていった近代性あるいは都市性について取り上げた。博覧会、遊園地、公園、埋立地、分譲地、軍、遊廓、料亭などである。加えて、古代からの地熱現象であるが、自動車交通の展開によって別府観光の目玉に変わっていった「地獄」についても三章に収録した。

二十世紀前半は「別府の時代」であったとも言い換えられよう。小さな温泉場集落であった別府村などが複合し、都市の相貌をまとった巨大温泉町へと変貌したからである。別府のそうした変化は、当時の日本に別府温泉が占めるようになった意味と位置を示している。裏返せば別府のこのような変化は、当時の日本の諸相を、別府という地のありようを通して眺めることにもつながるだろう。

各章には、別府の大規模化を促し維持した交通インフラも取りあげた。第一章には船、第三章には電車、鉄道、自動車、飛行艇を配している。船は瀬戸内の関西航路などを通じて別府のひろがりを生み出す。電車は大分市との都市間交通を実現するとともに、別府の都市内交通基盤となった。鉄道は福岡から九州を縦断する大動脈に別府を組み込み、大量の旅客を送り込んだ。そして自動車やバスは、地獄めぐりという別府観光最大の目玉が成立するうえで不可欠であった。さらに自動車は別府八湯など「大別府」のひろがりを担保する移動手段であり、由布院や耶馬溪などと接続する別府の中広域観光圏を形成していったのである。

それでは絵はがき一葉の場所から出発して、この巨大温泉町の総体に向かう旅を始めよう。

絵はがきの別府　目次

絵はがきに魅せられて　古城俊秀――4
はじめに――写真絵はがきと別府――8

第一章
渚と泉

1 渚のある温泉町　的ヶ浜――別府イメージの生成と写真絵はがき――18
2 港町別府　大阪商船と別府の近代――23
3 海水浴と砂湯　別府の天然砂湯――39

第二章
大別府

4 別府の古層　別府と火山、火山神／別府と沿海諸地域／災厄の記憶――54
5 別府八湯　**浜脇**　殷賑の温泉場／**朝見**　八幡宮の門前町

観海寺　眺望と高燥の地／**堀田**　街道の分岐点
明礬　生産の温泉場／**鉄輪**　古式を伝える温泉場
柴石　醍醐天皇と後冷泉天皇の入湯伝
亀川　街道筋の温泉場／**高原**〈別府〉のひろがり ―― 60

6　町並み

町並みの地勢 ―― 92

7　共同温泉浴場

温泉町のインフラストラクチャー ―― 104

8　温泉源開発

湯脈の上の都市 ―― 122
海岸通／港町・竹瓦／埋立地
駅前／流川／豊前道
田の湯・上田の湯／不老町
濱脇／ホテル／観海寺

9　旅館

鉄輪／亀川／明礬／柴石 ―― 126

第三章

別府とその世紀

10 温泉町の博覧会　ふたつの大イベント　188
11 遊園地　少女歌劇とケーブルカー　202
12 公園　211
13 別府の土地開発　海岸線の変貌と土地会社　220
14 軍の療養地　「無敵艦隊大歓迎」／傷病兵と別府　228
15 水際の遊廓　242
16 芸妓と料亭　244
17 電車と汽車　別府の電気鉄道／別府と汽車　248
18 創られる名所　260
19 地獄　江戸時代の地獄／地獄の近代　265
20 自動車　地獄めぐりと自動車／拡大する別府観光圏　287
21 飛行艇　広がりゆく別府のイメージ　292

コラム 別府港のパノラマ絵はがき　26　写真絵はがきの製作発行者　51
旅館業の社会と空間　130　相場師と観光　油屋熊八伝再考　183

付録 さまざまな絵はがき
封緘絵はがき／パノラマ絵はがき／イラスト・絵画の絵はがき
別府の郵便・郵便局／記念絵はがき・記念スタンプ・記念切手　294
絵はがき製作年代の見方　306

おわりに　310
参考文献／索引

凡例

◉絵はがきは節ごとの構成順に配置し、ゴチック体で掲載順の通し番号を付してある。

◉本文中あるいはキャプション中の〔 〕内のゴチック体の数字は、絵はがきの番号を示す。

◉キャプション中、改行後の「 」内は、差出人の文章を示す。

◉本書では、絵はがきの年代を以下の方針で表記した。

表面(通信面)に住所氏名の表記欄しかないもの ↓ 明治三十年代

表面三分の一以内に通信文記載が認められているもの ↓ 明治末期〜大正中期

表面二分の一以内に通信文記載が認められているもの ↓ 大正中期〜昭和初期

表面に「郵便はがき」(右読み)の表記があるもの ↓ 昭和初期

◉なお写真の被写体や消印などから、より詳しい年代が推定できる場合には、その情報も反映させた。通信欄の変遷、消印などの詳細は巻末「絵はがき製作年代の見方」参照。

第一章

渚と泉

1　**豊後別府 的ケ濱（明治末期〜大正中期）**　的ヶ浜には、平安時代に源為朝が的を掛けたと伝わる「的掛の松」に因み、安部繁衛門という別府の有力者が寛政年間（1789 〜 1800）に植えた松があった。

1 渚のある温泉町

的ヶ浜――別府イメージの生成と写真絵はがき

別府湾を縁取る海岸は、潮が引けば遠浅になる穏やかな渚であった。

別府が温泉町として飛躍的に有名になったのは、すばらしい渚に恵まれていたからにほかならない。日本に海水浴がひろまった明治期以降、海水浴と温泉浴の両方が一挙に実現できることは、保養地にとって強力な条件になる。そのうえ別府の渚にはそこら中に温泉が湧いていた。ひろびろとした別府の浜辺は、海水浴と砂湯の浴客で溢れかえった。この渚こそが、別府をとくべつな温泉場にしたのである。

ただいうまでもなくこの浜は、元来重要な生業の場であった。多くの船が出漁を待ち、網やイリコが干されていた。明治期になってもその役割は続き、砂湯に寝そべる浴客のすぐ傍らで、地引き網が引かれることも珍しくなかった。しかし自然の汀線が連続していたのは明治の末までで、明治四十四年（一九一一）からはじまった埋立によって、別府の渚はおおきく変貌していく。

2　**豊後別府 的ケ浜の雨(明治末期〜大正中期)** 和傘の人物２人と、浜に引き上げられている和船。

「名所」的ヶ浜

浜辺を写した絵はがきのなかでも、とりわけよく題材に選ばれたのが的ヶ浜である。ここには、鎮西《ちんぜい》八郎《はちろう》為朝《ためとも》*(源為朝)が弓を射掛けたという松の古木があって、その伝説を想起させる浜は古くからこの地の名所だった。絵はがきというメディアにおいて、的ヶ浜は近代別府の名勝として再定置される。そのとき的ヶ浜の写真絵はがきに託されたのは、変貌していく別府の現在ではなく、むしろ前近代をほうふつとさせる風雅だった。絵はがき〔1〕に配されたつぼめた和傘を差し掛けながら歩む三人の人物からは、ただちに歌川広重『東海道五十三次』の「蒲原」が想起されるだろう。あるいは、浜のすすき野越しにおぼろ月が浮かぶ構図の絵はがき〔6〕は、温泉だけにとどまらない別府の魅力を伝えただろう。

ここには的ヶ浜の空間から、名所らしい情景を限定的に切り取り、演出をほどこしていった絵はがき発行元あるいは写真師の心性がほの見えている。

的ヶ浜の空間と社会

的ヶ浜の内陸には海門寺という寺があり、一帯は墓地だった。そればかりでなく、ここには避病院(コレラなどの伝染病専門病院)や火葬場、と畜場が建てられていた。写真絵はがきに写り込んでいる煙突は火葬場のものである(明治四十三年〈一九一〇〉「豊後有名温泉之図」)。市街地のはずれにあたる的ヶ浜は、町の内部では特別視されるものの建設地であり、それらは名所と同居していた。

同時に浜は、さまざまな人たちの居住地でもあった。

大正十一年(一九二二)に、皇族の別府来訪にともなって的ヶ浜

3　**大日本豊後別府 北濱海岸（明治末期〜大正中期）**〔1〕のやや南側で撮影され、構図もよく似る。北浜は的ヶ浜の南に接する。身をかがめてこちらへ歩いてくる人物の手前には、転々と足あと。つまりこのモデルはカメラの側から構図の奥に向かって移動し、カメラへ向かって引き返してくるところだ。

の松林にあった二十一軒の小屋を警察が焼き払うという事件が起きた。この一件から、的ヶ浜には八十人あまりの人びとが居住していたことがわかっている。赤十字社大分支部総会に出席するために赤十字総裁の閑院宮が別府を訪問する計画がおこり、これに備えて別府署は浜の住居を焼き払ったのである。焼き払われた小屋のひとつに住んでいた浄土真宗の布教師、篠崎蓮乗が運動し、この運動は水平社結成のひとつのきっかけをつくったとされる。

名所や観光地は、ある部分ではそれとして整えられ、つくりあげられていく側面をもっている。的ヶ浜は名所や観光地にかんする感性と政治の力学がせめぎ合う渚であった。写真絵はがきによって切り取られる的ヶ浜には写真師が心に描く名所のイメージが投影されているが、その構図にはまぎれもなく、その場所に根ざす的ヶ浜の社会が写り込んでいるのだ。

＊源為朝伝説と別府……源為朝は強弓で知られた平安末期の武将で、検非違使《けびいし》であった源為義《ためよし》の八男である。保元《ほうげん》の乱（一一五六年）では父とともに崇徳上皇について、後白河天皇側と戦った。暴れ者であった為朝は十三歳の時（一一五〇年頃）九州に追放されるが、鎮西を名目に各地で合戦をおこし、三年あまりで九州の豪族を平定してしまったとされる。別府には為朝にかんする様々な伝説が残り、的ヶ浜の名は為朝が的を掛けたという「的掛の松」に由来する。為朝は豊後（大分）の「おとなしがはら」に居を構え（『保元物語』）、そこから各地に馬を駆って移動していたらしいことが、別府に残る為朝伝説との接点であると考えられている（『別府市誌』）。

4　**別府海濱（明治末期～大正中期）** 海岸に長々と干される網。船も数艘みえる。生業の場としての浜辺。横浜のトンボ屋製。トンボ屋は日本各地の名所絵はがきを作製していた著名な絵はがき製造元。

5　**別府北浜 聖人ケ原（明治末期～大正中期）** 〔2〕とほぼ同じ場所と構図。聖人ヶ原とは別府港と亀川の間で、中央奥にみえる林のあたり。

6　**別府 的ケ濱夜景（明治末期～大正中期）** 浜辺のすすき野、別府湾に浮かぶ小舟と半月。的ヶ浜は静寂かつ風光明媚な場所というイメージを託されていたのだろう。

7　**海岸通り（大正中期～後期）**　大阪商船の桟橋が竣工しているので（左奥）、大正９年以降の撮影。港内には帆船がひしめき、たくさんの材木が陸揚げされている。急速に拡大する別府の、旅館や住居の建設資材だろうか。中央やや右を貫く道は、市区改正後、大正元年に竣工した海岸通。海岸通の完成によって、多くの旅館が海沿いに進出した。

2 港町別府

大阪航路の開拓

近代別府の交通は、航路を大きな特徴にする。

明治四年（一八七一）の築港によって、別府に至る航路は格段に強化された。とりわけ別府にとって決定的な交通インフラは、瀬戸内と大阪をつなぐ関西航路（瀬戸内航路）の整備だった。明治六年（一八七三）には別府―大阪間に定期便が就航する。別府は、従来擁していた豊後（大分県）や九州内部、あるいは瀬戸内海を介した伊予（愛媛県）などの近接諸地域に加えて、大阪や神戸という大都市を、その後背地に加えた。

桟橋と大型客船

港にかんする第二の画期は、大正九年（一九二〇）の桟橋竣工である。これは大阪商船という一民間会社が別府町の許可をえて建設したもので、これによって従来困難であった一七〇〇トン級大型船の接岸が可能になり、船客の便は大きく向上した。この桟橋では同時に、浴客の上陸や離別など、さまざまな光景が生みだされていく。港は、たんに旅客や物資の集散地であっただけでなく、〈別府〉を象徴する文学的な場所にもなった。

さまざまな船、さまざまな浜

新港建設以降、桟橋竣工までの半世紀あまりの間、大型船は沖合

8　別府港（大正中期〜昭和初期）　大型船と連絡するための艀や漁船など、たくさんの和船がひしめく別府港。奥のほうの船には網が干されている。

9　別府港内より四極山を望む（大正中期〜昭和初期）　別府港内に停泊する帆船のむこうに見える高崎山。

10　豊後別府港 全景（明治30年代）　別府港を写す絵はがきの中で最古級のもの。〔14〕〜〔18〕のパノラマ絵はがきと比べると、堤防上の灯台や浜辺の家並みの違いがわかる。萩原号発行。なおこの絵はがきで萩原号の住所は「豊後別府浜脇港」とある（→51頁「写真絵はがきの製作発行者」）。

に停泊し、艀《はしけ》が船と陸とをつないでいた。大桟橋の竣工後も、軍艦をはじめとくに大型の船は沖に停泊している。艀は港湾の重要な生業で、写真絵はがきのあちこちにもそれらの活動を認めることができる。

また、別府に入港した船は華々しい大型船ばかりではなかった。湯治のため、豊後水道を挟んで向かい合う伊予などから小型の和船が数多くやってきた。これらは「湯治船」とよばれ、春の季語にもなっている。それは大阪港や神戸港のような大港湾ではなく、海に面する村や町の浜から漕ぎ出され、別府港や浜脇港に雲集した。湯治船に乗り組んで別府にやってくる人たちは陸の温泉宿にはあがらず、船で自炊しながら寝泊まりして共同温泉浴場に通ったという。無数の湯治船が描く航跡と豪華客船が描く航跡はどちらも、海を介した明治期別府のひろがりをあらわしている。

11　**別府港 桟橋と紅丸（明治末期〜大正中期）**　港の突堤に着岸する大阪商船の紅丸。大正９年（1920）に竣工した同社のコンクリート製桟橋〔28〕がまだないので、それ以前の絵はがき。突堤には材木が積まれ、物売り、下船客、迎えや見物の人びとで雑多な賑わいをみせる。左側の船溜まりが港内〔8〕。

12　**別府港帰帆（明治末期〜大正中期）**　高崎山を背景にする２艘の小舟。シルエットからみて右の漕ぎ手は子どものようだ。櫂を握って働く子どもは、しばしば絵はがきに写り込んでいる。

13　**別府港内（大正中期〜後期）**　手前の漁船の向こうに、停泊中の軍艦３隻がみえる。別府にはしばしば帝国海軍の艦隊が入港、保養や慰安のために乗組員が上陸した。

コラム　別府港のパノラマ絵はがき

別府ではパノラマの写真絵はがきが数多く作られた。五～七枚の絵はがきを横に並べると一続きのパノラマが完成するものが多い。ほかに封緘《ふうかん》絵はがきといって封筒状の袋とじを開くとパノラマになる絵はがきもある。

港周辺を写したものだけでもたくさんのパターンがあるが、これは海岸沿いの建物などを含めて細部が鮮明な一揃いで、年代も比較的古い〔14～18〕。帆船（右）、艀（中程）、小型蒸気船など、港内を行き交う船の様子が知られる。

停泊する蒸気船の斜め右奥、寄棟の大屋根は霊潮泉という浴場である。別府港の正面に建てられていた。突堤左側に立地する三階建ては湊屋旅館で、まだ二階建てが多い家並みのなかでひときわ目立っている。またこの時点の砂浜は、湊屋旅館の前面をはじめ一帯が船の引き上げ場になっていることにも注目しておきたい。左に見える煙突は、明治三十三年（一九〇〇）に開業した電鉄会社の発電所（開業当初は豊州電気鉄道、明治三十九年の社名変更以降は豊後電気鉄道）。

この写真絵はがきがつくられたほんの少

14～18　　豊後 別府港全景 其の一～五（明治末期～大正中期）

しあとの大正元年（一九一二）には海岸通が完工し、海岸にはすぐさま三階建てや四階建ての旅館が軒を連ねていくことになる。砂浜も明治四十四年（一九一一）から埋め立て工事が始まり、大正期には大きく様子が変わっていった。また同じ明治四十四年には、先行の電気鉄道に続いて蒸気機関車も海岸線を走りだす。これらの変化によって、船の動線は別府港や浜脇港に集約されていく（濱脇港はこのパノラマでは左端の方に位置する）。

　このパノラマ写真絵はがきには、別府の海浜が、漁撈や舟運にたずさわる空間から旅館街や埋立地へと変じていく、その直前の階梯が刻まれているのだ。

セット絵はがきのたとう（絵はがきの外袋）

19　**別府港の夜景（大正中期）** 黒煙を吐きながら航行する汽船と月夜の別府湾。

20　**別府温泉場海岸より国東方面を望む（明治末期～大正中期）** 日出方面の山並みを背景に、別府湾を走るたくさんの帆船。

21　波静かなる別府港の風光（昭和初期）　彩色。多くの船が停泊する別府港。奥に大きく写っているのは高崎山。

22　別府港桟橋と其の上に猛烈を極め雲霧の如く立ち昇って居る温泉の湯気実写（大正後期〜昭和初期）　桟橋際にたちのぼっているのは湯気。海中に温泉が湧く別府ならではの珍しい光景。

23　豊後別府 青年会主催漁舟競争会（明治末期〜大正中期）　漁村としての別府の性格が伝わってくる催し。浜辺には万国旗がはためいている。

24　別府港桟橋 むらさき丸出帆の刹那（大正後期～昭和初期） 大阪商船の桟橋竣工（大正９年〈1920〉）後の１枚。大阪商船の客船が写っている絵はがきには、同社が広告のため製作したものと、別府の絵はがき製作元がつくったものがある。大阪商船の製作分は、顧客に配られたものもあったと思われるが、販売もされていた。11枚入り定価12銭と記された「たとう」（絵はがきの外袋）が残っている。

25　別府港 桟橋（大正中期～末期） 着岸しようとする大阪商船の定期客船。

26　別府港 桟橋（大正中期～昭和初期） 大阪商船の桟橋をやや上方から撮影した１枚。

27　別府港 紫丸出帆の光景（大正中期～昭和初期） 出航を見送る人々、船上から名残りを惜しむ人々からなる群衆。

28　大阪商船株式会社 別府支店（大正後期～昭和初期） 桟橋上にある洋風の建物が大阪商船別府支店。同社が開業したのは明治17年（1884）で、別府には開業当初から代理店がおかれた。明治33年（1900）支店に改称。桟橋竣工前の支店は港の向かい側、港町と海岸通の角にあった。

29　**紅丸 初航海（大正末期）**「瀬戸内の女王」と呼ばれた二代目紅丸の大阪—別府路線初航海。のち「くれなゐ丸」に改称。大正13年（1924）建造、ディーゼル貨客船、全長72.6メートル、定員589名。なお従来のレシプロエンジン（ピストンエンジン）では石炭を燃料にしていたが、ディーゼルエンジンでは重油を燃料にしたため、排出される煙のすすが少なく、船客に好評を博した。

30　**別府入港の紅丸（明治末期〜大正９年以前）**
この絵はがきに写るのは初代紅丸で、明治45年５月28日に大阪—別府間を初航海した。初代紅丸は、大阪商船が北ドイツ汽船会社から買収して導入した船舶だった。

31　**紫丸 総噸数一六〇〇噸（昭和初期）**　のちの船名は平仮名で「むらさき丸」。大正10年（1921）建造、レシプロ貨客船、1598トン、全長70.1メートル、定員544名。

32　緑丸 総噸数一七二〇噸（昭和初期） 緑丸（のち「みどり丸」）は昭和３年（1928）建造、1725トン。なお同船は昭和10年に衝突事故によって小豆島沖で沈没した。この絵はがきには沈没前年、昭和９年の消印がある。

33　みどり丸・すみれ丸船体縦断面図（昭和初期） みどり丸（昭和３年〈1928〉12月就航）・すみれ丸（昭和４年２月就航）の船体断面図のイラストを絵はがきにしたもの。

34　別府出港の菫丸（昭和初期） 昭和４年（1929）に就航した菫丸（のち「すみれ丸」）。すみれ丸はディーゼル貨客船で、1730トン、全長74メートル、定員670名。

35　別府航路 に志き丸（昭和初期）　に志き丸全景。昭和９年（1934）11月就航。 昭和９年建造、ディーゼル純客船、1800 トン、全長74 メートル、定員714名。昭和12年９月15日の記念スタンプあり。愛媛県温泉郡三津浜町宛の実逓。船中でしたためられている（消印は神戸中央）。

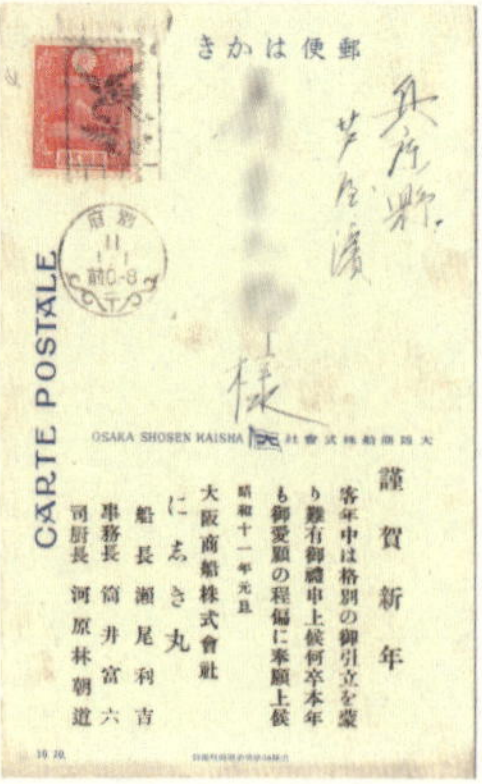

36　別府航路 に志き丸（昭和初期）　に志き丸の船長・事務長・司厨長の連名で送られた年賀状。昭和11年（1936）１月１日。兵庫県芦屋浜宛。消印は別府。大阪商船別府支店から顧客に発送されたもの。

37　に志き丸 一等食堂（昭和初期）　に志き丸一等食堂の内観イラスト。昭和10年（1935）１月７日付の実逓。別府の九州大学温泉研究所宛。女性が船中から投函（消印は高松）。

「御部屋は現在中年の御夫婦（新婚でなくて幸いでした）と私と三人切りでございます　各等共満員で出帆の時は随分混雑致しました」「心は別府に…何だか身体だけが船にのって居る様で…」。

38　**別府航路 こがね丸（昭和初期）** こがね丸全景。昭和11年(1936) 9月就航。昭和11年建造、ディーゼル純客船、1900トン、全長74.5メートル、定員710名。

39　**阪神別府航路 こがね丸 一等特別室（昭和初期）** 昭和11年(1936)に1等特別室の料金は30円で、6円だった3等料金の5倍であった。

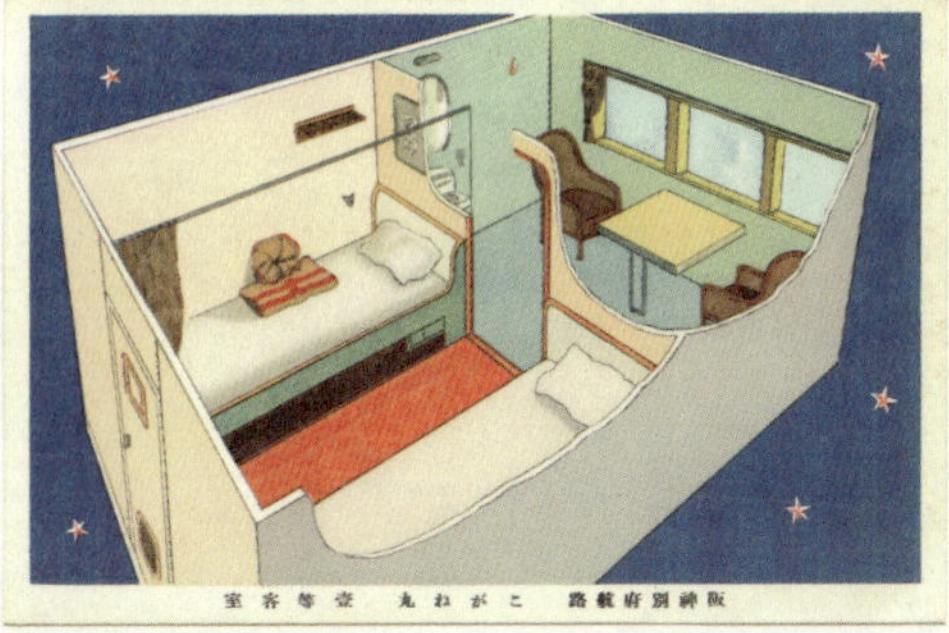

40　**阪神別府航路 こがね丸 一等客室（昭和初期）** 同じく昭和11年の1等料金は18円だった。

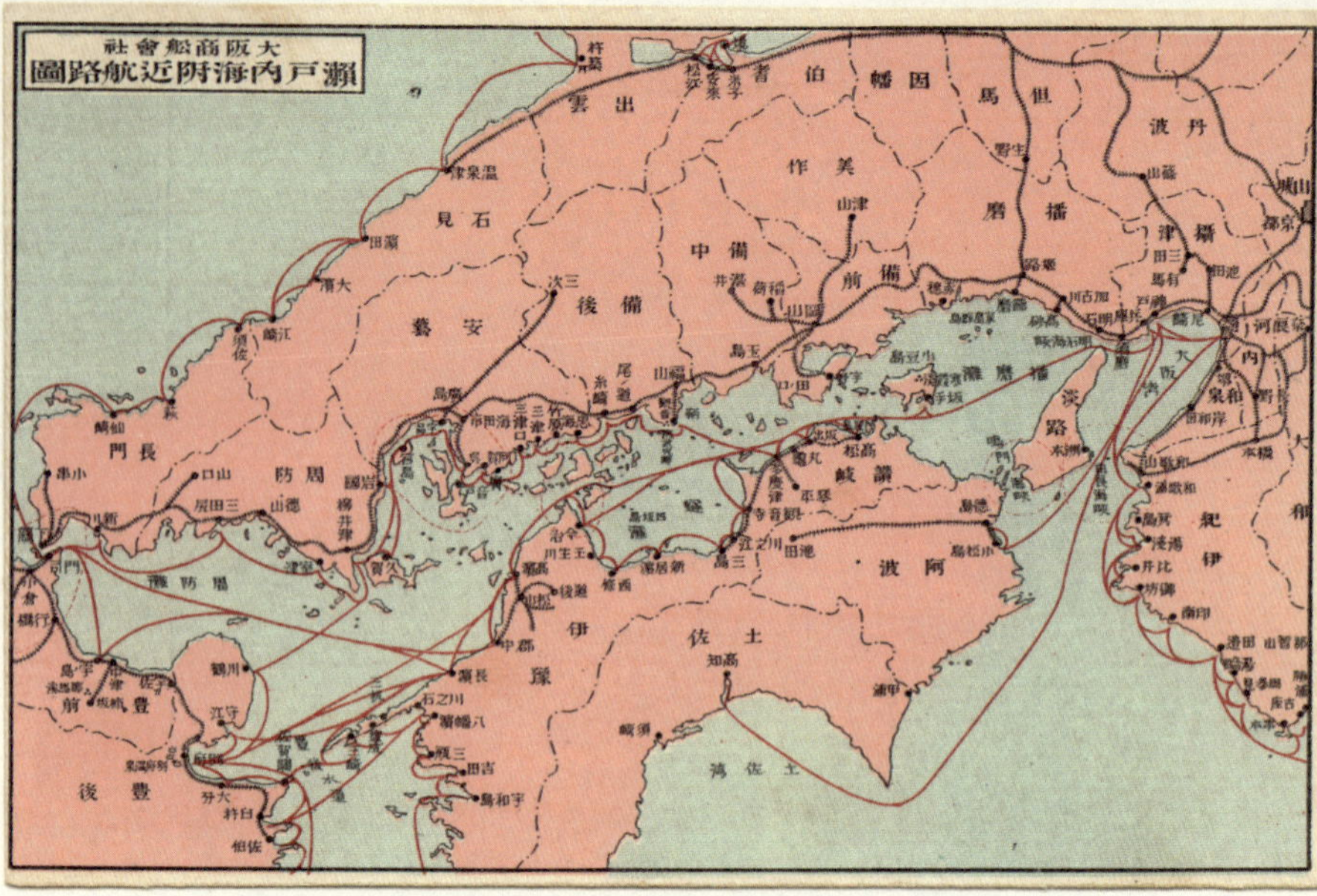

41　**大阪商船会社 瀬戸内海附近航路図（昭和初期）**　大阪商船の瀬戸内海航路略図を絵はがきにしたもの。

大阪商船と別府の近代

大阪商船の誕生

明治十年代の瀬戸内航路では、西南戦争による軍事品や物品の輸送特需でふくれあがった稼働船数を消化するために、各社が値下げ競走を重ね、疲弊の色合いが濃くなっていた。費用削減のために船体を修理せず就航させる汽船会社もあって事故も絶えず、こうした状況を打開すべく各社間で協定を結び、共同で設立したのが大阪商船である。明治十七年（一八八四）五月一日に大阪を本社として開業した同社は、関西や瀬戸内に加えて、九州を含む西日本沿岸のほぼ全域に就航した。また早々に釜山線などの海外航路も開拓し、明治末期以降には世界中の大陸に定期航路を就航させ、日本郵船や三菱商船などと渡り合う、近代日本有数の船舶会社にのしあがる（昭和十七年以降は関西汽船に編成替え）。

別府には、明治十七年の同社開業当初から代理店がおかれた。なおこのとき、関西瀬戸内の代表的な港湾都市である神戸の拠点も別府同様代理店格である。創業当初の全十八本線、四支線のうち、第八本線（大阪細島線）と第九本線（大阪大分宇和島線）が別府を経由した。第八本線は、大阪―神戸―多度津―今治―三津ヶ浜―長浜―別府―大分―佐賀ノ関―臼杵―佐伯―延岡―細島を経由していた。いっぽう第九本船は、大阪―神戸―多度津―今治―三津ヶ浜―長浜―別府―大分―佐賀ノ関―八幡浜―宇和島を結んだ。第八本線は一、四、七、九がつく日に、第九本線は二、五、八のつく日に大阪を出航した。

別府に汽車の駅が開業したのは明治四十四年（一九一一）のことで

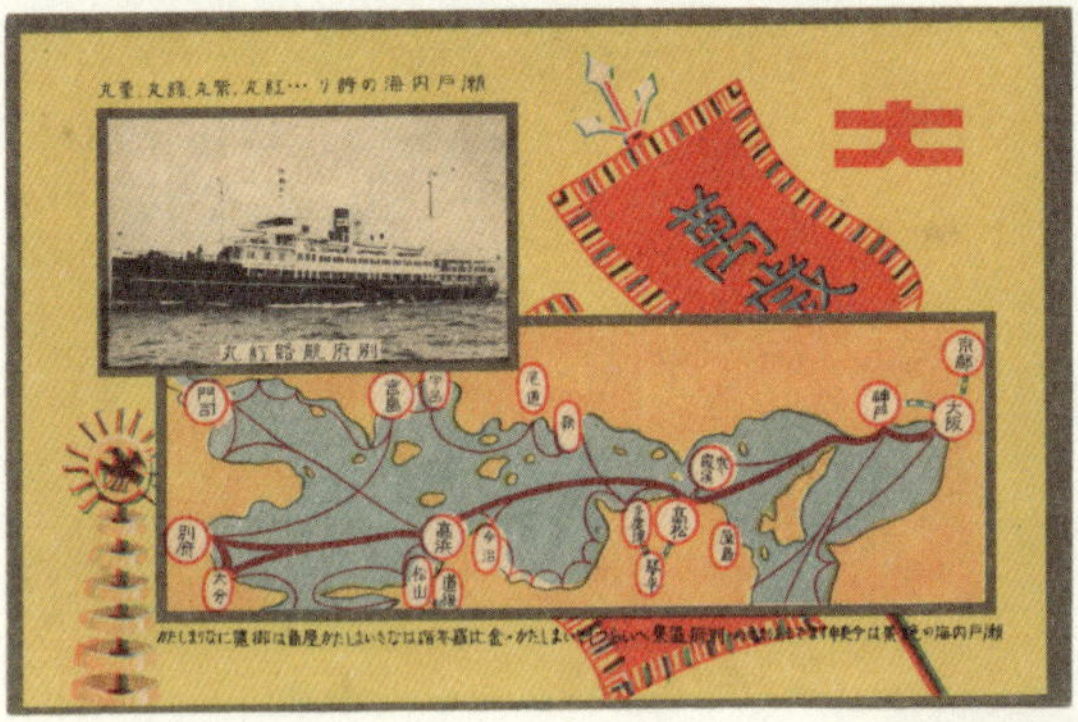

42　瀬戸内海の誇り……紅丸、紫丸、緑丸、菫丸（大正中期〜昭和初期）
“瀬戸内の女王”紅丸と航路図。

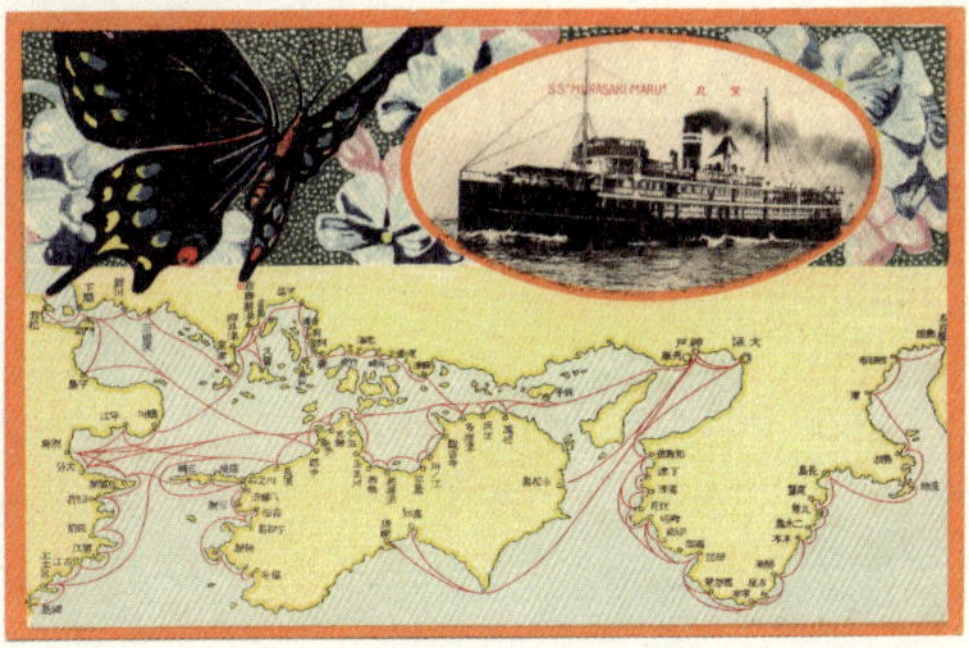

43　紫丸航路図（昭和初期）　大阪―別府航路に就航する代表的な客船のひとつであった紫丸と航路図。

あり、大阪商船が開業した明治十七年から明治四十四年までの三十年弱の間は、別府に至る広域鉄道網が全くなかった。関西など遠方からの客はほとんど船でやってきたのである。明治期にたくさんつくられた大阪商船の西日本航路はその後、採算上の事情から廃止など整理が進むが、収益が期待できた別府航路は優良路線で、明治四十五年（一九一二）には従来の第八本線に加えて「大阪別府線」が開通している（当初「大阪豊後線」、大正三年〈一九一四〉改称）。大阪別府線は「別府温泉の開発を目的として」開かれ（『大阪商船株式会社八十年史』）、まず北ドイツ汽船会社から買収した紅丸が就航した。

別府航路の充実

まもなく大阪商船は二代目の紅丸を新造する〔29〕。一五〇〇トン超の大型豪華客船である。瀬戸内航路のほとんどの船が八〇〇トン以下の小型貨客船であった当時において、二代目紅丸は破格の大きさで、「瀬戸内の女王」と呼ばれたという。

大阪別府航路の乗客は年を追って増加し、大正十二年（一九二三）には大阪別府便と、別府を経由する大阪細島線がそれぞれ毎日就航する。ちなみにこの時、大阪門司線は月十五回、大阪東京線は月四回の就航であったから、大阪商船全体の航路をみても別府便は本数が多い。

五年後の昭和三年十二月からは昼夜二便に増発された（ちなみに現在の大阪別府航路は夜に一便のみである）。夜便では大阪の天保山を夜八時に出発し、夜の間に瀬戸内を航行、翌朝、日の出頃には今治を通過し、午後二時二〇分に別府港へ到着する。

昭和十一年の三等料金は六円で、二等は十二円、一等は十八円で特別室が三十円だった。一等には専用の食堂や社交室があり、畳

44　**別府丸（大正中期〜昭和初期）**　別府航路に就航していた小型客船の別府丸。

45　**屋島丸 大阪別府航路定期船（大正中期〜昭和初期）**　大正12年（1923）８月就航。なお同船は、昭和８年（1933）10月、暴風のため兵庫県沖で沈没してしまった。

敷きで床の間もついた日本間の船室もあった〔40〕。ちなみに同じ頃、博多—別府間の鉄道は三等二円六十二銭、二等五円三十八銭である。博多—別府間の二等列車料金に少し足したくらいの金額で、大阪と別府を結ぶ大阪商船の三等に乗ることができた。

同路線には、紅丸のほか、紫丸〔31〕、緑丸〔32〕、菫丸〔34〕、に志き丸〔35〕、こがね丸〔38〕、計六隻の新造大型客船が続々と投入される。つまり同社の日本沿岸路線のなかでも、大阪別府航路にはとくに力が傾けられたのである。ほかに既存の客船で別府航路に投入された船には、屋島丸と別府丸があった。

別府の成長と大阪商船

大阪商船と別府航路との関係をひもといてみると、大阪商船は、温泉地として賑わっていた別府へたんに旅客を運んだというよりもむしろ、観光保養地としての別府の可能性にすばやく目をつけて大阪別府航路を開拓し、その充実をはかってきた経緯がみえてくる。同社の社史、別府支店開業の項には、「別府はもと名も知られぬ一小温泉であったが、当社は明治四十五年（一九一二）大阪豊後線（大阪別府線）を開始して以来絶えず阪神地方からの入湯客の誘致をはかり相次いで当航路に優秀船を投入した」とも記されている（『大阪商船株式会社八十年史』）。

同社の就航は、阪神地方と接続することで大きく展開した、別府という場所の都市化に深く関与したとさえいえるだろう。大阪商船が別府航路を重視した理由は同社の収益をはかるゆえにほかならないが、一方で同社は、関西瀬戸内との人・モノ・資本の関係を基盤に拡大していく別府という都市の下地を少なからず準備し、強化し続けたのであった。

46　別府 海水浴場（昭和初期）　大勢の子供達が海水浴をしている。はがき下部に「此ノ海水浴場ノ地底ヨリ温泉湧出シ、海水ト混合スルヲ以テ微温ヲ感ズ」とある。奥に写るのは、北浜地先埋立地の旅館街。

3 海水浴と砂湯

清い干潟の柔らかい砂に裸身を埋むれば、
快い温泉が滾々《こんこん》と砂の底から湧き出づる。
空には鴎、沖には白帆、
新鮮な碧海のオゾンを胸一杯に吸ひ、
うつらうつらと陶酔境をさまよひながら万病を治すなど、
凡そ別府でなければ味ひ得ぬものでありませう。

（パンフレット『別府』、昭和十一年〈一九三六〉）

47　別府 北濱海岸 田中屋旅館屋上より見たる海水浴場（大正中期～昭和初期）

48　**別府海浜と砂湯（明治末期～大正中期）** 右手前は砂湯用の幕。人々が波打ち際に集まって地引き網を見ている。

別府の天然砂湯

明治四十二年（一九〇九）に別府町で議決された「上等温泉取締

49　**豊後別府 港外 幕張砂湯（明治末期）** 別府港南側。白い幕で囲いと覆いをつくったものを「幕張砂湯」と呼んだようである。

50　**豊後別府 港外 幕張砂湯（明治末期）** 別府港南側の幕張砂湯。この幕の内側が〔56〕のような状況。海岸通敷設（大正元年〈1912〉）以前に撮影されたもののようで、民家や旅館の敷地はほとんど砂浜と連続している。旅館の向こうには発電所の煙突がみえている。

51　**豊後別府 港外 砂湯と濱脇方面を望む（明治末期）** 浜脇港北側の浜。側面を長く張り出してしつらえた幕張砂湯がみえる。明治43年(1910)10月の実逓。福岡県宛。別府から浜脇まで、まだ自然の汀線が続いている。

規程」には、砂湯の利用管理についてのきまりが記されている。これによれば、砂湯は町の管理下にあり、入札によって請負人を決め、利用権を与えていた。入浴料は衣服携帯品の管理料をあわせて三銭で、入浴時間は一回当たり三十分以内とも決められている。ちなみに当時のはがき郵送料は一銭五厘であったから、砂湯は絵はがきを二枚送る分の料金で楽しめたわけである。

> 砂湯の効能はおそろしく高く、脚気やリュウマチ、その他すべての神経疾患に効き目がある。四、五月ころから夏にかけては砂湯の浴客が増え、この頃になると浜には「貸天幕《かしてんと》」つまり幕湯がつくられる。
>
> 鋤で砂を掘ってもらうには二銭から三銭、砂掛けも同様で、木枠を貸し出すところもある。これは砂を掘ったところに木枠をはめて固定し、砂が崩れないようにするのだ。石菖《せきしょう》で編んだゴザを売り歩いている者もいる。石菖とは菖蒲に似た植物で、根などを漢方薬にもする。砂湯につかう浜辺の砂は、黒くて結構角張っている。長く座っていると体が痛くなるので、このゴザを敷くと丁度いい。
>
> 別府の砂浜はほんの少し表面を掘るだけで温泉が湧いてくる。海の中へ膝くらいまでつかって、そこの海底をかかとで掻いてみると、それだけで熱い湯が沸いてくるのだ……

砂湯管理の規定が出された同年、『別府温泉繁昌記』(菊池幽芳、明治四十二年、如山堂書店)に記された砂湯の様子である。

52　**大日本豊後別府海岸 幕張砂湯と吉田旅館（明治末期）** 明治41年（1908）実逓。東京赤坂、近衛歩兵第二旅団司令部宛。差出人の少尉は別府で病気療養中らしい。

53　**豊後別府海岸（井田）港屋旅館 海岸砂湯（明治末期）** 港屋旅館（明治39年〈1906〉創業）前の幕張砂湯。旅館の左には休憩所のような別の幕もみえる。旅館名が入った絵はがきに砂湯が写っているものは多い。海沿いの旅館営業者には砂湯の営業請負人になった者が多かったのかもしれない。

54　**別府温泉北濱海岸 旅館児玉屋（大正中期～昭和初期）** 児玉別荘前の砂湯。茅葺きの休憩所も建てられていたことがわかる。

55　豊後別府 海浜砂湯（明治末期〜大正中期）　幕張砂湯の内部。砂湯を利用中の女性たちが手にしているのは自分で砂をかけるための容器。奥には砂かけの女性も２人見える。

56　海岸砂湯の実況（明治末期〜大正中期）　砂かけの女性と浴客。

57　別府 海浜砂湯（明治末期〜大正中期）　砂かけの料金は２銭から３銭で、はがき１枚から２枚分の郵送料と同じくらいだった。

58　**海岸砂湯の実況（明治末期～大正初期）** 幕なしで波打ち際に直接寝そべる浴客たち。スコップをもつ男性は砂かけの人。砂かけ人の多くは女性で、希に男性がいた。

59　**海岸砂湯の実況（明治末期～大正初期）** 写真師に向って笑顔を見せる若い砂かけの女性。

60　**海岸砂湯の実況（大正中期）**　これは絵はがき向けに構図がつくられた１枚。芸者風の若い女性と若い男性を構図の中心に集め、「海岸砂湯　第六」と読める上着を着た砂かけの女性を配置している。大正6年（1917）9月24日付、海地獄遊覧記念スタンプが押されている。

61　**海岸砂湯（昭和初期）**　児玉旅館（明治39年〈1906〉創業）の浴衣を身につけた浴客たち。背後では網が引かれている最中。昭和6年（1931）広島市宛の実逓。

62　**海岸の砂湯（明治末期）** 北浜の旅館街前で砂湯を使う人々。海岸通の完成（大正元年〈1912〉）以前。

63　**別府北濱海岸 旅館松屋別荘 海岸砂湯実況（大正中期～昭和初期）** 松屋旅館の石垣下で砂湯や海水浴を楽しむ人たち。夏の浜辺。

64　**海岸砂湯 実況（大正中期）** 松屋前の砂湯。〔63〕に較べて干潮時のようである。浴客たちは松屋の傘をさしている。

65　**港外砂湯（明治末期〜大正初期）** 和傘を日除けに使っている。引き潮時の砂湯。海上では停泊する数隻の汽船と港の間を艀が行き来している。

66　**海浜砂湯（明治末期〜大正初期）** ここでは洋傘の日除けが多い。ほか左手前では砂浜に突き刺した棒に布を引っかけて覆いをつくっている。

67　**北濱砂湯（明治末期〜大正初期）** 別府港北側の砂湯。洋傘をさした女性と帽子姿の男性は見物客だろうか。

68　**世界の珍浴 天然砂湯の実況（昭和初期）**
砂湯に並ぶ子どもたち。

69　**海岸砂湯の実況（明治末期～大正中期）**
浴衣姿で砂湯に埋まる子ども。砂湯の写真絵はがきでは古い１枚。

70　**海岸砂湯（大正後期）** 大阪商船のくれない丸をバックに、ポーズをつけられている水着姿の子どもたち。

71　世界の珍浴 天然砂湯の実況（昭和初期） 外国人浴客と砂湯。“SOUVENIR OF NATURAL HOT SPRING BEPPU” と英語で書かれた看板の前で撮影されている。

72　海浜砂湯（明治末期） 幕張砂湯と力士。別府ではたびたび力士の興業があり、たとえば明治45年（1912）４月には「東京角力」が開かれている。

73　別府海浜砂湯（昭和初期） 幕張砂湯の外国人。絵はがき下部には「外国人ノ浴客ハ年々増加シ日ニ月ニ隆盛繁栄ヲ極メテ居ル」と喧伝されている。世界周遊の大型客船が２年に１度程度別府にやってきたほか、個別に別府を訪れる外国人も少なくなかった。

74　**海水浴場（大正中期）**　海水浴の子どもや大人たちで賑わう海、その向こうでまさにいま別府湾を出航しようと黒煙を吐き出す客船。

右75　側面によこたわる舊大友城跡の四極山と別府港なり……（絵はがき写真面より、大正中期～昭和初期）

下左76　　別府北濱海岸 花菱旅館（大正後期）　海浜埋立地に、大正11年（1922）に創業した花菱旅館とその前の海水浴場。

下右77　　別府温泉場 海水浴場（明治末期～大正中期）　砂浜の浅瀬での海水浴は、ほとんど砂湯と連続している。

コラム　写真絵はがきの製作発行者

明治から大正期、別府の写真絵はがきは主に別府の写真店や印刷所によって製作された。「萩原号」と「和田成美堂」が二大業者であり、どちらの店舗も「別府の浅草」という異名をもつ繁華な松原公園の近くに立地していた。

『大分県人名辞書』（大正六年〈一九一七〉）によれば、萩原号の創業者は萩原定助（安政六年〈一八五九〉生まれ）といい、別府のみならず大分県下における絵はがき製造発行の創始者であるという。淡路島の南端、福良町の出身で、干物商と質屋をなりわいにしていた。明治三十一年（一八九八）か三十二年頃に別府へ移住し、絵はがきの発行をはじめたのである。萩原定助の名が記される出版物には、『十湯温泉案内』（明治四十二年）、『別府温泉誌』（大正元年）などが確認できることから、萩原は絵はがきに加えて別府の案内本製作を手がけていたことがわかる。

萩原定助
（『大分県人名辞書』より）

和田成美堂は、「WS」の組み文字や繋駒などを商標にする。本書に掲載した明治から大正期の写真絵はがきの数では萩原号とこれを二分している。創業者は大分県竹田出身の和田周三（明治九年〈一八七六〉頃生まれ）という人物で、満州や長崎で暮らしたのち別府で開業した。絵はがきのほか、記念写真帳、地図、案内記などの印刷発行を手がけていたことがわかっている。

だが昭和初期になると、両発行元の写真絵はがきはみられなくなり、かわって「和歌山大正」という県外の発行所の製品などが主体になる。和田成美堂については、学校関係の出版物に移行していったことが子孫からの聞き取りによって明らかになっている。

別府の写真絵はがきはどのような経緯によってつくられたのだろうか。萩原号や和田成美堂のような製作元が自

上段、和田成美堂の商標のいろいろ。下段は萩原号などの商標。

（和田成美堂、明治末、大正、昭和初頭）

（萩原号、大正）

（和歌山大正、昭和初期）

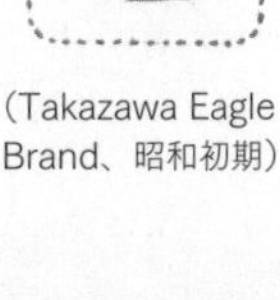
（Takazawa Eagle Brand、昭和初期）

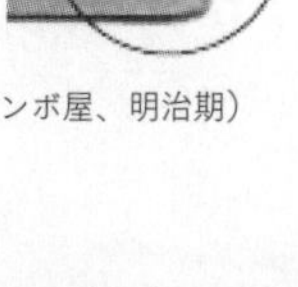
（トンボ屋、明治期）

由に主題を選ぶほか、要望を受けて撮影した場合も想定されよう。たとえば旅館の写真絵はがきには、写されている旅館の年賀状や暑中見舞として使われているものも少なくない。また逆に、こうした需要を見越して製作元が写真絵はがきの利用を旅館に売り込んだことも考えられよう。なお萩原号では、同一の写真を絵はがきと案内書の双方に使っている。

絵はがきはどのように売られていたのだろうか。別府の場合、その売り場のひとつは、有名な共同温泉浴場の前など、人の往来が多い路上であった。本書に掲載した写真絵はがきのいくつかには、絵はがき製作所の屋号を記した小さな手押し車を押す人物が写り込んでいる。

和田成美堂製の絵はがきを売る手押し車（〔193〕より）

松原公園の前にあった萩原写真館（〔415〕より）

朝見病院〔470〕付近を写した写真。明治36年（1903）7月18日撮影。この写真とほぼ同じアングルから撮影した写真を使ったとみられる明治30年代の絵はがきが下のもの。

78　**豊後別府 朝見全景（明治30年代末）** 明治30年代末に製作された朝見病院付近の写真絵はがき。別府の写真絵はがきの中では最古級の1枚である。萩原号発行。

79　**豊後別府 朝見病院真景（明治30年代末）** 写真絵はがき成立以前、別府の絵はがきはこのような銅版画を印刷しているものだった。明治38年（1905）の年賀状。

第二章

大別府

80　**朝日村県社 火男火売神社（大正中期〜昭和初期）** 火男火売神社の里宮（外宮）。右下は坊主地獄のスタンプ。この神社は地獄地帯のすぐそばに位置している。

4 別府の古層

別府と火山、火山神

別府地域の火山活動などからみて、別府に温泉系が出現した時期は今から五万年ほどもさかのぼるという。

温泉の源は、別府市街の西に位置する鶴見《つるみ》連山とされる。温泉も水と同じように高いところから低いところへと流れる。鶴見連山から湧き出し、地下を海辺に向かって流れる湯脈が地表に近接するところが、すなわち別府温泉なのである。

温泉はとりわけ等水位線（水位の等高線）の谷に流れ込む性質をもっている。そこが優勢な「湯脈」となる。その一つは現在の別府市域南側に位置する朝見川《あさみがわ》断層で、もう一つは北側に位置する鉄輪《かんなわ》断層である。別府の特徴は湯脈の強さゆえに、その断層上地表に活発な温熱現象「地獄」がみられることである。朝見川断層上には堀田や観海寺など「地獄」という地名の場所を内包する温泉場が位置し、鉄輪断層上には有名な血の池地獄や海地獄などが分布している。

現在の別府市街地北西部、鉄輪温泉のやや南にあたる鶴見の地に、火男火売《ほのおほのめ》神社（火男火女神社）という社《やしろ》がある。扇山や鶴見岳

81　**鶴見岳 火男火売神社幸所（大正中期〜昭和初期）** 火男火売神社の上宮は鶴見岳の山頂に祀られている。これは山腹の社。

から風が吹き降ろす、さわやかな社頭だ。現在の本殿と拝殿は明治十四年（一八八一）の竣工である。

別府の人にもここが火男火売神社の本社だと思っている人が多いが、ここはもともと里宮にあたり、奥宮は鶴見岳山頂にある。晴れた冬の一日、ここ山麓の火男火売神社を訪ねた足で、鶴見岳の山頂に向かった。山頂の少し下まではロープウェイで行くことができる。待合所で、奥宮の場所を尋ねた。ところがなかなか判然とせず、人によって答えもちがう。こうした混乱の原因は、里宮が通称「鶴見権現」、奥宮が「御嶽《おたけ》権現」の奥の院として、いまは別々の神社であることも関係しているようだ。火男火売神社の奥宮は、山頂の標高を示す大杭の傍らにちょこんと鎮座していた。山頂の周遊客はみな杭の前で写真を撮るが、石で作られたちいさな社に注意を払う人はほとんどいない。鶴見にある里宮も観光名所としてはかすんでいるし、奥宮に至っては多くの人から忘れ去られているようなぐあいである。しかしこれら火男火売神社こそは、別府温泉にかかわる本家本元の神である。「別府温泉」とはすなわち、火男火売（火男火女）の二神たる火山、鶴見山から湧き出す温泉なのである。

火男神、火女神の二神とは、かつてあった鶴見岳の二峰それぞれであるという。この二峰は、後に述べる貞観九年（八六七）の大噴火によって形が崩れ、いまは見ることができない（『式内火男火売神社史』）。原初的にはこのように、火男神と火女神は鶴見岳そのものであった。その後、火男神は火之加具土命《ほのかぐつちのみこと》、火女神は火焼速女命《ひやきはやめのみこと》にあてられている。

火之加具土命は、国生みの神である伊邪那伎命《いざなぎのみこと》と伊邪那美命《いざなみのみこと》の子どもで、火の神である迦具土神命《かぐつちのみこと》のことだ。イザナミはアマテラスやスサノヲノミコトなど多くの子どもを産み、最後に産んだのがカグツチだった。イザナミはカグツチを産むときに陰《ほと》を焼け焦がして死ぬ。

ホトの原義は火処《ほと》であって、噴火口や火床をあらわし、またさらに山間の窪地をも意味するという。地母神たるイザナミから生まれ出て、母を死に至らしめる強烈な神カグツチは、以上のことから火山神とみなされる場合がある。鶴見岳と火男火売神社との関係には、この説がよくあう。火男火売神社の里宮には、イザナギとイザナミ、カグツチの三柱が祀られている。

火男火売神社の創設は、嘉祥二年（八四九）と伝えられる。大分県下では五つしかない式内社《しきないしゃ》のひとつである。式内社とは延長五年（九二七）に完成した『延喜式』に載っている神社のことで、ここに掲載されている神社はその格式を誇った。

82　鶴見岳 旗の台 一の鳥居（大正中期～昭和初期）

鶴見岳は貞観九年（八六七）に大噴火をおこしている（『続日本後紀』、『日本三代実録』）。貞観年間とは、日本列島の各地で様々な天変地異が続いた時代である。鶴見岳噴火の三年前にあたる貞観六年には富士山が大噴火した（貞観大噴火）。東北では同十一年に陸奥国東方の沖合を震源とする巨大地震が発生し、内陸深くまで津波が遡上して甚大な被害をもたらした（貞観地震）。同十三年には出羽国の鳥海山が大噴火している。九州では富士の噴火と同じ貞観六年に阿蘇山が大噴火した。貞観年間はとくに、諸火山の活動が活発化した時代だったといえる。これら大噴火した火山には、その鎮静を祈る朝廷から高い神格が与えられた。噴火後、鶴見岳（火男火売神社）は従五位下から正五位下に格上げされている（『日本三代実録』）。その神格が火男火売神社なのである。千百四十年あまり前に大きな災害をもたらした鶴見岳の付随的な恵みこそが別府温泉なのである。

別府と沿海諸地域

いにしえの別府は、ふたつの伝説に彩られている。ひとつは上古、風土記の時代に属する神話で、もうひとつは十七世紀初頭の大幅な地形変動にかんする言い伝えである。

愛媛松山の道後温泉と別府温泉は地下樋でつながっているという。これは伊予国風土記逸文に描かれた神話で、そのあらすじは次のとおりである。

国造りのため、大穴持命《おほあなむちのみこと》＊と宿奈毘古那命《すくなびこなのみこと》＊（少名毘古那神）が出雲を出発して各地を旅していた。ところが「湯郡」に辿り着いたところで宿奈毘古那命が倒れてしまう。「湯郡」は現在の道後と推測されている。大穴持命は宿奈毘古那命を蘇生させるため、「速見の湯」すなわち別府に相当する地域の温泉を地下樋で取り寄せ、宿奈毘古那命の体をそこへひたした。温泉の効力は絶大で、宿奈毘古那命はまもなく起き上がって、「しばらくの間眠ったようだ」と言うなりそばの石の上へすっくと立ち上がったという*(『釈日本紀』伊予国風土記逸文)。

この伝説はひろく知られるところとなる。ひとつ例を挙げれば、文化年間に別府を訪れた脇蘭室《わきらんしつ》*は、観海寺に滞在したおりに「浴しながら伊予の国を望みて、道後の湯は此の速見の郡の湯を分ちたりなどいふことを」思い出して、「隔ても猶睦まじき心地して伊予の湯桁もたどられにけり」と詠んだ(『瀧のやどり』)。

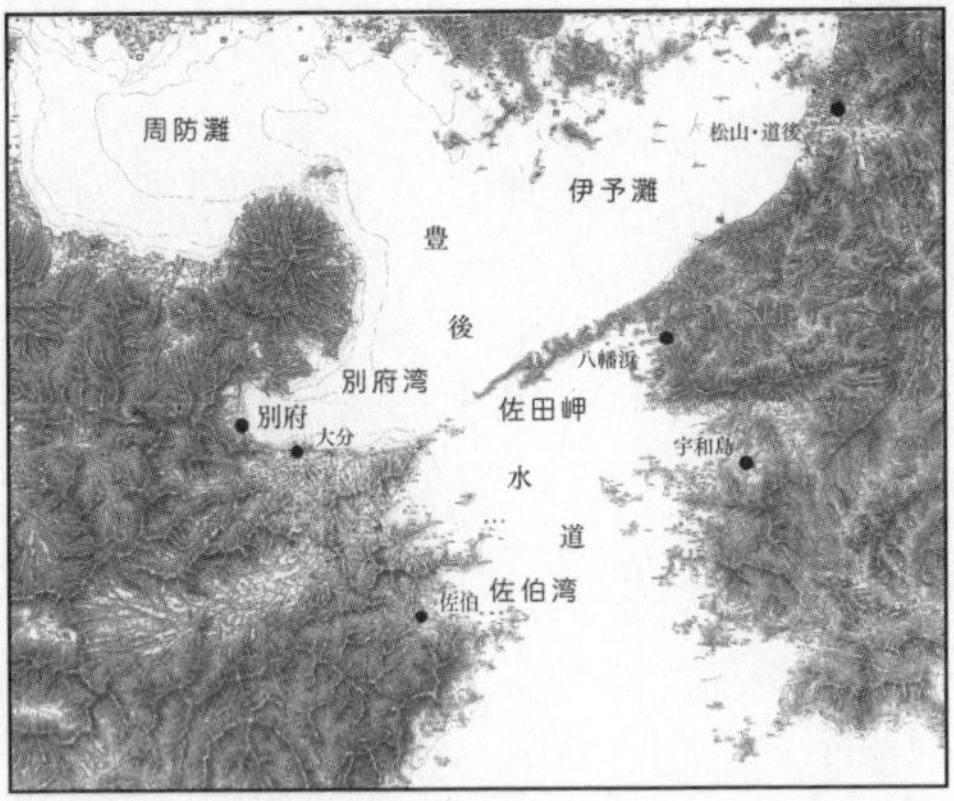

図「別府圏」(明治21年〈1888〉陸地測量部測量地図より作成)

ひとまずこの神話から汲み取っておきたいのは、別府と伊予の地理的近さ、感覚的近さ、そして人やモノが行き来する相互的な関係である。この観点から興味深いのが、明治期以降も続いた「湯治船」と呼ばれる和船の往来である。湯治船とは、船上で暮らしながら別府に停泊して湯治を行う人々が乗り組んでいる小型の和船で、春になると伊予方面からたくさん渡ってきた。観海寺など見晴らしのよい別府の高台に今日立っても愛媛県の佐多岬はとても近くに望まれ、海を介して伊予と別府がつながっているという感じをうける。明治期の別府は、四国西部の沿岸から入ってきた多くの人々によって、その進展を後押しされたと言っても過言ではない。浴客として、女中や娼妓として、旅館の事業主として、あるいは「湯治船」の船客として、人々は別府へ流れ込んだ。別府観光の立役者となった油屋熊八のような旅館主も、別府と大分をつなぐ電車軌道の経営者や資本家も、多くが伊予の国からやってきた。

別府と伊予を結びつけるこの神話は、さまざまなかたちで強固な関係を形づくっていた両地域の伝統を伝えているように思える。それが明治期以降の別府でもいろいろなかたちで町の基盤を支えていた。そこには、豊後水道や瀬戸内海など海を介した「別府圏」とでもいうべき人やモノの往来の領域が浮かび上がってくるだろう。

*大穴持命《おほあなむちのみこと》……大国主命《おほくにぬしのみこと》に同じ。オオアナムチノミコトが本来の名前。『日本書紀』ではスサノオの息子。葦原中国《あしはらのなかつくに》(=日本)の国造りを完成させ、出雲を拠点に国を統べていたが、天照大神《あまてらすおおみかみ》と彼女の息子・正勝《まさかつ》吾勝《あかつ》勝速日《かちはやび》天忍《あめのおし》穂耳命《ほみみのみこと》に国を譲る(『古事記』)。その引き替えに建立させた神殿が出雲大社とされる。大穴持命は道後や箱根温泉の開湯によって薬と湯浴みの術をもたらした温泉神でもあり、出雲の玉造温泉そのものがこの神であるともされる。医薬に通じるその性格は、「因幡の白ウサギ」で、ワニ(サメ)に皮を剥がれた兎に大国主命が治療法を教えるという『日本書紀』のくだりにもあらわれている。

*宿奈毘古奈命《すくなびこなのみこと》……大国主命の国造りに際し、波の彼方から渡来した神。国造りの協力神であるほか、医薬、温泉、まじない、穀物、知識、酒造などに

関わるとされる。神話ではたいてい、大国主命と対になって登場する。

＊速見から伊予へ温泉を樋でひくという神話……『釈日本紀』に、伊予国風土記を引用するかたちで記述されている。

湯郡。大穴持命見悔耻（恥）。而宿奈毘古那命欲活。而大分速見湯自下樋持度来。以宿奈毘古那命而浴漬者。暫間有活起居。然詠曰。眞暫寝哉踐（踏）健跡處。今在湯中石上也。凡湯之貴奇不神世時耳。於今世。染疹痾萬生。為除病存身要薬也。

＊脇蘭室（一七六四～一八一四）……江戸時代後期に活躍した儒者で、豊後国速見郡小浦村の出身（小浦村は別府のすぐ北に位置する）。本名は脇屋長之《わきやながゆき》。肥後熊本の藪孤山、大坂の中井竹山に師事する。寛政十年（一七九八）、熊本藩の藩校時習館の教授となる。門人に帆足万里《ほあしばんり》がいる。著作は『蘭室集略』、『愚山遺訓』など。

災厄の記憶

大津波と別府——失われた別府村・浜脇村・久光島・沖の浜

あるとき別府の行合町というところを通りかかると、小さな祠に地蔵がまつられていた。この地蔵はかつて別府湾に沈んだ「瓜生島《うりゅうじま》」という島から運ばれてきたのだという。

瓜生島は伝説の島である。慶長の大地震によって海の下に沈んだといわれる。大地震は二度あり、文禄五年（慶長元年〈一五九六〉）と慶長三年（一五九八）に起きたという。地震発生それ自体の真偽については、『豊後国郷帳』（正保四年〈一六四七〉）や細川氏の御蔵納目録などに地震により永年荒地となった田畑の石高が示されているなど、土地が地震で失われたという種の傍証も多く、史実であった可能性が高いと考えられている。

貝原益軒は『豊国紀行』（元禄七年〈一六九四〉）に、「此百二十年ほど前の事なりしに、別府の辺大地震していにしえありし別府村悉《ことごと》く海となる。古への別府村は、今の町の数町東に有、其所は今は海となり、其《その》あともなし。また、昔の別府の北近き所、久光《ひさみつ》と云《いう》村、家数千軒計有りしと云。是又地震によりて、別府と一時海となる」と記した。別府村は元々現在地よりも数百メートル東（海側）にあったが、そこは大地震によって久光という大きな村とともに跡形もなく海の中になってしまったというのである。

慶長十年（一六〇五）の「速見郡内御蔵納分御検地帳」には、別府村の高《たか》一二一六石あまりのうち、六九六石《こく》が「海成川成」、浜脇村では、一〇三一石あまりのうち、四二〇石あまりが「海成地震川成」と記されている。その後、年月を経ても村高は回復しておらず、別府村と浜脇村では半分前後の田畑が永年失われたものとみられる。

『豊陽古事談』（安政四年〈一八五七〉）に収録される「瓜生島図」には、別府湾の大分側に浮かぶ瓜生島と、別府側に浮かぶ大小二つの久光島という島が描かれている。瓜生島にはいくつかの町や村、寺社などが書き込まれ、そこには「沖の浜」という地名もみえる。慶長の大地震によって沈んだという「瓜生島」の地名は江戸時代以来人口に膾炙《かいしゃ》して有名となり、近代さらには現代まで、瓜生島が実在したか否かについて論議が繰り返されてきた。近年では、「瓜生島」という島は実在せず、津波によって海没したのは「沖の浜」という大友宗麟の貿易港であったという説が出されている。これによると、「沖の浜」の地名が「瓜生島」にすり替えられたのは元禄十二年（一六九九）に府内藩領に住む戸倉貞則という人物が古老の聞き書きなどを編述した『豊府聞書』（原本は現存せず、由学館所蔵の写本が残るという）が発端であるといい、ここに記された「有邑《むらあり》、名瓜生島《なうりゆうじま》。或云《あるいはいう》、沖濱町《おきのはままち》。」の一文によって、「瓜生島」の名のほうが広まってしまったものだという。「沖の浜」の地名については、この大震災と大津波について報告したイエズス会の書簡に「オキノファマ」とみえるなど、地震直後および地震以前の史料にいくつも例が確認できる。

最新の考察を収録する二〇〇三年版『別府市誌』では、海沿いの砂州や砂堆《さたい》の内側に形成されたラグーン（潟湖《せきこ》）が低湿地化し、ここで水田開発が進められて自然堤防上に集落が形成されて、これらが「島」と呼ばれていたのではないかと述べ、とくに別府側に近い久光島はこうした集落であったのではないかと指摘している。地震によって砂の堤防が崩壊したことで、集落や堤防内側の水田が海没したのではないかという説である。

氾濫原と温泉場

以上は臨海部の災害であるが、山手では川の氾濫によって温泉場が消滅したという伝承も残る。

弘化二年（一八四五）『鶴見七湯廼記《つるみしちとうのき》』（大分県立歴史博物館所蔵）は、豊後国森藩寺社奉行の伊島重枝が文を、同藩の江川吉貞が絵を描いた、折本仕立の画帖である。かつて鉄輪温泉の西側にあった「照湯」とよばれる温泉場の様子が写実的に記録されている。照湯は、豊後の小藩であった森藩（現在の大分県玖珠《くす》郡玖珠町）の藩主、久留島通嘉の命によって造営され、『鶴見七湯廼記』がつくられた三年前に竣工した。一の湯、二の湯、三の湯、蒸し湯、飛泉などの温泉浴場のほか、御茶屋、庭園などが設けられた壮麗な温泉場であったことがこの画帖からは明らかになる。しかし、竣工のわずか十年後である嘉永五年（一八五二）に、春木川と境川の氾濫によって壊滅したという。照湯はその後二度と再興されることがなかった。

元来、温泉は火山地帯の海辺や河岸など地形の変化に富む場所に自然湧出していることが多い。温泉場はこれらの場所に寄り添うようにして注意深く開かれてきたのである。別府では明治中期以降、「上総堀《かずさぼり》」と称する井戸掘りの技術によって、温泉が地表に湧出していない土地でも盛んに泉源が開発されていくが、原初的な温泉場は、地表の割れ目から噴出する温泉の微妙な湧出状況をたどりながらつくられてきたのである。それゆえにも温泉場は、火山の噴火、津波や河川の氾濫など、厳しい変動にさらされることも珍しくなかった。

温泉とその周辺環境と別府の人々との、濃厚でかつ熾烈な関係は、「地獄」と呼ばれる地熱地帯においても顕著である。明治期以降には重要な観光資源としてみいだされ、開発されていく「地獄」は、かつて非常にやっかいな代物であった。地獄とはとくに地熱現象が活発な地帯のことでその活動は一定ではなく、これまで普通の田畑として耕作されていたところに突如湧き出し、田畑が荒れ地になってしまうこともしばしばだったのである（→二六五頁「19地獄」）。地獄は不穏なできごとや災難を予感させる場所だった。しかしそこは生物の死を予兆するような場所であるだけでなく、明礬や硫黄の採取製造が行われるなど、生産の場でもあった。

別府温泉の古層には、温泉と、災害を含むその周辺環境にまつわるさまざまな人文史が隠されているのだ。

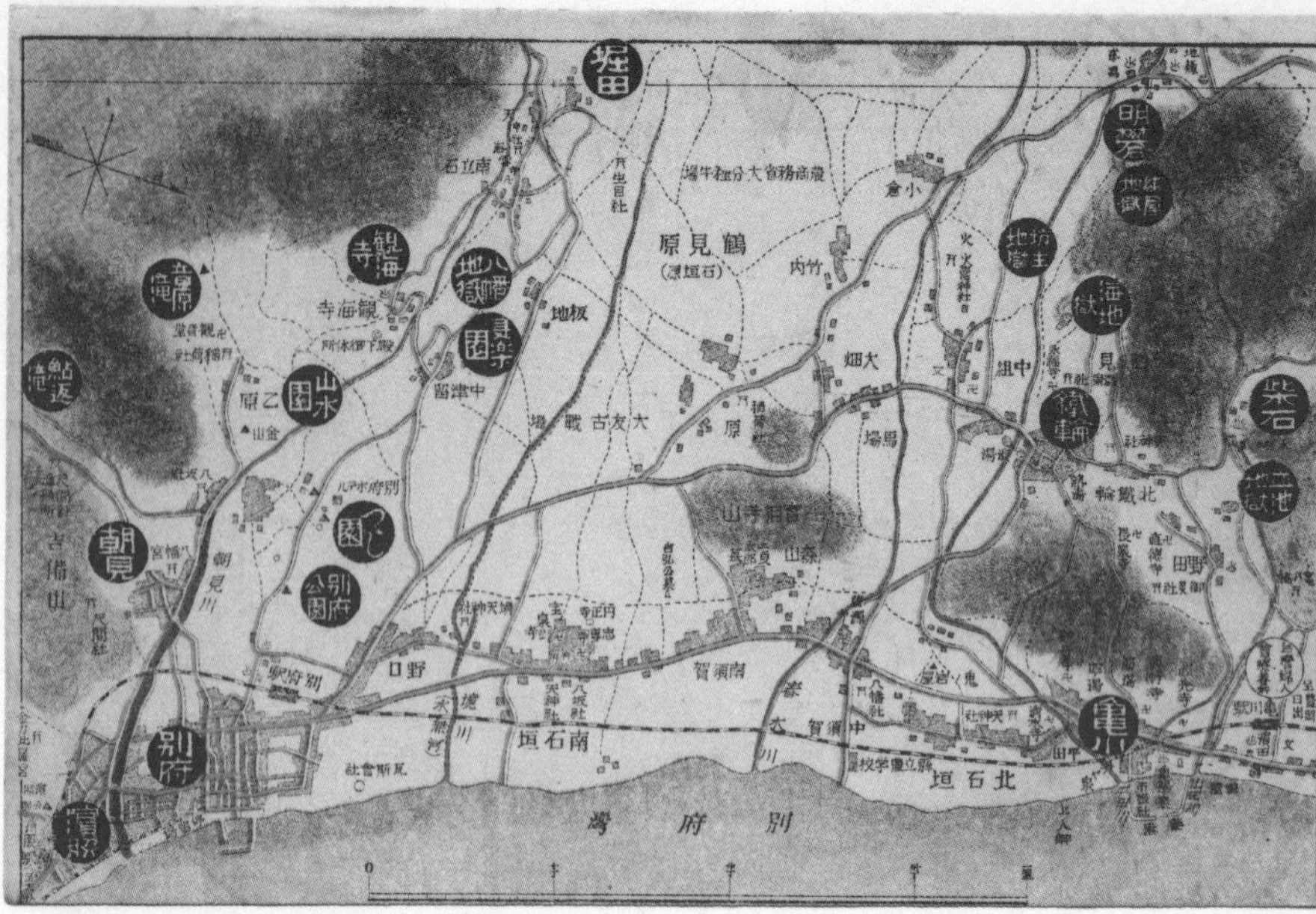

83　〔タイトルなし〕（明治末期）　絵地図を印刷したはがき。黒丸中に別府の名所が記されており、左下の別府から時計回りに、浜脇、別府、（朝見）、観海寺、堀田、明礬、鉄輪、柴石、亀川の各温泉場がみえる。

5 別府八湯——温泉場の複合体

明治三十九年（一九〇六）、別府町と浜脇町の合併によって「大」別府町が編成され、さらに大正十三年（一九二四）には市制が施行されて別府市が誕生した（昭和十年には隣接町村である亀川町、石垣村、朝日村が別府市に合併）。別府市では市制施行をもって「都市」別府の躍進を高らかにうたい、中外産業博覧会や市公会堂の建設など、数々の記念事業を打ち上げていった。人口も新別府町編成後の明治四十三年（一九一〇）には戸数三五七一戸、人口一万五一九一人であったのに対し、別府市誕生後の昭和二年（一九二七）には戸数八二五七戸、人口三万八八三六人に拡大していた。別府は温泉資源を基盤にその関連産業によって飛躍的に拡大した町として熱海に先駆けた。温泉という特異な産業基盤をもつ町として、昭和初期日本の諸都市のうちに一画を占めるのである。*

こうして拡大した温泉町・別府市は、「八湯」などとよばれる小規模でそれぞれの独自性をもつ複数の温泉場によって支えられていた。この「八湯」に数えられる温泉場は通常、別府、浜脇、観海寺、堀田、明礬、鉄輪、柴石、亀川である。これらが別府市に統合された町村に含まれる複数の温泉場であった。旧別府村の名称に由来する「別府温泉」は、別府市の成立とともに多様な温泉場を包摂し、その範囲をひろげたのだ。「別府八湯」あるいは「別府十湯」という呼び名は、別府市の誕生直後に使われはじめたと

84　**壮麗なる別府市公会堂（昭和初期）**　別府市の象徴、別府市公会堂。設計は東京中央郵便局など逓信省の建築で知られる吉田鉄郎。

みなされている。「別府八湯」という呼称は大正末期から昭和初期、別府市役所発行のパンフレット『別府の紹介』が初出であるという。つまり「八湯」などの呼び名は、行政区域としての〈別府〉の物理的な拡大、市制施行の機運のもと、それぞれに歴史をもつ多様な温泉場が一群として把握されるとともに、それらへの観光周遊を促す文脈からも、戦略的に使われるようになったのではないだろうか。

いっぽう「十湯」という括りには、由布院など別府市域の外にある遠方の温泉場や、温泉付き分譲別荘地などのきわめて新しい温泉場も加えられた。「十湯」の内容からは、〈別府〉との関連づけによって、八湯以外の温泉場にも浴客の誘致をはかる様子が浮かび上がるだろう。かつ「十湯」のひろがりには、「八湯」以上に、自動車などによる周辺景勝地の周遊を含む〈別府〉のひろがりを指摘することができる。

本節では「八湯」を中心に、浜脇付近の古い門前町である朝見や、別府から由布院へ至る道のりにあった志高湖、由布院なども加えて、〈別府〉のひろがりを示してみたい。*

＊昭和初期の都市人口……昭和五年（一九三〇）の国勢調査において、別府市と同じくらいの人口三〜四万人台の都市は、福島市（四万五千人強）、千葉市（約四万九千人）、鳥取市（約三万七千人）、松江市（四万四千人）、山口市（三万二千人強）、佐賀市（四万六千人強）などである。

＊狭義の別府温泉について……「八湯」の中核をなす旧別府村および旧別府町の温泉場「別府」については、他節（町並み、旅館、外湯など）にとりあげる。

85　**別府全景の一部（大正中期〜昭和初期）**　手前左、外観全体が見えている民家が位置するあたりに、写真の左から右に向かって街道が通っている。中央やや右、塔が載るのは朝見川沿いにある米道旅館。その奥の海面には完成した埋立地がみえている。

濱脇《はまわき》

殷賑の温泉場

朝見川の南、扇状地の南端に位置する。温泉場付近の薬師堂に安置されている薬師像は、大分県歴史博物館の調査によれば平安仏であるといい、後述する朝見八幡宮の縁起とともに、浜脇一帯の古い歴史を想像させる。別府村とともに古くから温泉場として知られ、江戸時代から繁華な地であった。

温泉場を中心に据えて集落の構成をみると、温泉場を取り巻く敷地と、ここから海側にのびる魚町という通り沿いに旅館（木賃）が集中し、温泉場の西側（内陸側）に豊前道《ぶぜんみち》*沿いの町並みが位置する。豊前道は別府を貫通する重要な街道で、この街道沿いに形成されたのが別府村や亀川村の町筋である。さて、通常温泉場では古い集落の位置と温泉源の位置とが近接しているものだが、浜脇では事情がちがっている。その理由として、温泉場が移動したという伝承を仮説にすることもできるだろう。もとは豊前街道沿いにあった温泉源の湧出量が天明二年（一七八二）頃に低下し、近代から現在まで共同浴場が位置している、より海沿いの地域にあらたな温泉場が開発されたというものである。

この温泉場には近代、東温泉、西温泉、薬師湯という三つの共同温泉浴場が一ヶ所にかたまって位置していた。共同温泉浴場が立地する街区には十本余りの道が放射状にあつまり、一画はまるで広場のような街区を構成している（「別府市営濱脇東西温泉改築設計図」参照）。

共同温泉浴場は明治のはじめまで、露天に屋根を差し掛けた程度のささやかなものであったが、明治初期に大分県費によって

86　別府 濱脇公園より市街を望む（明治末期〜大正中期） 浜脇公園（明治44年完成）から見下ろした家並み。遠くに発電所の煙突がみえる。

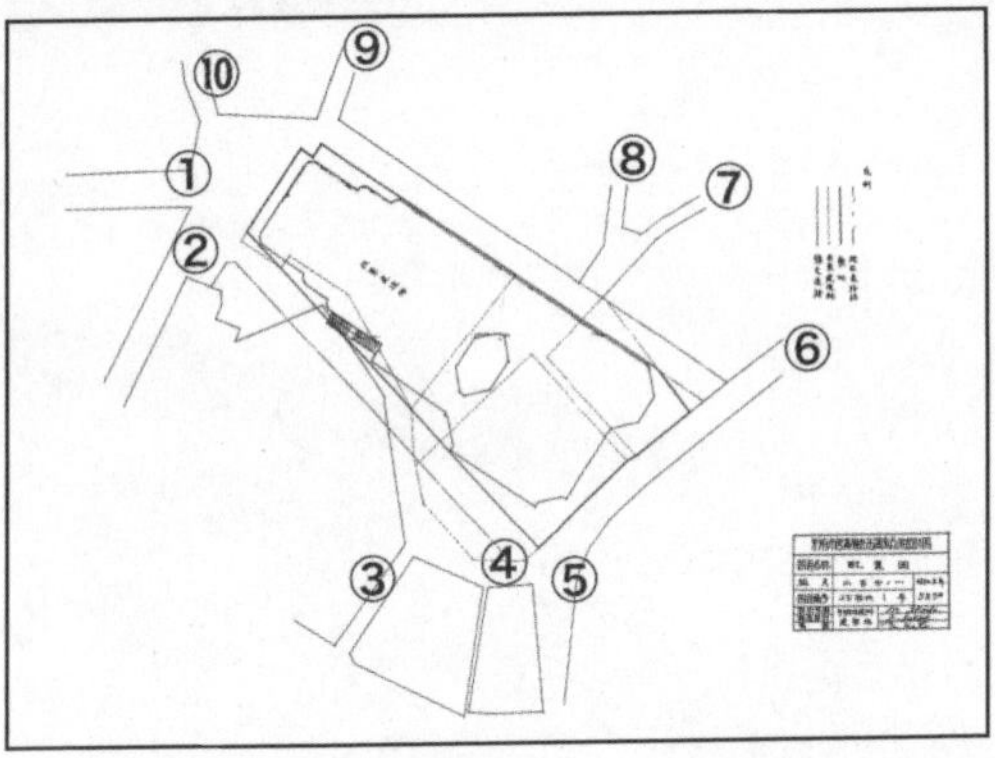

「別府市営濱脇東西温泉改築設計図」 浜脇高等温泉の配置図。温泉浴場に向かって、10本あまりの道や路地が集まっている。

建て替えが行われた。東西両温泉の賑わいは、「豊後《ぶんご》州速見《はやみ》郡濱湧《はまわき》温泉場賑之図《にぎわいのず》」（明治十四年（一八八一））などにうかがい知ることができる。さらに東温泉、西温泉は明治三十七年（一九〇四）に、ともに再度改築された。昭和三年（一九二八）には、同年に開催された博覧会の関連事業として再び改築が行われ、鉄筋コンクリート造二階建て、スクラッチタイル張りの巨大な浴場建築が竣工している〔189〕（→一〇四頁「7共同温泉浴場」）。このとき東西両温泉は同じ建築の中に収容され、浴場の西側が無料の浜脇温泉、東側が有料の浜脇高等温泉として区画された。

また浜脇は大分県下随一の遊廓の存在によってもその名を知られた（→二四二頁「15水際の遊廓」）。入江町、新町、東仲町などに貸座敷（遊廓）が立地していた。

＊豊前道……豊前と豊後をつなぐ主要な街道。府内城下（現大分市）から、浜脇村、別府村、亀川村、古市村を越えて日出城下へ北上する街道。

87　崇福寺と長覚寺（明治末期～大正中期） 浜脇の山手にある崇福寺（臨済宗妙心寺派）と長覚寺（真宗大谷派）。

左88　泉屋旅館 庭園の一部（明治末期～大正中期） 浜脇の古い旅館のひとつ、泉屋。

右89　豊後別府濱脇 旅館海老伝本宅 同えびでん旅館裏座敷（明治末期） 明治31年（1898年）創業。当主は永井相次。浜脇の旅館には、港、塩、海老など海に関係する屋号が多い。明治37年に自家泉源を開発。明治末年の統計では年間23番目の客数を数える。明治42年の実逓。

90　別府濱脇 旅館本家鹽久（明治末期～大正中期） 年号不明10月６日付、京都大学病院第二病舎西室宛の実逓。絵はがきに書き入れられている黒丸について、差出人は右の丸印の部屋に滞在中。左の丸印は浜脇東温泉で、ここへ１日に５、６回入浴しているという。また差出人は別に、絵はがきのセットを相手に送ったらしい。

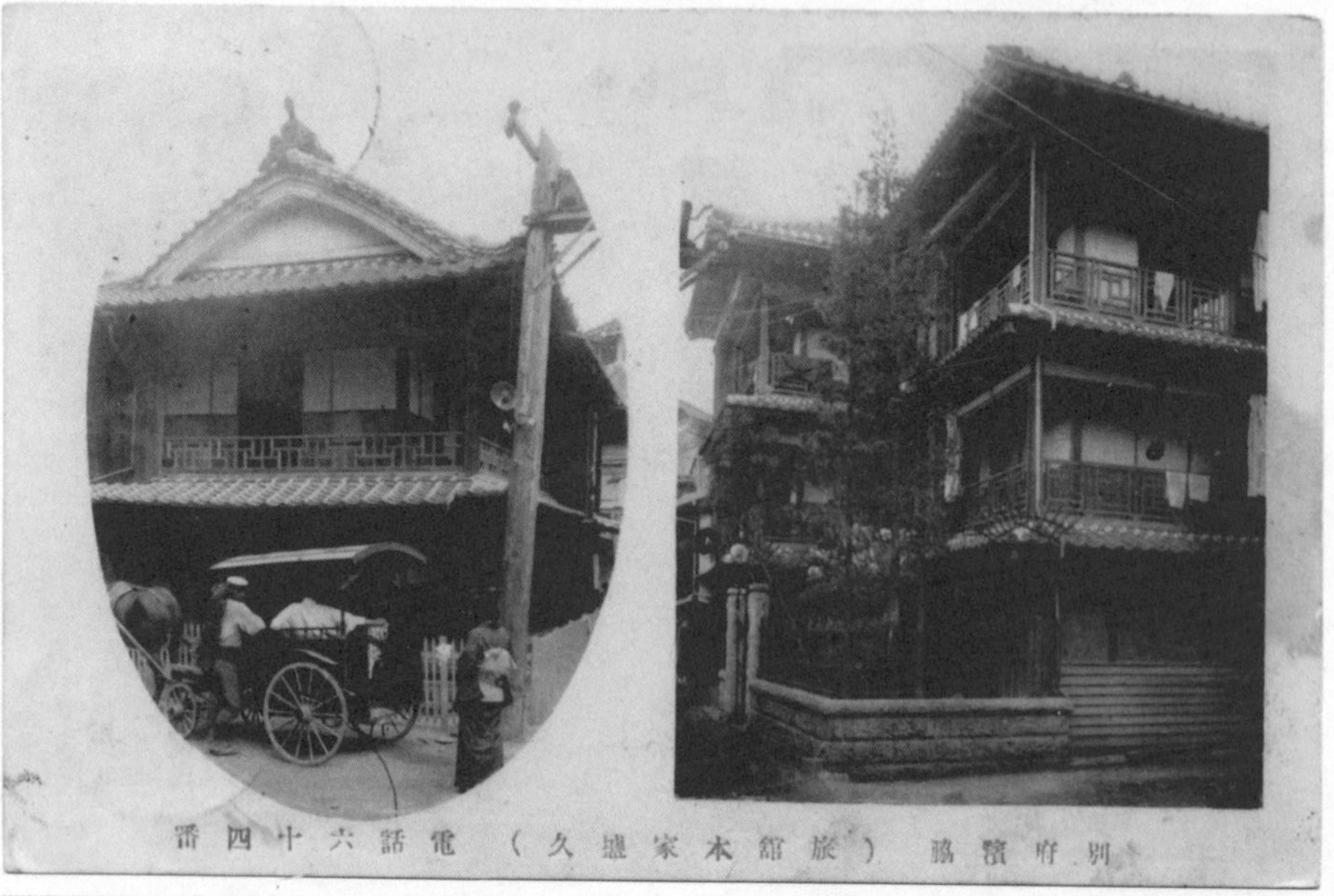

91　**朝見道（明治末期〜大正中期）** 朝見川に流れ込む支流にかかる小井出橋。周辺は人家が少なく田畑がひろがっている。

朝見《あさみ》

八幡宮の門前町

浜脇の西に位置する集落で、八幡《はちまん》朝見《あさみ》神社（朝見八幡宮）の門前町として展開した。朝見の地名は別府一帯の古代の郷名である朝見郷に由来する。古代に祷痔湯《とうじゆ》という温泉があったが、貞観九年（八六七）の鶴見山大噴火の際に温泉寺と温泉神を祀る神社と共に破壊される。天暦七年（九五三）には詔によって修復したが、貞元元年（九七六）七月に再び地震で壊滅したと伝えられる（『豊陽古事談』）。

『建久八年古祭礼記録』（八幡朝見神社所蔵）によれば、建久七年（一一九六）に大友能直《よしなお》*（一一七二〜一二二三）が豊後国を賜り、下着したときにこの地へ勧請した鎌倉の鶴岡八幡宮が、八幡朝見神社のおこりであるという。なお『別府市誌』（二〇〇三年）では、大友能直ではなく源時光《ときみつ》*がこの地一帯の国守に着任（保元二年〈一一五七〉）した頃、勧

92　**朝見川の清涼（大正中期〜末期）** 朝見川にかかる橋を渡る２台の人力車。川辺には洗い物をする人物もいる。

請されたものと推定し、さらに時代をさかのぼらせている。八幡朝見神社では、四月一日に温泉祭が行われる。

　朝見の共同温泉浴場としては朝見の湯という浴場が古くからあったが、大正期に泉温が低下し、九日天の湯〔215〕などからの引き湯によって新しい浴場「朝見温泉」がつくられた。明治期以降、温泉場として旅館などが建ち並んでいたわけではないが、別府一帯の古名「朝見」と八幡朝見神社の存在によって、案内書な

93　**朝見川より小富士を望む（明治末期〜大正中期）** 朝見川の木陰で釣りをする少年たち。

94　**朝見川より鶴見山を望む（大正中期〜昭和初期）** 朝見川上流から見た鶴見山。発行元は松原通にあった周水堂。この発行元の絵はがきは数が少ない。

95　**朝見八幡社（大正中期～昭和初期）** 12世紀にこの地へ勧請された八幡朝見宮の社殿。

どには欠かさず記載され、「別府十湯」にも数えられている。

＊大友能直……鎌倉時代の武将。文治《ぶんじ》五年（一一八九）源頼朝の奥州攻めで功をたてて、有力御家人となる。豊前、豊後、筑後の守護と鎮西奉行を兼任した。

＊源時光……生没年不詳。平安時代末期の武将で院政期に京武者として活動。保元二年（一一五七）に豊前守に任じられた。

96　**別府十湯の内 朝見温泉場（大正中期～末期）** 八幡朝見社門前の町並みを神社側からみたところ。この絵はがきでは朝見が「別府十湯」に数えられている。

97　**別府十湯朝見 温泉場は別府より十四五丁濱脇より朝見川の流れに沿いて……（絵はがき写真面より、昭和初期）** 朝見神社に向かって門前町を見たところ。この絵はがきも朝見を「別府十湯」に入れるもの。絵はがき下部の文面には、八幡朝見社には、周囲３丈（９メートル強）に余る大楠と、周囲２丈（６メートル強）に余る大杉があり、浴客や遊覧客が朝に夕に参詣する霊地である、と記されている。

98　**濱脇八幡朝見宮神社（明治末期～大正中期）** 朝見八幡社の参道。奥には境内の名物である２本の老杉が写っている。

99　**土地高燥 景趣に富む別府市設の貯水池（昭和初期）** 大正６年（1917）に完成した貯水池。この絵はがきでは別府の名所として紹介されている。竣工時に２万５千人分の給水が可能だった。この貯水池は現存し、国登録有形文化財になっている。

100　豊後観海寺 皇太子殿下御休憩所入口（明治末期～大正中期） 嘉仁親王休憩所。観海寺温泉場のやや下手にあった。前掲の絵地図はがき〔83〕にもその位置が書き込まれている。

観海寺《かんかいじ》

眺望と高燥の地

観海寺の温泉場は、別府や浜脇から山手に二キロメートルほど登った斜面に位置する。別府の海岸通沿いにも比肩するほど、多層で大規模な旅館が立地していた。ここには治湯山観海寺という禅寺があり、その傍らにある薬師堂の地下からは温泉が湧いている。旅館はその周辺に密集し、ひな段状に建ち並んでいた。明治三十年（一八九七）発行の絵図（「観海寺温泉　泉状及医治効用誌」）をみると、観海禅寺の下方に本湯が位置し、これを松屋、小松屋、フジ屋、坂本屋、竹屋、藤田屋、中ノ屋、由原屋、松葉屋などが囲んでいる。ほかにも複数の湯場や滝湯がみえる。

観海寺温泉の名は、明治四十年（一九〇七）に嘉仁親王《よしひとしんのう》（のちの大正天皇）が行啓したことで一躍広まった。この温泉場は流川通や北浜などの繁華街から離れた静寂さと、土地の高燥さが好まれた一方で、交通が不便という難点があったが、伊予出身の多田次平という事業家が「観海寺土地株式会社」を設立して旅館街一帯を買収、大正九年（一九二〇）から三万二千坪の開発に挑み、県

101　観海寺温泉場より別府市街を望む（大正中期〜末期）

102　観海寺より別府市街を望む（大正中期〜末期）　左に写る茅葺き屋根は、嘉仁親王(のちの大正天皇)行啓時の休憩所。

103　豊後観海寺皇太子殿下行啓記念碑と温泉場(明治末期〜大正中期)　玉垣には「石垣村」など寄付者が見えている。背後は観海寺の温泉場。

との折衝を重ねて橋や道路の新設にこぎつけた。

多田は当初この計画を「花園都市観海寺」と銘打ち、田園都市*運動からのイメージ借用をうかがわせる「理想的温泉邸宅地」としての開発を目指していたが、結果的に住宅分譲事業は成立せず、旅館街のてこ入れに舵がきられた。「花園都市観海寺」は成立しなかったものの、多田が植樹に執心した大量の桜をはじめ、椿、梅、薔薇、紫陽花、芙蓉などの花々が新生観海寺を彩った。多田は桜の本数が二千本といわれた桜の名所、吉野をうわまろうと六千本

104　**観海寺霊泉（大正中期～昭和６年以前）** 大火前の観海寺。階段状の細い街路に面して、旅館や土産物屋が連なっていた。

105　**観海寺橋（大正中期～昭和初期）** 事業家、多田次平が県に働きかけて建設された観海寺橋。大正11年(1922)10月竣工。現在はコンクリートで補強され、アーチの形状も足元がやや変わっている。

106　**観海寺温泉場 観海寺（寺院）（大正中期～昭和初期）** 治湯山観海寺。いまもほぼ変わらない姿で残る。階段右側には小さな木の看板があり、女神丸という薬を宣伝している。これは子宝に恵まれる薬として知られ、旅行客もしばしば求めに来た。

の苗木を購入したという。

なお多田は別に「別府土地株式会社」を経営し、別府海岸の地先埋立工事も請け負っている（→二二〇頁「13別府の土地開発」）。彼はもともと大阪綿花市場の相場師であった。このような履歴や、自らの信念に基づいて計画を推し進める強烈な資質は、大阪の米相場師から転じて別府で亀の井旅館や亀の井ホテルを興した油屋熊八とも共通していよう。

しかし、そうして再開発が進められていた温泉場は昭和六年（一九三一）十月大火災に遭い、ほぼすべての旅館が焼失するという憂き目にあう。

だが観海寺の人気は衰えなかった。大火前に営業していた旅館の復興はほぼ望めなかったものの、昭和二年（一九二七）に死去した多田次平の後を引き継いで社長となった国武金太郎の手腕もあって、復興は迅速に進んだ。大火後にこの地を訪れた大佛次郎と田中《たなか》純《じゅん》*は、次のような感慨をもらしている。

「何だ、これが観海寺かい？　違やしないかい？」僕は、褐色の瓦をいだいた、近代風な、明るさうな旅館の建ち並んで居るこの高台を仰いで、先づ驚きの目を見張つた……

（大佛次郎、田中純ほか著『絵の国豊前豊後』、昭和九年〈一九三四〉）

大佛らだけでなく、観海寺は古くから多くの文人に愛されてきた。近世には脇蘭室が「をりをりは時雨とぞ思ふ瀧津瀬の　響きをそふる山下の風」（『瀧のやどり』、文化年間）と詠み、女性俳人の菊舎《きくしゃ》尼《に》*が「天目に小春の雲の動きかな」（『手折菊《たおりぎく》』、文化九年〈一八一二〉）とうたっている。別府湾や市街地を見晴らす高台からの眺望と清

107　観海寺温泉場全景（大正中期～昭和６年以前）　昭和６年(1931)の大火以前の撮影と思われる。ミドリヤ(最下段左側)、竹屋(３段目)の屋号が読み取れる。なおミドリヤの右隣は松屋。旅館街の左側を通る階段の上方に、治湯山観海寺が立地する。大正期に観海寺では多田次平という事業家が開発に挑み、一連の計画のなかでは6000本あまりの桜が植えられた。旅館街左手に行われている植樹はその一部だろうか。

涼な風光にめぐまれた観海寺は、事業家による開発事業と相まって、近代別府の有力な温泉場に育っていった。

＊田園都市……イギリスのエベネザー・ハワード（一八五〇～一九二八）が一八九八年に提唱した。田園地帯に適正規模で建設され、自立的・自己充足的で自然と共生する理想都市。これを受けてイギリスでは大都市の弊害が説かれ、田園都市運動がおこった。運動は、各国の都市計画に大きな影響を与

108　古来幾多の詩歌に詠まれたる景勝の地観海寺（昭和初期）　昭和６年10月28日におきた大火から、旅館街が復興した後の撮影と思われる。〔107〕に写る旅館街の範囲よりさらに下方には、４階建ての大きな旅館(観海荘)も新築されている。従来の旅館街の範囲では旅館の軒数が減り、１軒あたりの規模が拡大している。

109　観海寺道（公園通）（明治末期〜大正中期）

110　別府観海寺 三ヶ月温泉むし湯（昭和初期）　観海寺にあった三日月温泉（三日月地獄）の蒸し湯。

111　観海寺温泉場 白湯（明治末期〜大正中期）　前面には壁もない素朴な小屋掛けの共同温泉浴場。手前左の堀立小屋は脱衣場。

え、衛星都市や都市分散論の先駆けとなる。日本ではハワードの主張と合致する田園都市は作られなかったが、電鉄会社の沿線住宅地開発などで田園都市と称する町が多く生み出された。東京都大田区の田園調布などが代表例。

＊田中純（一八九〇〜一九六六）……広島県出身の小説家・翻訳家。『新小説』の編集主任を経て、大正八年に里見弴《とん》らと『人間』を創刊した。同九年の『妻』が代表作品。ツルゲーネフなどの翻訳がある。

＊菊舎尼（一七五三〜一八二六）……江戸時代中期の俳人。本名田上みち。別号は一字庵。夫の死去後、俳諧を志して全国を行脚した。詩、画、茶道などにも優れた。

112　**別府十湯 堀田温泉場（大正中期～末期）** 池を囲んで温泉宿が並んでいた当時の面影は、現在わずかに偲ばれるばかりである。なおこの絵はがきでは「別府十湯」の枠組みで作成されている。

堀田《ほりた》

街道の分岐点

観海寺よりもさらに山手へと登った街道沿いに位置する。もともとは立石村という村落の温泉場であった。同村は明治期に石垣村へ合併し、その後、別府市に統合された。この地は元来、別府と由布院、日田、大宰府を結ぶ交通の要所だった。このあたりで筑前筑後往還と、別府支道、鶴見路が分岐している。崖下の溜池を囲むようにして湯治宿が並び、近世以来続く金田屋、浜屋、萬屋などを中心に、大正期から昭和初期頃もっとも栄えたという。同じ頃、共同温泉浴場も新築されており、西温泉が大正十年（一九二一）、東温泉が昭和十年（一九三五）に建てられた。

こんにち当地に旅館はなく、かつての状況は断片的に偲ぶしかない。第一次大戦後の不況期以降、急速に客足が遠のいたとされ、別府や浜脇をはじめとする他の温泉場がさらなる隆盛をきわめるなかで、堀田の旅館は次々と廃業に追い込まれていったという。

その背景には別府温泉への交通の変化があった。航路や鉄道網の拡大を前に、山越えの街道はその役割を弱めていったのである。もうひとつの理由は眺望にあったと考えられる。堀田は山手にあり海抜が高いが、海や市街地への眺望は開けていない。交通と眺望二点の違いが、堀田と観海寺というふたつの山手の温泉場の歩みをわけていった。

113　**堀田温泉場（明治末期～大正中期）**　周囲に段々畑が広がる山手の温泉場だった。中央白煙附近が現在の堀田浴場。

114　**堀田温泉（明治末期～大正中期）**　雪の堀田温泉。池の周りに写っているのは主に温泉宿で、金田屋、浜屋、萬屋、いづみ屋、新屋、中屋などがあった。

115　明礬温泉場全景（明治末期～大正中期） 中央付近にはかなり大きな旅館もみえ、最盛期には鉄輪よりも浴客が多かったと言われる賑わいを彷彿とさせる。旅館街の右手上方に続いている小さな茅葺屋根が明礬小屋。

明礬《みょうばん》

生産の温泉場

明礬や硫黄の産出、製造によって江戸時代から知られた土地である。明礬製造は寛文四年（一六六四）に肥後の渡辺五郎右衛門という人物がはじめたとされ、その後、享保四年（一七一九）には幕府の直営に移った。一部は森藩*の経営であった。同十年（一七二五）から経営を請け負った小浦村《こうらむら》の庄屋、脇屋儀助《わきやぎすけ》*は江戸の明礬会所に所属し、全国の明礬市場をほぼ独占していたという。売りさばき先は、染草屋、紺屋、薬種屋、医師などであった。

明礬は、地熱が高くかつ硫黄分を含む蒸気が噴き出す、「地場《じば》」と呼ばれる土地に粘土をかぶせて採取される。茅葺の明礬小屋が採取地を覆うように連なる景観が特徴で、いまもこれらの小屋を目の当たりにすることができる。ここでは明治末期に菊池幽芳《ゆうほう》*が描いた明礬の様子を引いておこう。

> 明礬は同じ名の山の半腹にある温泉場で、二十四、五の人家が傾斜面に立っていて、その傾斜面は別府辺から眺めると真っ白に見ゆるほどに硫気の為に分解された岩石から成っているのだ。（中略）
>
> 地面は到るところから火事場のような煙を挙げている、現に僕の休んだ温泉宿の主人が「この家の下は地獄です、覗いてご覧なさい」というので、縁の下を見ると、地面に一杯硫黄花が盛り上がっているには驚いた……

明治から大正期には十数軒の旅館があり、鶴寿泉などの共同温泉浴場を中心に繁盛した。なお広い庭園を構える岡本屋旅館〔352〕岩瀬家の祖は明礬山の「山奉行」であったと伝わる。

＊森藩……豊後国森（現在の大分県玖珠郡玖珠町）に藩庁をおいた藩。石高一万四千石。速見郡鶴見村産の明礬を藩の特産品とした。

＊小浦村・脇屋儀助……小浦村とは現在の日出町にあたり、別府湾の北端に位置する港町である。脇屋が明礬市場を独占したことで、同地では商業も活発となった。脇屋儀助は俳人でもあり、また儒学者の脇蘭室は儀助の孫である。

＊菊池幽芳（一八七〇～一九四七）……大阪毎日新聞文芸部の主任で小説家。水戸藩士の息子として水戸に生まれる。本名は菊池清《きよし》。家庭小説の先駆者。代表作は『己が罪』『乳姉妹』。

116　別府十湯の内 明礬温泉場全景（大正中期～昭和初期）　中央奥には３層の大きな旅館ができているのがみえる。

117　明礬温泉場（明治30年代）　ここに掲載した中では一番早期の温泉場の様子。この絵はがきは明治30年代の製作で、本書に収録した中で最古級の１枚。萩原号発行。このあと次第に旅館数が増え、建物の規模も大きくなっていく。

118　明礬温泉場の全景（大正中期～昭和初期）　明礬の旅館街鳥瞰。明礬の主な共同浴場は、地蔵湯（朝日村の村有）、鶴寿泉（村有）、鳶の湯（私有）、神井泉（私有）。

119　**明礬 湯の花採集工場（大正中期〜末期）**　湯の花製造の活況。近世には明礬が精製されていたが、明治から大正期にはみやげものなどとして湯の花が製造・出荷された。白煙をあげる「地場」で多くの人が働いている。

120　**豊後 明礬温泉場 全景（明治末期〜大正中期）**　明礬の旅館街。主な旅館に、岡本屋、大黒屋、くるまや、山田屋、大和屋、桝屋、豊前屋、えびす屋、小倉屋、阪本屋、湯元屋などがあった。

121　**明礬温泉 設備整へる特効ある鶴壽温泉（昭和初期）**　明礬の共同浴場、鶴寿泉。温泉場の下手にあった。ここ明礬で明礬山を経営していた豊後国森藩の当主、久留島侯が寛文年間中(1661〜1673)に訪れ、命名したと伝わる。絵はがきは東京市芝区宛の実逓。差出人は老舗の岡本屋に滞在中。

「僕たちのとまる部屋は、二階で見晴しが大へんよいので、廊下へ椅子を持出して、景色をみてゐます」

122　かんなわ温泉場と有名なる(四極山)一名高崎山の遠望（大正中期～昭和初期） 女性の指差す向こうに広がるのが鉄輪の温泉場。別府湾と高崎山(古名を四極山〈しはつやま〉という)を望む景勝の地。

鉄輪《かんなわ》

古式を伝える温泉場

たいへん古い温泉場で、時宗の開祖である一遍上人が開湯したという伝説がある。一遍は荒れ狂う地獄を法力で鎮め、無量寿経・感無量寿経・阿弥陀経・法華経を記した石を四隅に埋めて三間四方の空間をつくり、ここに蒸し湯を開いたという（『南豊温泉記』明治二十九年〈一八九六〉）。じっさい一遍の足跡を記す『麻山集』に、彼が建治三年（一二七七）に速見の湯を訪れ、鶴見岳に温泉を開いてハンセン病患者を治療したことが記されている（「靏見カ嶽ニ於テ神感ノ事アリ　温泉開　癩人ノ垢穢上人自手《テツカラ》洗除シ玉フ」）。この年は一遍が諸国の遊行から一度伊予に戻って再び遍歴に出た直後で、かつ一遍が踊念仏を始めた直前にあたる。ところで一遍上人の出生は、伊予道後の温泉場にある宝厳寺の地とされる。別府と伊予、両地域の強力な関係を伝えるいくつもの伝説のひとつである。

さて、温泉場の中心には、蒸し湯や渋ノ湯といった温泉共同浴場と寺が近接して立地する。こうした形態も、原初的な温泉場の空間構成を目の当たりにするようで興味深い。

蒸し湯と一遍伝説

蒸し風呂は日本古来の入浴法で、そもそも風呂といえば普通は蒸し風呂のことを指した。湯につかる形式の風呂がひろまったのは江戸時代のことである。蒸し風呂は寺院では湯堂や浴堂とよばれる建築としてつくられ、一般には積み石でつくった釜風呂、自然の岩穴をつかった岩風呂、板で箱形をつくった一人用の箱蒸し風呂などが使われていた。鉄輪の蒸し湯は温泉の蒸気を使ううえに、入浴法も

123　鉄輪温泉場 全景（明治末期〜大正中期） 鉄輪の町並みと、背後の扇山山麓に展開する「地獄」地帯をおさめた1枚。右から白い文字で大正坊主、紺屋地獄、照湯地獄、坊主地獄、今井地獄の位置が書き込まれている。

124　鉄輪全景（明治末期〜大正中期） 鉄輪の家並み。狭い街路沿いに温泉宿が密集していた。中央手前は、鉄輪の代表的な温泉宿である富士屋旅館。

125　豊後鉄輪 水車（明治30年代） 温泉場の生活景。精米用の水車とみられる。なおこの絵はがきは明治30年代のもので、別府最古級の絵はがきの1枚。萩原号発行。

独特であることから珍奇がられ、紀行文や旅行記に多く書き残されている。狭い入り口を通って蒸し湯に潜り込むと、薄暗い構内には床一面に石菖*が敷きつめられている。中央には石柱が立ち、その周りに十六個の石枕が配置されている。入浴者はまず入り口に最も近い枕に横たわり、順繰りに次の枕へ移って十六ヶ所をひとめぐりし、再び入り口付近の枕へ戻って、外に出る。この入浴法が札所を順にめぐる巡礼を浴客に想起させていた点は、温泉の利用や入浴の

126　**鉄輪温泉場 蒸の湯（大正中期〜昭和初期）** 蒸の湯には、時宗の開祖である一遍上人（1239〜1289）の開湯伝説が残る。本来「風呂」といえば蒸し風呂のことを指し、お湯につかるものではなかった。瀬戸内海沿岸には蒸気浴を行うための古い石風呂がたくさん残っている。鉄輪の蒸し風呂も、このような入浴法の古式を伝えるものだ。

下左127　**鉄輪温泉場（大正中期〜昭和初期）** 渋の湯。頬かむりをした大勢の女性が浴場前に並んでいる。別名「浮湯」などといい、かなり古くからあった浴場。蒸し湯同様に一遍上人の開湯伝説が伝わる。

下右128　**鉄輪 瓢箪温泉 卯辰の蒸湯（昭和初期）** 鉄輪、瓢箪温泉の蒸し湯。蒸し湯は床に薬草を敷き、そのうえに横たわって入浴する。

129　鉄輪地獄 ラジーム吸入（大正中期〜昭和初期） 蒸気吸入による治療設備。ラジウム温泉はラドンという放射性物質を含む。これを吸入することで、免疫力の向上や血流促進効果が期待されるという。

根幹にある宗教行為とのつながりを思わせて興味深い。そして「四方の角に四戸の石あり、是れ仏法護持の四天王」（田島大機『新撰南豊温泉記』、明治四十三年〈一九一〇〉）などと、明治期にも一遍が四つの石によって蒸し湯の領域を決定したという伝説を想起しながら、人々は蒸し湯に入浴していたのである。

　さて、蒸し湯には一度に入浴できる人数が限られるため、とくに湯治客が集中する春には半日ほども待たなければならなかったという。順番を待たなくても入浴するには、「寺札」というものを買う方法があった。寺札とは温泉場の中心にある温泉山永福寺が発行するもので、これを求めれば優先的に蒸し湯へ入ることができた。別府市美術館には、「蒸風呂　無順番寺札　温泉山」と書かれた木札が残されている。

　蒸し湯にもみるとおり、鉄輪温泉では湯とともに多量の蒸気が噴出するのが特徴で、温泉源から分離させた蒸気を樋でかまどに引いて調理することが盛んであった〔132〕。温泉の蒸気は治療にも使われている〔129〕。

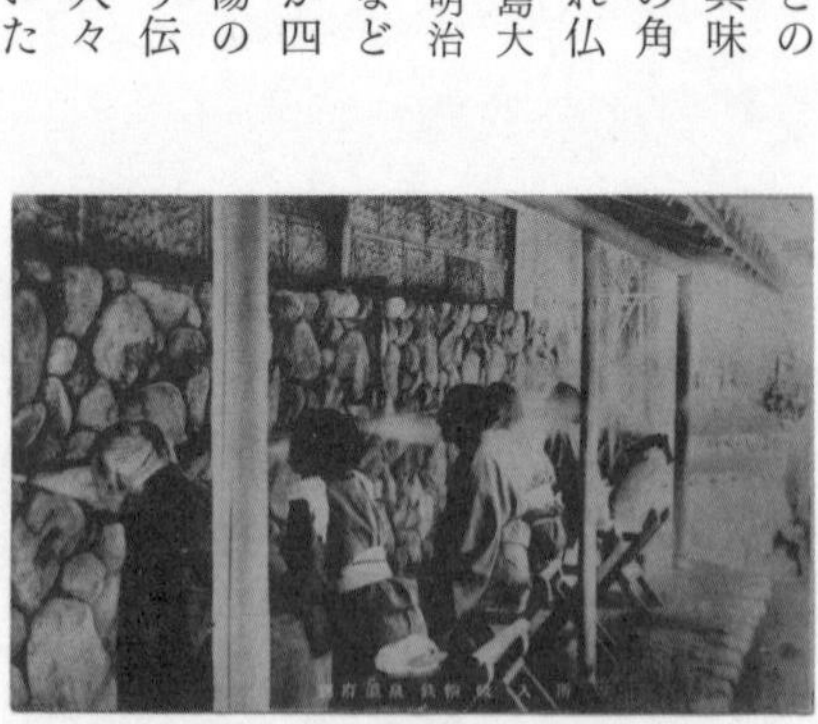

130　別府温泉 鉄輪 吸入所（昭和初期） 蒸気吸入所。石垣に沿ってはわせたパイプから蒸気を噴出させる簡便な設備。差し掛けの庇がつくられている。

＊石菖……菖蒲に似ているがより香りの強い植物で、漢方薬に用いられる。

131　鉄輪地獄 温浴室（大正中期～昭和初期）　ふつう温浴室というと、気温が体温と同じくらいに調整された発汗を促す部屋で、ゆっくり時間をかけて身体を温める。この絵はがきからは寝転んだり新聞を読んだりしながらくつろぐ人びとの様子がうかがえる。

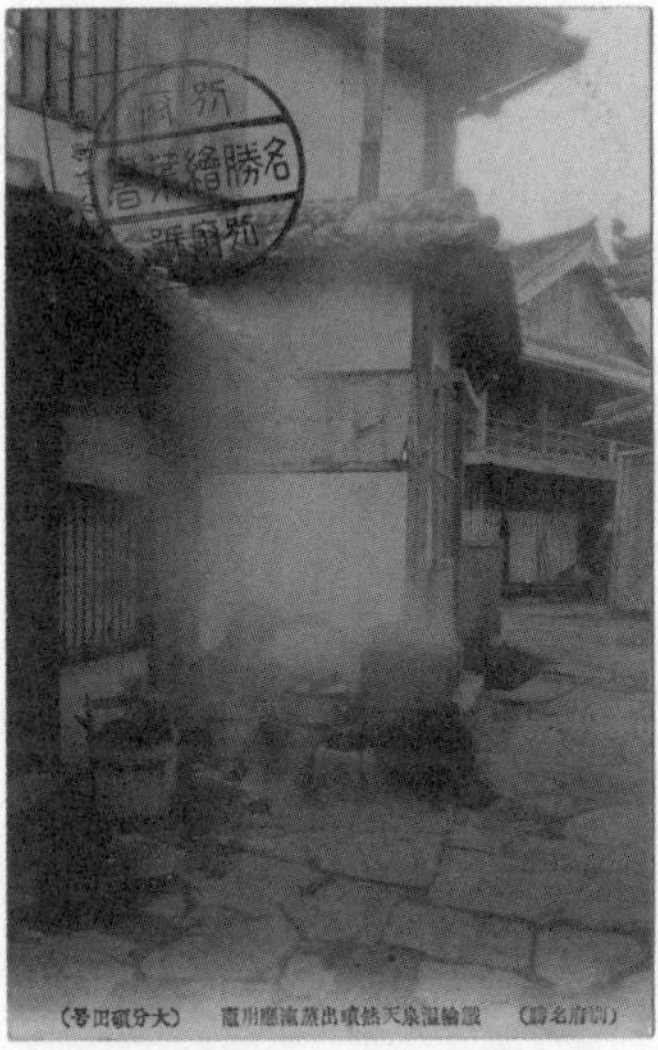

132　鉄輪温泉 天然噴出蒸気応用竈（明治末期～大正中期）　鉄輪では泉源から噴出する蒸気を利用した調理が盛んで、いたるところにこうした竈が設けられていた。蒸気を用いた料理は現在も鉄輪の名物で、魚介や野菜の蒸し料理などが食べられる。

133　鉄輪地獄 療養所（大正中期～昭和初期）　鉄輪には自炊をしながら湯治のために長逗留する温泉宿が多い。宿のほかにはこのような療養所もあった。

134　**柴石温泉 共同浴場（明治末期～大正中期）**　中央に写る建物が共同浴場。その右側の休息所には、「中食御支度所」「柴石温泉おやすみ所」とみえる。大正14年（1925）付の柴石館遊覧記念スタンプが押された実逓。

柴石《しばせき》

醍醐天皇と後冷泉天皇の入湯伝

渓流には、瀟洒たる小亭がかけ出されて居り、その下に、数条の湯瀧が、惜しげもなく落下して居る（中略）温泉場と言ふよりもむしろ風流場、酒を置き詩を賦《ふ》するに適当なところ……

（大佛次郎、田中純ほか『絵の国豊前豊後』、昭和九年〈一九三四〉）

江戸時代の紀行文などにはほとんど記述されていない温泉場であるが、遅くとも明治末期には仲屋（柴石館）が営業している。ただ以降も旅館は仲屋一軒だけで、柴石川の渓流沿いにつくられた滝湯と、山深い湯治場の風情が浴客に好まれた。柴石の温泉は古くは「赤湯」と呼ばれていた。

柴石はごく小規模な温泉場であるが、興味深い歴史が伝わっている。それは敦仁《あつぎみ》親王（醍醐天皇／八八五～九三〇年）と親仁《ちかひと》親王（後冷泉天皇／一〇二五～一〇六八年）にまつわる伝記である。寛平七年（八九五）にのちの醍醐天皇である敦仁親王がここに浴し、その宿泊所の跡に醍醐山大乗寺が創建されたという（『豊陽古事談』）。またのちの後冷泉天皇である親仁親王が重病に陥ったが、僧仁海の勧めで寛徳元年（一〇四四）に入浴し、治癒したという。親仁親王は翌年に後冷泉天皇として即位し、柴石の一本杉という地に七堂伽藍を建立した。それが寛徳二年（一〇四五）の創建と伝わり、本尊を薬師如来とする朱湯山長泉寺であるという（『南豊温泉記』、『長泉寺略縁起』）。長泉寺は戦後に移転し、現在は柴石の下流で血の池地獄のやや下方に位置している。

135　柴石温泉場（明治末期～大正中期） 温泉場名物だった滝湯の上方から撮っている。正面の山向こうに血の池地獄がある。

136　柴石温泉場 全景（明治末期～大正中期） 滝湯の上に小さな祠、河原には注連縄が張られた石が写る。これは「御枕石」と呼ばれていた。滝に打たれる人々の姿とともに、どことなく霊場のような雰囲気を感じさせる１枚。

137　柴石温泉場 全景（大正中期～昭和初期） 渓流、滝湯、周辺の木々が織りなす柴石温泉場の景色は、一幅の絵を見るようだと形容された。

滝湯の傍らにある「御枕石」は、親仁親王が入浴の際に枕にした石であると伝えられ、祀られている〔136〕。

138　**景趣豊かなる楽園郷、亀川温泉全景（大正中期〜昭和初期）**　海辺の街道に沿って細長く延びる亀川温泉の家並み。この海岸線の奥の方が別府や浜脇の温泉場。

亀川《かめがわ》

街道筋の温泉場

別府市域の最北端に位置する。海沿いの温泉場で、港や海水浴場、砂湯を擁する点では、別府や浜脇に似ている。

明治期、別府と浜脇の温泉場は街道筋から面的な広がりをみせていったが、亀川では街道沿いの町並みが維持された。つまり明治〜大正期の亀川からは、急速に発展する以前の、すなわち江戸時代から明治初期頃までの別府村と浜脇村の空間的形態を類推することができるのである。

近世から明治期初頭までこの地域は亀川、平田、古市《ふるいち》、内竈門《うちかまど》、野田の五ヶ村であった。うち亀川村が温泉場の中心で、これは豊前道沿いに延びる在町であり、集落は中町、田町、船頭町などにわかれていた。江戸時代には亀川村の蕩邪泉《とうやせん》、平田村の四の湯、古市村の温水湯《ぬくみゆ》、内竈門村の御夢想湯《ごむそうゆ》が開かれていた。蕩邪泉は天保十二年（一八四一）の開設で、その名は帆足万里《ほあしばんり》の命名になる。江戸時代の湯治客は、亀川の北にあたる国東半島から来る者が多かったという。御夢想湯は八幡宮爨水《さんすい》（爨とはかまどの意）ともいい、八幡《はちまん》竈門《かまど》神社*の管理下にある温泉であった。

近代には地元有志らによって複数の共同温泉浴場が創設される。亀陽泉《きようせん》は明治二十七年（一八九四）高橋重基らにより、浜田温泉は明治三十年頃高橋増吉によって開削されたものである。

明治三十四年（一九〇一）までに先の五ヶ村が合併して御越町となり、大正十四年（一九二五）亀川町に改称、昭和十年（一九三五）別府市に合併する。明治四十四年（一九一一）には別府や浜脇と同時期に汽車の駅が開設されており、多くの旅館が営業した。大正

139　**亀川温泉場 全景（明治末期〜大正中期）**　在郷町（農村部における町場）の佇まいを示す温泉場。右手には３階建ての旅館もみえる。

十四年（一九二五）には海軍病院が設置され、以降亀川には軍の保養温泉場という新たな性格が加えられることになった。

＊八幡竈門神社……神亀四年（七二七）に尾輿峰《おこしみね》（御越山）に降臨した三十三神を祀ったことに始まるという。神社は亀山丘陵という舌状台地の先端に位置している。江戸時代まで台地の下は竈門の入江とよばれる潟湖で、神社はこの入江に面していた。

140　**景趣豊かなる楽園郷、亀川温泉全景（大正中期〜昭和初期）**〔138〕のやや右側のアングルから撮影されたもの。右端に亀川駅に至る汽車の線路が写っている。

141　豊後亀川 四の湯（大正中期） 江戸時代から開かれていた共同温泉浴場のひとつ、四の湯。

142　豊後亀川 新湯（大正中期）
共同浴場のひとつ、新湯。2階は休息所だった。

143　亀川海岸の朝（大正中期）
亀川の海岸は大正９年(1920)頃に埋め立てられていく。これは埋め立て前の海岸の様子。

144　別府志高湖畔より豊後富士を望む（明治末期～大正中期） 志高湖は別府南西、鶴見岳の山麓にある火山湖で、別府から由布院に向かう道筋にある。

高原

〈別府〉のひろがり

大正末期から昭和初期にかけて、乗合自動車やバスの運行によって別府温泉の観光周遊域は格段に広がった。なかでも、由布院を「奥別府」と呼んで別府温泉に連ねた点は、新たな〈別府〉の展開とみることができよう。由布院には別府の亀の井ホテルが亀の井別荘という別館を設け、ここには賓客などが案内された。由布院は別府とはまた異なる風光をもつ。温泉場では金鱗湖《きんりんこ》などの風情やのびのびとした野趣を楽しめるほか、温泉の湧出量も豊富であった。浴客は由布院へ足を伸ばすことで、山地や高原の風光を楽しみながら別府滞在に変化をつけて楽しんだのである。

その由布院へ至る道筋には、志高《しだか》湖や城島《きじま》高原などの高地に名勝がみいだされていった。志高湖は、由布岳と鶴見岳の火山湖で、これらの連峰を湖面に写す清涼な地である。昭和初期、鐘ヶ淵紡績社長の津田信吾と山下汽船社長の山下亀三郎がここに遊んだ。両人ともその風光が気に入り、津田は城島原を、山下は志高湖の土地を買収したという。

昭和五年（一九三〇）九月には一般応募によって「別府八景」と「別府三勝」が選定されるが、この八景のなかには「由布仙境」が、三勝のなかには志高湖が採択されている。

145　**別府を去る四里 二五〇〇尺余の高山より別府鉱水運搬（大正中期〜末期）**　「別府鉱水」の運搬風景。「別府鉱水」は流川通に取扱店があった〔162〕。写真は角度をつけてプリントしてあり、斜面の傾斜を実景よりも急にみせている。

146　**別府を去る四里 豊後塚原 別府鉱水湧出源地（大正中期〜末期）**　別府鉱水は塚原（別府市街地の西、伽藍岳中腹。鶴見岳の北側）で採取された鉱泉水。絵はがきの写真面には「この立ちのぼる蒸気が岩角にふれて、ポツポツ落ちる露が別府鉱水となる」と書かれている。

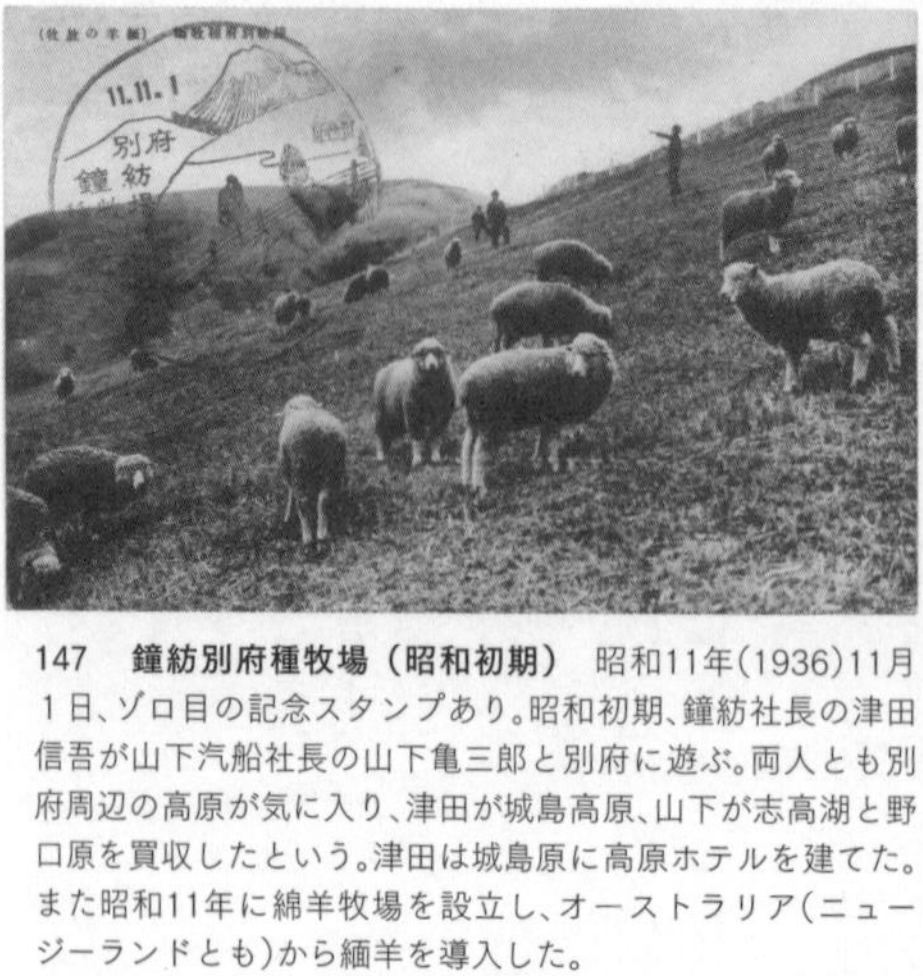

147　**鐘紡別府種牧場（昭和初期）**　昭和11年（1936）11月1日、ゾロ目の記念スタンプあり。昭和初期、鐘紡社長の津田信吾が山下汽船社長の山下亀三郎と別府に遊ぶ。両人とも別府周辺の高原が気に入り、津田が城島高原、山下が志高湖と野口原を買収したという。津田は城島原に高原ホテルを建てた。また昭和11年に緬羊牧場を設立し、オーストラリア（ニュージーランドとも）から緬羊を導入した。

148　鐘紡 別府種牧場事務所（昭和初期） 牧場には洋風の管理事務所が建てられ、高原に点景を添えた。

149　志高湖 別府市役所発行（昭和初期） 昭和初期にこの地を買収した山下亀三郎はこの土地を開発する計画を立てたが、戦局によって実現しなかった。

150　別府郊外 南端ゴルフ場（昭和初期） 昭和８年(1933)に別府郊外の南端村に開業したゴルフ場。亀の井ホテルからの客が多かった。

151　由布院名勝 金鱗湖畔 亀の井楽園（大正中期〜末期） 由布院の亀の井別荘。ここでは「亀ノ井楽園」とある。当時「奥別府」と呼ばれた由布院に、別府亀の井ホテルが設けた別館で、現在の亀の井別荘の前身にあたる。亀の井旅館では自社で自動車部門を経営して、由布院など別府近郊の景勝地開発に乗り出していく。絵はがきは長崎医科大学法医学教室宛の実逓。発行元の「豊島」は由布院湯の坪にある豊島商店。

152　**港町通り（明治末期〜大正中期）**〔153〕を少し奥に進んだ位置のもの。長崎屋旅館（右手前）は明治39年（1906）創業。左は同年創業の児玉屋。なお通り沿いには電柱が立っているが、別府市街で電燈事業が始まったのは明治37年（1904）。

6 町並み

二〇〇七年、織田作之助『夫婦善哉』（昭和十五年〈一九四〇〉）の続編が発見された。柳吉と蝶子はその後、別府に移り住んでいたのである。

柳吉は、妻蝶子と営んでいた大阪のカフェー「サロン柳蝶」をこっそり売って、資金を作る。そして競馬に訪れた小倉からの帰りに「立ち寄った別府で老舗の手頃なのをひとつ見つけたのを幸いに、別府の土地で理髪店向きの化粧品、刃物の商売をやろうと、千五百円で老舗を買」う。まもなく二人は、別府港に降り立った。

> 桟橋から直ぐに別府目貫きの流川通だった。そのはずれに近く左へ折れてごたごたした中町に柳吉の借りて置いた家があった。すぐ眼の前に殆《ほとん》ど並んで理髪店が二軒あり、桟橋からそこまで来る途中にも六軒は眼についたから、ここで理髪店相手の商売をやる気になった柳吉の眼のつけどころに感心していると、柳吉はいつの間に調べたのか、狭い市《まち》だがさすがに日本一の温泉地だけあって理髪店がなんと百六十軒もある、なお市全体がまるで銭湯同様ゆえ顔剃の道具などいくらでも売れる……

流川通に接する街道沿いの町、中町で商いながら、蝶子は繁華

153　港町通り（明治末期～大正中期）　明治～大正初期の地図をみると、のちの流川通に「港町通」とある。つまり流川通は、拡幅後の港町通。この後、この通りが別府随一の繁華街に展開していくのだ。その背景は港との連絡にあった。右列２軒目は旅館長崎屋、左手前は大阪商船の建物。

154　別府港に上陸し（別府ホテル）に向う港町市街（ホテル迄十七丁余）（明治末期～大正初期）　〔153〕の少し手前。右手前は大阪商船の建物。立て看板の下に見えているのは明治５年（1872）から使われはじめた国内初代のポストで「黒ポスト」と呼ばれる。絵はがきのタイトルにある「別府ホテル」は、明治44年（1911）に山の手の野口原に開業した別府最初の洋風ホテル。

な流川通への出店を夢みるのだった。

柳吉と蝶子がその賑わいに目を見張った流川通を起点に、近代別府の街角に分け入ってみよう。

155　**港町通り（大正中期）**〔152〕をさらに進んだ位置のもの。3階建ての児玉屋(手前左)の奥に竹屋旅館がみえる(明治34年〈1901〉創業)。道には天秤棒を担いだ人、荷車を引く人、浴衣姿の人などがみえる。

156　**中町市街通り（大正中期～末期）**　中町。織田作之助『夫婦善哉』続編で、主人公らが流川通への進出を目指しながら店舗を構えた町。

157　湯之町に殷盛を極むる流川通（昭和初期）　拡幅後の流川通。左手前、下見板張りの建物は「ビリケン」という店舗で、ホテル、食堂、ダンスホールを備えた。ダンスホールには、東京や上海から移籍してきた専属ダンサーが常時何人も所属していた。店の角にはビリケン像がみえている。ビリケンとは1908年にアメリカで生まれ、1910年頃には日本でも大流行した幸運の神様で、この店のマスコット。そのほか文房具屋、履き物屋、「別府鉱水」、土産物屋、時計店など様々な商店が軒を連ねていた流川通の様子がわかる。温泉を基盤に、別府というこの町がきわめて都市的に展開した様子の一端をうかがわせる絵はがき。

158　〔タイトルなし〕（明治末期～大正中期）　ビリケンホテルのマスコットであったビリケン像。幸運の神様同士ということであろうか、この絵はがきでは大黒と手を携えている。

159　**別府市 流川通り（昭和初期）**　流川通の拡幅は、大正10年（1921）に大分で行われた第14回九州沖縄八県連合共進会の開催にあわせたインフラ整備だった（『別府市史』別府市役所発行、昭和３年〈1928〉）。実際この共進会を通じて浴客は急増している。流川通の延長線上には、昭和４年（1929）８月にケーブルカーが作られ、乙原山というこの山の上に遊園地が建設された。ここに、繁華と遊興、眺望の都市軸が完成するのである。

160　**別府市 流川通り（昭和初期）**　〔159〕より少し山手寄り。右側に「竹瓦マーケット」の入口がみえている。このアーケードを右に直進すると、目の前に竹瓦温泉がある。マーケットの奥には、４階建ての萬屋旅館（明治32年〈1899〉創業）がみえる。流川通の先にケーブルカーが写っているので、昭和４年（1929）以降の撮影。

161　**美しき商舗軒を並ぶる流川通り（昭和初期）**　〔152〕とほぼ同じ位置から撮影されたより新しい時代の１枚。長崎屋の外観が変わっている。昭和４年（1929）以降。

162　流川通り（昭和初期） 〔157〕をより山手に進んだ位置の撮影。「別府鉱水」の大きな看板（→89頁「別府八湯高原」〔145〕）。

163　流川通り（昭和初期） 〔161〕よりやや港側。左手前に大阪商船瀬戸内航路図の大看板が立つ。

164　別府温泉 流川通りの商店街（昭和初期） 昭和初期の流川通。ケーブルカーの軌道がはっきり写る。右には「写真材料」という看板を出す店舗。宛名面に昭和10年（1935）の記念スタンプあり。

165　**流川通り（昭和初期）**　ビリケンホテル（右、塔屋のある建物）の少し山手から港側をみた１枚。

166　別府温泉場 流川通り（昭和初期）〔165〕よりやや港側に進んだ位置のもの。左にみえる「丸一はり」は縫い針の製造販売元で、代表的な別府土産のひとつだった。

左167 **美しき商舗軒を並ぶる流川通り（昭和初期）**〔166〕より山手に進んだ位置のもの。
右168 **市街 流川通り（昭和初期）**　同じく〔166〕より山手に進んだ位置のもの。右手前には伊藤自動車商会という会社の定期乗り合い「地獄巡り」の幟が見える。

169　高楼櫛比せる港畔の街景（昭和初期）　大正元年（1912）に海岸通が竣工。以来、海に面するこの通りには、３階建てや４階建ての有力旅館が建ち並んだ。電車軌道も敷設され、流川に次いで繁華な道となる。右側は大阪商船の乗り場。海のある温泉町、別府の顔たる場所である。

170　海岸より秋葉町を望む（昭和初期）　海岸通から秋葉通をみたところ。右手洋風の建物は別府ホテル。明治末に野口原にできたホテルと名前が同じだが別のホテル。この写真を撮っているあたりに電気鉄道の発着所があった。

171　**駅前通り（大正中期～昭和初期）**　別府駅（明治44年〈1911〉開設）と駅前通。鶴見岳がくっきりと写る。

172　**霊験あらたかなる薬師温泉（別府駅前通）（昭和初期）**　左手前、2階建ての洋風建築が薬師温泉。その後「駅前高等温泉」と改名。現存している。今も傍らに薬師が祀られている。写真右側には地獄巡り乗合自動車の看板がみえる。「一周金一円」。

町並みの地勢

流川通の誕生と都市軸の転換

別府の町並みには、明治末期に大きな変化がおこった。市区改正事業と耕地整理事業の実施によって、旧来の街路の上にグリッド状の街区割りがかぶせられたのである。さらに、旧来は豊前道沿いとそこから海側の地域に展開していた街区は、山手に向かって

173　**別府の銀座 楠通り（昭和初期）**　流川通に直交する楠本町（戦後は楠銀天街）。竹細工店（左手前）など土産向きの商品を扱う店もあるが、服地や手芸材料（左側奥）、小間物と化粧品（左奥の幟）など、日用品を扱う住民向けの店舗が多かった。

174　**別府銀座の称ある商店街 楠本町通り（昭和初期）**　彩色。〔173〕より後の時代の絵はがき。店舗1階部分の庇が覆われ、景観が統一されている。

175　**賑かな店頭揃う中浜商店街（昭和初期）**　中浜筋は海に並行して走る道で、流川と浜脇を結ぶ往来として賑わった。別府から浜脇遊廓に向かう客がゲタを鳴らして通ったという。商店街の名前が掲げられたアーチの背後には、日よけの天幕が続いている。なお別府で最も古い商店街のアーケードは竹瓦マーケット（〔160〕現「竹瓦小路」）のもので、大正10年（1921）12月完成。現存するなかでは国内最古ともいわれる。

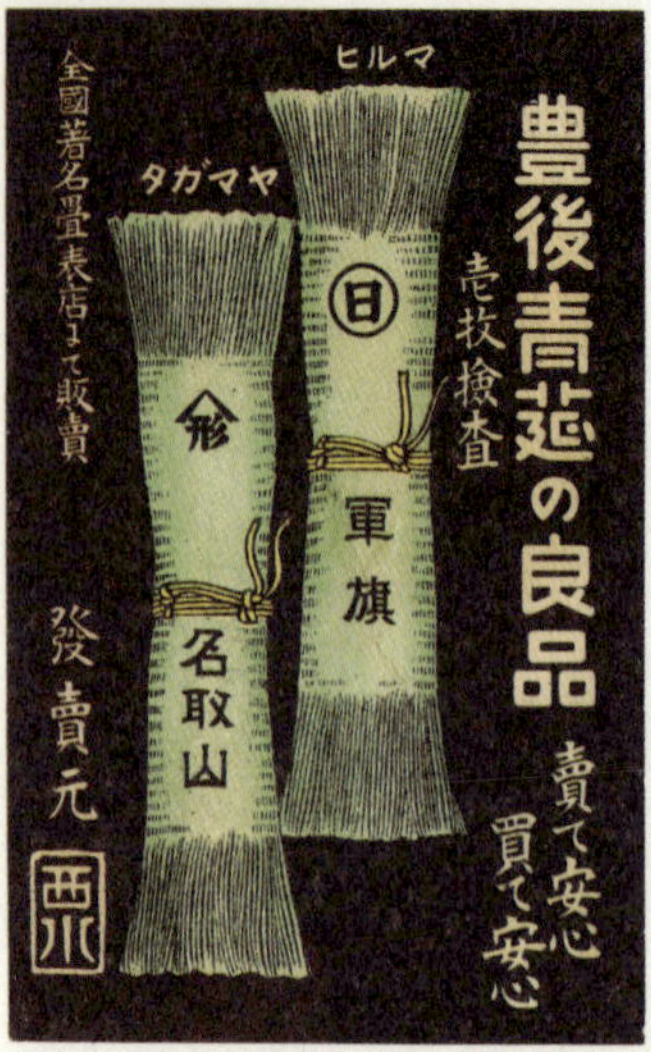

176　**豊後青筵の良品（明治末期〜大正中期）**　東京日本橋、西川の「豊後青筵（せいえん）」広告はがき。別府最古の温泉宿で、明治期には回漕店も営んでいた日名子家は、西川に青筵（畳表）を移送していた。日名子家が回漕業をはじめたのは明治10年（1877）頃で、天神丸、宝寿丸という船で別府と東京を往復していた。帰路は大阪で畳の縁を、岡山で備後表を仕入れて別府に戻ったという。

177　**別府町 東京堂薬房 卸部（大正中期〜昭和初期）**　左の幟には「各国薬品卸問屋」と読める。庇の上に掲げられているたくさんの木製看板が印象的。

大幅に延伸されることになる。もちろん最初はグリッド状の街路が敷かれただけで建物はほとんどなかったが、次第にその街区は旅館や別荘、住宅で埋まっていく。旧別府村の家並みは本来、街道筋を基盤に形成された線状の形態であったが、市区改正事業は別府の町空間を面的に広がる形状へと大きく変えたのである。

この市区改正を挟んで、旧別府村の範囲にあたる地域の空間構成も大きく変わっていた。地域を南北に貫通する豊前道沿いに形成されていた江戸時代以来の家並みよりも、豊前道に直交し、海に向かって伸びる流川沿いに形成された東西の家並みのほうが、新しい都市軸として強化されていくのである。江戸時代にも流川沿いには家並みがあったが（天保七年〈一八三六〉「別府村絵図」）、明治四年（一八七一）の別府港築港は、港と豊前道を結ぶ流川沿いの道筋を一層賑わせた。明治二十年代の流川には、温泉宿や貸座敷（遊廓）が集中的に立地している。この道筋のうち、豊前道に近い側が流川通、海側が港町〔152〜155〕と呼ばれていた（なお流川は豊前道に近い側では流川通に沿って流れているが、海側では少し南に屈曲し、港町沿いではなくその一本南を通る楠通沿いを流れる）。港と旧街道を結ぶこの道の役割は、明治時代を通じて強化されていく。

市区改正を経て大正六年（一九一七）には流川が暗渠化され、道が拡幅された。ここに別府の繁華な顔「流川通」が誕生するのである。地図上では大正十三年（一九二四）頃から「港町」の表記がみられなくなり、通り名も町名も流川通に変わっている。

その流川沿いに優勢な湯脈の位置が一致していたことは非常に興味深い。明治三十八年（一九〇五）に鉱泉監督官松田繁が作成した県知事宛資料「別府浜脇町内温泉深度別図」によれば、この時点で旧別府町域に開発された温泉源はそのほとんどが流川沿いに

178　**本家河村藤吉（大正中期）**
「丸一はり」の古い店舗。別府を代表する土産物のひとつになる。大正7年（1918）1月1日付の実逓。

179　**別府北尋常高等小学校 正面（明治末期～大正中期）** 北浜、海門寺近くに設けられた北小学校。

集中していたことがわかる。その開発軸は山手に伸び、そこに不老泉などの新しい温泉場が形成されていった。

かつて豊前街道沿いの町並みが担っていた南北の都市軸は、流川通が構成する東西の都市軸へと、九〇度転換されたのであった。

視覚と遊興の都市軸

市区改正事業によって山手へ延長された流川通は、乙原《おとばる》山の山裾で行き止まりになる。しかしその延長線上には、昭和四年（一九二九）にケーブルカーの軌道が敷設された。つまり流川通の軸線は山上へと這い上がり、ついにはこのケーブルカーに牽引されて別府遊園地に至るのである。遊園地から別府の市街地を見下ろせば、ひときわ道路幅の広い流川通が港まで一直線に伸びている。ここには「視覚と遊興の都市軸」とでも呼ぶべき新たな都市の軸線が創出されたのであった。

写真絵はがきの「町並み」

写真絵はがきが捉える「別府の町並み」は、そのほぼすべてが流川通であったといってよい。ほかに絵はがきになっている町並みには楠通〔173〕や中浜筋〔175〕などがあるが、商店街であるこれらはいわば、「ミニ流川通」としての意味合いによって撮影されているとも考えられよう。あくまでも商店や土産物店などが軒を連ねる通りだからである。その一方で、江戸時代以来の伝統的な町並みである、豊前道沿いの北町・本町・中町・南町などを写す絵はがきはほとんどみあたらない。つまり写真絵はがきに掲載され、広められるべき別府の「町並み」とは、流川通だったのである。『夫婦善哉』で主人公夫妻が豊前道沿いの中町で商いながら流川通に憧れるのも、流川通が別府での繁栄と成功を象徴する町並みだったからなのである。

180　**濱脇東温泉（明治末期〜大正中期）**　東湯、弦月泉とも呼ばれた。のち浜脇高等温泉。数度改築されており、この浴場は明治37年（1904）5月5日竣工。棟の上に突き出しているのは湯気抜き。

7 共同温泉浴場

温泉町のインフラストラクチャー

江戸時代の浴場

元禄七年（一六九四）の貝原益軒『豊国紀行』には、別府村の浴場について、「薬師堂の辺にある温泉の傍らに熱湯あり、其上に乾浴する風呂阿《あ》り」と記し、また鉄輪村については「湯の上にかまへたる風呂有。病者是に入て乾浴す」、「瀧有。瀧の高さ二間半斗《ばかり》病人是に打連て浴す」などと記されている。「乾浴する風呂」とは蒸し風呂のことだろう。鉄輪の蒸し風呂は現代にも有名であるが（鉄輪むし湯）、別府村の温泉も蒸し風呂であったことがわかる。江戸時代別府の温泉場における浴場の状況については、かつて鶴見にあった森藩の温泉場「照湯」の状況が参考になるだろう。照湯の様子を伝える弘化二年（一八四五）『鶴見七湯廼記』には、滝湯や満々と湯を湛えた浴槽が描かれている。滝湯は明治期以降にも柴石や観海寺、鉄輪など、八湯の各所にみられた。

改築される共同浴場

明治四年（一八七一）には別府港が改修され、新しい港が整う。これで海からのインフラが強化され、人の往来も一層盛んになった

181　**豊後別府大字濱脇 東温泉 男湯内部（明治末期〜大正中期）** 通常の深さの浴槽のほか、砂湯、臥湯（寝そべって入る浅い浴槽）があった。

182　**濱脇東温泉は別府温泉の元始闢創第一 有効無比の有名なる大温泉にして其の名四方に轟く（大正中期〜末期）** 入口まわりに洋風の意匠が加えられている。彩色。

旧別府村や浜脇村では、次々と共同温泉浴場の改築が実施されていった。明治七年には別府村の紙屋温泉と浜脇村の西温泉が、翌八年に別府村の不老泉と楠湯、鉄輪村の渋ノ湯が改築されている。うち、西温泉、紙屋温泉、渋ノ湯は県費による整備であった。別府の共同温泉浴場は、県にとっても人を引き寄せるための魅力的な資源として重要視されていたのである。共同温泉浴場を改築して立派な建物に整えることが、別府温泉の宣伝と振興になるという考え方は、別府や浜脇の町会議事録からも伺える。

浜脇東温泉・西温泉の改築時には、浜脇町に「温泉場改良委員会」が設置され、町会議員や町の名士からなる委員が組織された。同委員会では、既存の温泉場周辺にあった民家を買収して敷地を広げ、温泉場周辺の衛生改善などにも注意を払って計画を進めている。改築費は町民への特別税のほか、浴客から湯銭を徴収して補填された。このときには、旅館ではなく各自の船に寝泊まりしながら湯治する「湯治船」の浴客からも、税金の徴収が徹底されている。

温泉浴場の建築と建築家

市や県の注力は共同温泉浴場の建築にあらわれている。広壮で立派な浴場建築の姿は、そのまま別府の広告塔になりえた。昭和初期には別府市の建築技師が浴場の設計を手がけており、池田三比古《みつひこ》、村上利作《りさく》という二人の技師がその代表である。なお村上は浴場設計者として池田の後継者にあたる。別府市の技師が手がけるべき新たな都市の建築が共同温泉浴場であったことは、別府という町の性格と、別府市がとった建設事業の戦略をよく伝えている。

池田三比古（一八九三〜一九七九）は、海軍省や逓信省、さらに最初期の渡辺仁《じん》建築工務所につとめた。渡辺仁（一八八七〜一九七三）は、銀

183　**濱脇西温泉（大正中期〜後期）** 西湯、精華泉とも呼ばれた。のち浜脇温泉。東温泉同様、数度の改築を経ている。これは明治37年（1904）3月16日竣工。東温泉と共に同年5月8日に落成式が行われた。

座四丁目交差点の旧服部時計店（一九三二年／現和光）や丸の内の第一生命館（一九三八）などの設計で知られる建築家である。池田は渡辺仁建築工務所を辞したあと、大正十一年（一九二二）に別府町の営繕係技師になった。その頃ちょうど別府市では、吉田鉄郎（一八九四〜一九五六）の設計による別府市公会堂（一九二八／別府市指定有形文化財）の新築が行われ、池田はこれを補佐している。吉田鉄郎は東京中央郵便局（一九三一）や京都中央電話局（一九二六）などの作品で知られる逓信省営繕課出身の建築家である。スウェーデンの建築家ラグナール・エストベリ（一八六六〜一九四五）に傾倒しており、別府市公会堂にもエストベリの影響が指摘されている。池田はこの吉田鉄郎の影響を強く受けた人物で、その代表作は昭和三年（一九二八）竣工の浜脇温泉・浜脇高等温泉、船のような外観をもつ巨大な浴場建築であった（189／昭和六十三年取り壊し）。北浜海岸砂湯も池田の設計である（191／現存せず）。

村上利作（一八九六〜一九六七）は、昭和十三年（一九三八）に竣工した竹瓦温泉の改築を手がけた（195／国登録有形文化財、現存）。豪壮なその外観は、浴客たちの眼を驚かせた。

著名な共同浴場の建設や維持管理は、このように、大分県や別府市（別府町）の関与のもと進められている。昭和十六年（一九四一）に「別府市市設温泉規程」が改正告示された際、市費による維持管理が行われていた共同温泉浴場は三十三箇所にのぼっていた。

日常生活の中の温泉浴場

ただし共同温泉浴場の設立や維持管理には別府町営や市営だけでなく様々な形態があり、個々の町内や個人のレベルで実施される例も少なくない。つまりさまざまな種類の浴場を成立させるほど別府の温泉は豊富で、かつ共同温泉浴場は人々の日常生活に欠

184　**濱脇東温泉 女湯内部（明治末期〜大正中期）**〔181〕の男湯とほぼ同じプランの女湯。左側は脱衣場。浴場の中はたくさんの浴槽が枡状に仕切られている。

185　**別府大湯 西温泉（大正中期〜後期）** 西温泉は勧商場を兼ね、寄席も付属していた。2階は浴客の休憩室、3階は「三日月亭」という料亭だった。

かせないものになっていったのである。

明治七年（一八七四）に改築をはかった際の楠湯の寄附帳には、数多くの旅館や個人の名がみられる。大正期以前、寿温泉は港町の有志によって改築されたといわれ、大正初期新築の梅園温泉は、梅園町の住民四名が資金を出し合って建設し、無料で住民に開放されていた。大正十五年（一九二六）に新設された春日温泉は、町内住民の温泉浴場として行合町が建設したものである。霊潮泉は大正六年（一九一七）に、港町の有志十二人の寄付金と、市費をあわせた財源によって改築されている。

住民や各町と密接に建設されていた共同温泉浴場の様子は、大正期以降の浴場の立地傾向を分析することで明らかになる。つまり明治期までの浴場は古い温泉場に限られ、そのまわりを旅館が取り巻いていた。しかし大正期以降の外湯は、駅前や市街地北部などの新しい市街地において新設されていく。これらは住宅街に位置しており、その建設資金の出資者は、既にみたとおり各町の有志や篤志家たちだったのである。

共同温泉浴場と町の人々との堅固な結びつきは、今でも続いている。早朝や夕暮れに別府の町を歩くと、あちらの路地やこちらの路地から、洗面器に入れた入浴道具を鳴らしながら人々があらわれ、浴場に吸い込まれていく。浴場は隣人同士、毎日の顔色を確かめ合う場所なのだ。そうした特徴は浴場の建物の使われ方にもよくあらわれている。現在、別府市にある共同温泉浴場のうち、ほぼ半数の二階に公民館が設置されている。共同温泉浴場は観光資源であるいっぽう、都市内地域それぞれの核である。地域社会は共同温泉浴場ごとにゆるやかに分節され、かつ結節されてきたのだ。［一一九頁につづく］

186　**濱脇温泉 女湯内部（明治末期〜大正中期）**　互い違いになり臥湯や砂湯に横たわる女性たち。浜脇西温泉内部とみられる。

187　**濱脇開創 第一薬師温泉（明治末期〜大正中期）**　明治30年（1897）改築。浜脇東西温泉に隣接。私有の浴場だったという。なお絵はがきの左上には、郵便局の場所を示す看板が写り込む。

188　**濱脇薬師温泉 女湯内部（明治末期〜大正中期）**　薬師温泉の女湯内部。薬師温泉の内部の様子がわかる絵はがきは少なく珍しい１枚。

189　モダン的濱脇高等温泉（昭和初期）　竣工祝賀式の工事報告によれば、大正15年（1926）２月に満場一致により市会で建設を決定し、同年５月に藤本組と請負契約をなし、７月24日に着工。設計は池田三比古で、設計にあたっては吉田鉄郎に意見を求めたという。“オランダ風”鉄筋コンクリート造。内部は衛生・採光・浄化装置などを充実させ、またかねて懸念であった海水の流入を抑止する措置をとった。延べ坪数599坪５合。平屋建て部分は無料の浴場で、２階建て部分は有料。屋上庭園も設けられた。

190　濱脇温泉（昭和初期）　浜脇温泉・浜脇高等温泉を描いたイラストの絵はがき。自動車や洋装の男女、子どもの絵も添えられてモダンな雰囲気が伝わってくる。

191　別府天然砂湯に於ける浴客休憩所（昭和初期）　池田三比古が設計した市営の天然砂湯。池田は浜脇温泉・浜脇高等温泉も設計している。

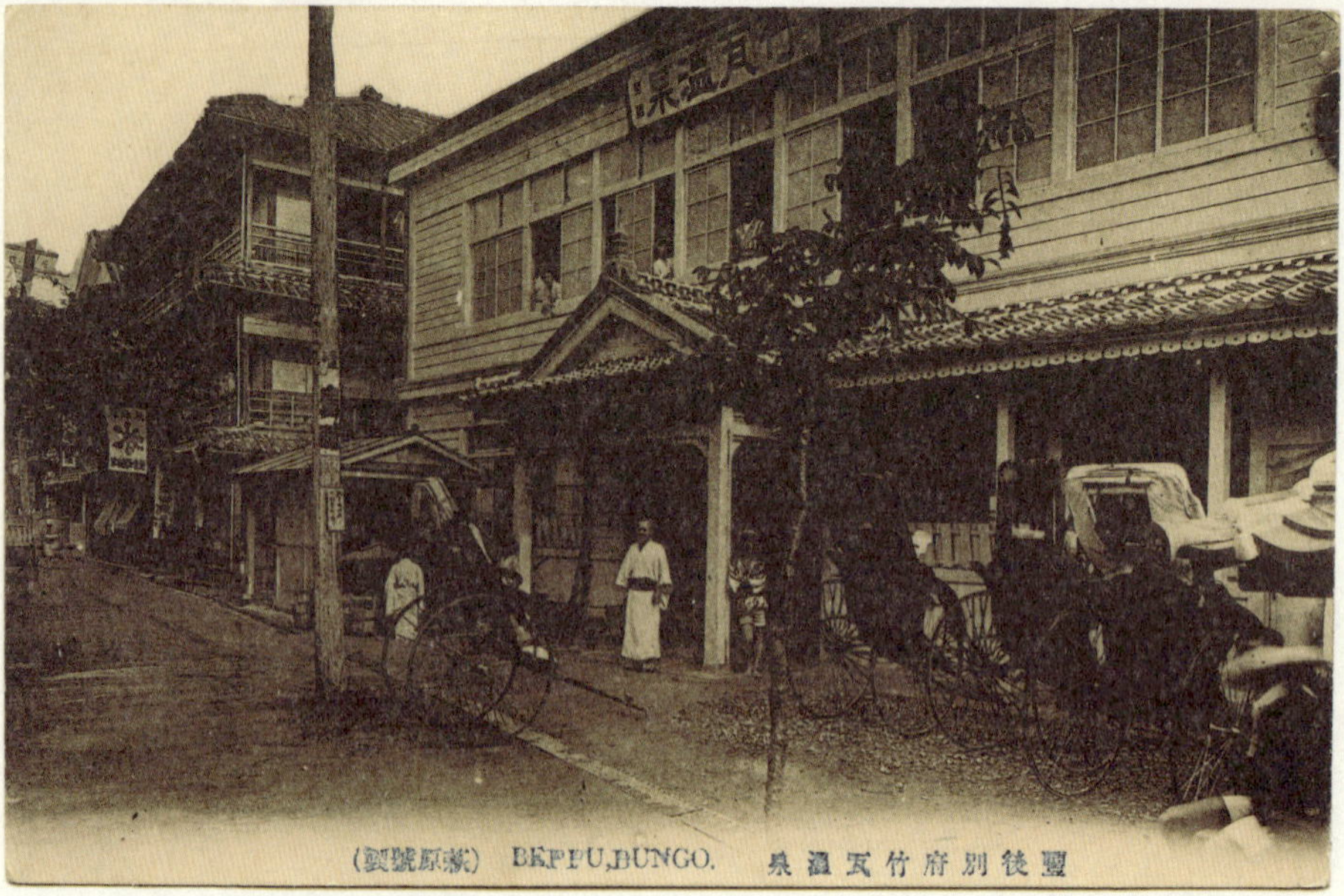

192　**竹瓦温泉（明治末期〜大正中期）**　乾液泉ともいう。「竹瓦温泉」の名の由来は、かつて浴場が竹の瓦で葺かれていたからともいわれる。明治12年（1879）創設、同35年（1902）改築、大正２年（1913）に再度改築されてこの絵はがきの建物になる。奥に旅館関屋（明治37年〈1904〉創業）がみえる。

193　**竹瓦温泉（明治末期〜大正中期）**　左手前、箱のついた小さな荷車に「和田成美堂」「エハカキ」と読める。和田成美堂は、萩原号とともに明治から大正期の別府において写真絵はがきの大半を製造、発行していた。絵はがきがどこでどのように売られていたかが知られる１枚。

194　**竹瓦温泉（大正中期〜末期）**　彩色。共同浴場の２階にはさまざまな用途があった。〔193〕では「温泉地帯撮影会事務所」が入居しており、この絵はがきでは書画の展示即売会を開催中。〔196〕では撞球倶楽部になっている。

195　**新装成れる竹瓦温泉（昭和初期）**　昭和13年（1938）改築後の竹瓦温泉。昭和12年に開催された国際温泉観光博覧会に併せて、再び改築された。設計は別府市役所建築係技手の村上利作（1896〜1967、愛媛県津島出身）。村上はほかに霊潮泉、田の湯温泉、不老泉の改築なども担当している。村上が手がけた共同温泉浴場のデザインはバリエーションに富んでいた。この竹瓦温泉と霊潮泉は豪壮な近代和風で、不老泉は正面に切妻の破風をみせる洋風建築〔214〕。

196　**松屋別館前 竹瓦温泉（昭和初期）**　奥に木造５階建ての森屋旅館がみえる。

197　**竹瓦温泉場 男湯内部（明治末期）** 明治44年（1911）の実逓。福岡県立中学修猷館寄宿舎宛。竹瓦温泉男湯の内部。〔198〕とほぼ同時期の撮影と思われる。女湯同様に臥湯式。

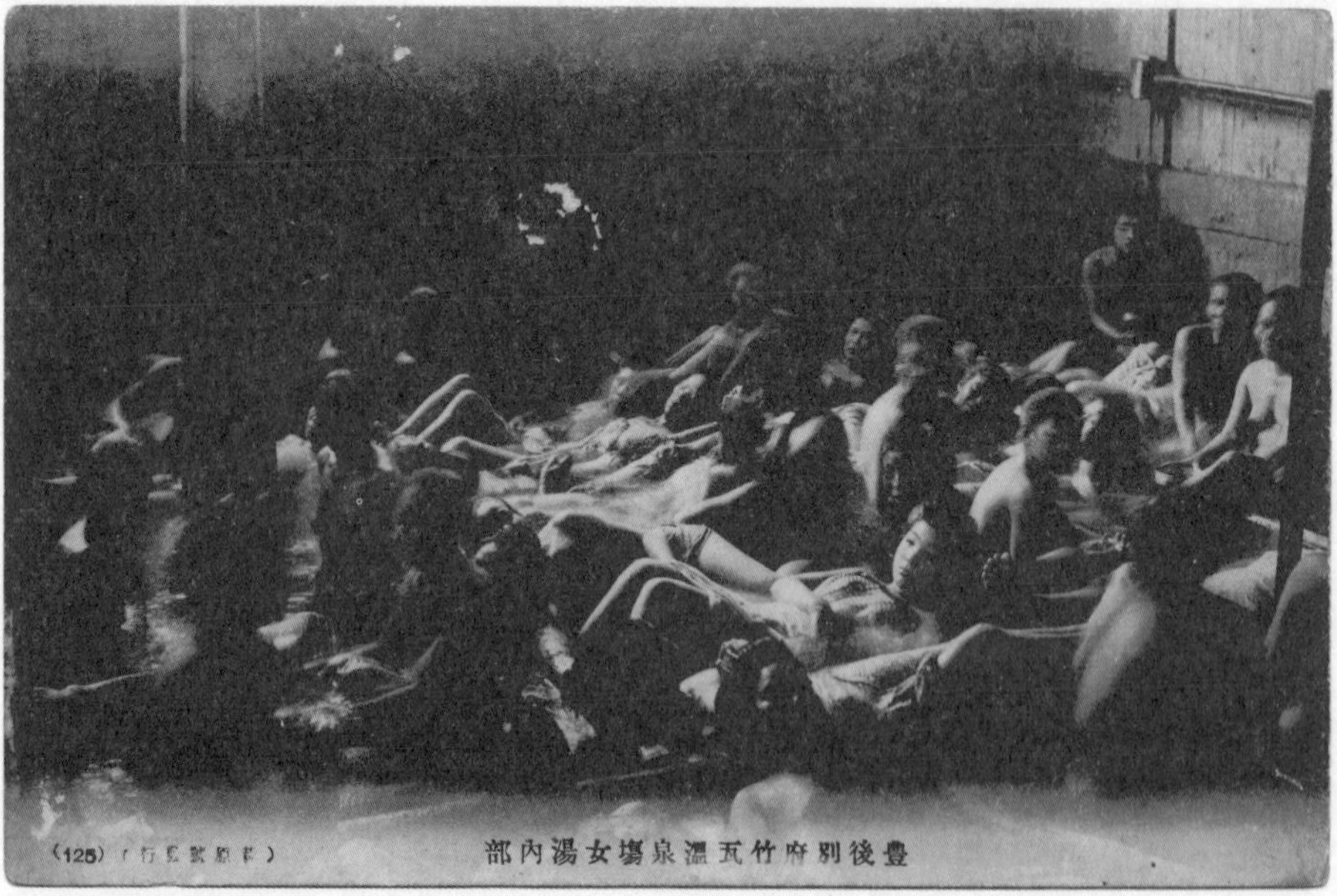

198　**竹瓦温泉場 女湯内部（明治末期）** 浴客ですし詰め状態の共同浴場。明治期別府の温泉浴場では「臥湯」といって、横たわって入浴する浅い浴槽が一般的だった。

199　**楠湯（共同湯）（明治末期〜大正中期）**　遅くとも安政２年（1855）以前からある。幕末の慶応元年（1865）には、井上聞多（井上馨）が療養した。

200　**楠温泉（明治末期〜大正中期）**　のれんに「楠温泉」と読める。手前は青物、漬物店。〔199〕と同じ頃の撮影。

201　**楠湯（大正初期〜中期）**
楠温泉の名は、古い楠の根元から温泉が湧くことに因むという。絵はがき中に注連縄が張られている木で、薬師が祀られていた。大正３年（1914）に改築の建物。〔199, 200〕の次の時代にあたる浴場で、規模も一回り大きくなっているほか、開口部にはガラス窓がはめられ、浴場内が明るく改善されている。ガラス窓を多用する点は、昭和13年に改築された竹瓦温泉〔195〕に先行する。なお大きなガラス窓がついていると外から覗けてしまうが、浴客たちはあまり気にしていなかった。

202　寿温泉（大正中期〜末期）　かつて床屋の床下から湧いていたとされることから、「床下の湯」ともいう。柳湯と向かい合っていた。明治末期改築か。大正期以降、町有（大正13年〈1924〉に再改築）。左は流川通から屈曲してここを通っている流川。

上203 寿温泉（床下湯）（明治末期〜大正中期）　寿温泉は婦人病に効能が高いとされ、浴客の大半は女性だった。入口まわり、切り妻破風の意匠は、浜脇東温泉とも共通する。大正２年（1913）８月の実逓。大阪市東区宛。差出人は森屋に滞在中の少年。夏の旅行で別府を訪れていた。「明日紅丸で帰る」とある。

右204 寿温泉 床下之湯（明治末期）　縄のれんの向こうに浴客が顔をのぞかせている。普段の寿温泉はこんな感じだっただろうかと想像させる１枚。

205　霊潮泉（明治末期〜大正中期） 港に面して建っていた。満潮時には海水が泉源へ入り込み、温度が低下したという。明治26年（1893）、大正６年（1917）、昭和13年（1938）に改築。入浴は無料だった。絵はがきは明治期の建物。開口部が荒い格子になっているのは湯気抜きのためである。

206　霊潮泉 女湯内部（明治末期） 大正期の浴場内には砂湯８つと、浴槽、蒸し湯、上がり湯がそれぞれ２つずつあった。明治45年（1912）４月の実逓。山口県中関宛。私信欄には、本日から２日間東京の力士常陸山が興行する、とある。

207　霊潮泉（大正中期〜末期） 大正６年（1917）改築時の建物。以前の寄棟から入母屋屋根に変わったほか、破風がついて華やかになっている。

208　新装成れる霊潮泉（昭和初期）　彩色。昭和13年（1938）改築後の浴場。霊潮泉の改築には、別府市役所建築係技手の池田三比古か村上利作が関わっている。入母屋の浴室棟から玄関の棟を正面側に張り出させ、さらに破風を上下2段に重ねて豪華さを増している。

209　海岸に近く施設完備の市有、霊潮泉（大正中期～末期）
大正６年（1917）、港町和田彦蔵ほか12人の寄付金に市費を加えて増築した。

210　二條泉（大正中期〜末期） 天保11年（1840）頃浜脇に潜伏していたとされる二條義実（二條関白家の嫡流で勤王志士）の入湯に因む名という。鶴田旅館の私有温泉だが浴客に開放されていた。大正２年（1913）改築。２階は寺の説教所だった。

211　霊験あらたかなる薬師温泉（別府駅前通）（昭和初期） のちの駅前高等温泉。左側手前、２階建ての洋風建築。大正13年（1924）改築。昭和２年（1927）以降市有。２階は食堂だった。この建物は現存しており、２階は宿泊施設になっている。浜脇を含め浴場に「高等」などと名が付くのは、鉄道の１等車、２等車のように浴場に等級別の設備や入浴料が設定されていたからである。

212　**不老泉（明治末期～大正中期）**　明治35年（1902）改築後の浴場。内部には特等、上等、並等の各浴場と、飲湯、髪洗湯、湯滝などがあった。1、2階は90坪、3階は75坪の広さがあったという。なお竣工時に特等の入浴料は15銭、上等は5銭だった。明治期の共同温泉浴場で設定されていたこのような等級別の入浴料については、道後温泉の様子を描く夏目漱石『坊っちゃん』にも確認できる。

213　**不老泉（明治末期～大正中期）**　不老湯、田の湯とも。明治8年（1875）『別府村誌稿』にはすでにその名がみえる。1階、格子の部分が浴場で、2階と3階は休憩所。

214　市設大浴場の二 別府不老泉（大正後期） 大正10年（1921）改築後。浴場は上等湯、並湯、家族湯、電気治療室にわかれ、２階は休憩所と売店で、塔屋は展望台であった。設計には別府市役所建築係技手、村上利作が関与。

温泉の等級

昭和初期にあった「浜脇高等温泉」や、現存する「駅前高等温泉」の名に付いている「高等」とは、かつて存在した浴場の等級である。明治四十二年（一九〇九）に町会で決定された「上等温泉取締規程」からは、不老泉に特等と上等、浜脇西温泉に上等の各等級が設けられていたことがわかる。不老泉では、特等入浴券をもつ人は三階に案内され、茶菓、浴衣、手拭、石鹸が出された。上等温泉の第一種入浴券をもつ人は二階に案内されて茶が出され、同第二種入浴券をもつ人は、上等温泉に入浴するのみ、と規程で決められていた。西温泉では、上等の第一種入浴券をもつ人は二階で茶が供され、第二種入浴券の人は入浴のみであった。

松山の道後温泉本館は、このような明治期の温泉浴場と今もほぼ同じ仕組みで運営されているので、参考になるだろう。たとえば霊の湯の三階個室では茶菓、浴衣、手拭、石鹸が出されるが、この点は不老泉の特等の場合とまったく同じである。夏目漱石『坊っちゃん』（明治三十九年〈一九〇六〉）の道後温泉のくだりには「温泉は三階の新築で上等は浴衣をかして、流しをつけて八銭で済む。その上に女が天目へ茶を載せて出す。おれはいつでも上等へはいった」とある。

明治期別府の共同浴場でも同様の光景が見られたはずだ。

不老泉の使用券

215　**国一天の湯（明治末期）**　九日天、九日田、供日天、九日の湯とも。不老町などに近い田の湯にあった。夏の間だけ湧出するという温泉で、皮膚病に特効があったという。のち湧出地は陸軍病院内に吸収され、明治末年には一般利用が不可となった。

田んぼの露天風呂

別府には立派な共同温泉浴場がたくさん建てられたいっぽうで、そこかしこに温泉が湧出していた別府ゆえの、素朴な温泉場の光景も残り続けた。明治二十一年（一八八八）の加藤賢成『豊後名勝案内』には、楠湯について「浴室は瓦屋根で板塀があるので、雨風、寒暑の時にも差し支えがない」と記されているが、逆にいえば屋根や板塀がないような温泉も珍しくなかったわけである。明治四十二年（一九〇九）、大阪毎日新聞の主筆であった菊池幽芳は、田んぼの只中にある露天温泉に入浴中の農婦にでくわして戸惑う姿を記している。

216　**別府駅温泉洗面所（明治末期～大正中期）**　別府駅のホーム上に作られた温泉洗面所。煤で汚れた顔を洗うために設けられていた。

217　別府駅頭風景（温泉をちょっとーぱい）（昭和初期）　ホームの飲泉所。昭和初期、別府市観光課発行の絵はがき「別府の印象」という６枚組のなかの１枚。

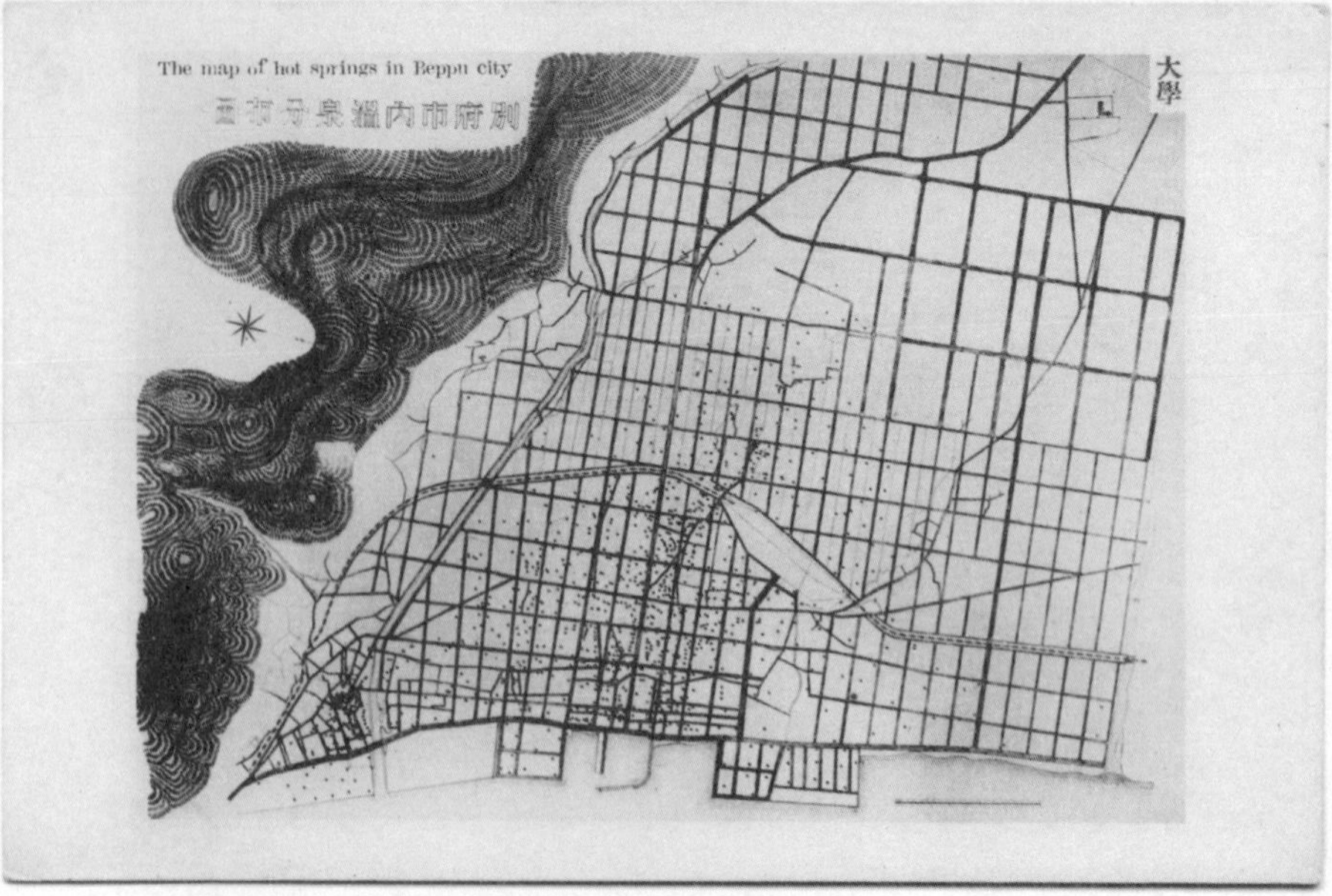

218　**別府市内 温泉分布図（大正末期〜昭和初期）** 温泉源の位置を市街地図上にプロットしてある絵はがき。数の多さと分布域の広さがわかる。京都帝国大学別府地球物理学研究所発行。

8 温泉源開発

湯脈の上の都市

別府の湯脈

別府では市街地の各所で温泉が湧出するが、そのなかでもとくに温泉の湧出が活発な地帯がある。それが朝見川断層と鉄輪断層と呼ばれる湯脈である。原初的な温泉場は、地下に優性な湯脈をもち、温泉が地表へ自然に噴出しているところに発生する。大まかにいえばそれは別府では「八湯」と呼ばれる別府・浜脇・観海寺・堀田・明礬・柴石・鉄輪・亀川の各温泉場である。なかでも旧別府村の温泉場である狭義の別府温泉では、朝見川断層に連なる優性な湯脈の存在と、緩やかな斜面地が開けている地形的条件から明治中期以降に温泉源開発が盛んとなり、温泉源の数、温泉の湧出量、旅館など温泉関連業のいずれにおいても大幅な拡大がみられた。

温泉源開発の技術

別府において温泉源開発が盛んになったのは、「上総堀《かずさぼり》」と呼ばれる井戸掘り技術の導入がきっかけだった。上総堀とはその名のとおり上総（千葉県中部）で完成された自噴式井戸の掘削技術である。杉で高く櫓を組み、そこに孟宗竹で作ったテンビン（天秤）を取り付け、このテンビンと、先端に鉄棒と鑿《のみ》とを装着したヒゴを結びつける。ヒゴは割竹を束ねたもので、ヒゴグルマ（籤車）という回転輪で巻き取る。テンビンの反復力とヒゴグルマでヒゴを巻き取りながら、マルシュモク（丸撞木）という打撃具で鑿を上下させて人力で掘削していく技法で、原理は現在のボーリング工法でいう衝撃式とほぼ同じである。別府では上総に比べて櫓の規模が大きく人手も多いなど、独自の展開を遂げていった。なお井戸と違って、掘り当てれば熱泥やガスが噴出するために、職人はいつも危険と隣り合わせであった。掘削期間は、別府、浜脇、亀川などの砂礫《されき》層では一週間から二十日程度の短期間ですんだという。昭和初期以降には観海寺や鉄輪などの山手でも開発が行われるようになったが、これらの場所では地盤が固いために二ヶ月から半年、時には数年がかりの作業となった。

温泉の掘削を別府では「湯突き」や「突き湯」という。最初の湯突きは明治十二年（一八七九）に萬屋の神澤儀助という人物が行ったという説と、明治二十二年（一八八九）に万屋呉服店当主の神澤又市郎（のちの別府市長）が仲町の自邸内で行なったという二説があり、ほかに近年、温泉台帳を史料として明治十二年（一八七九）に仲町万屋呉服店当主の神澤儀作が行ったという説も出されている。整理すると、別府最初の湯突きは「よろずや」を屋号とする神澤家が、明治十二年か二十二年に行ったものであるという。*

しかし上総堀の成立期は明治十年代後半のことであるといわれ、別府における最初の湯突きが明治十二年あるいは二十二年のいずれであったにせよ、上総堀成立以前の井戸掘り技術を用いたものであったと考えられる（『別府史誌』二〇〇三年版、「西日本新聞」昭和六十三年）。

ところで、明治三十八年（一九〇五）に作成された『別府浜脇町鉱泉ニ関スル取調書類』という報告書には、当時旧別府町と旧浜脇町に存在した一九七ヶ所の温泉源について、その位置や深度、掘削年、所有者など詳細な情報が書き上げられている。ここに掲載されている温泉源は「堀湯」と「穿湯」という二種類に分けられているが、深度や掘削年から判断して堀湯は古くからある自然湧出泉であり、穿湯は上総堀などによって開発された新たな温泉源であろう。同報告書によると、明治二十二年よりも前に掘削されている穿湯はわずか一ヶ所で、荒金猪六が所有する明治十五年（一八八二）の温泉源だけである。最初の湯突きをおこなった人物として取り沙汰される神澤儀作および儀助の所有泉源については本史料に記載がなく、また神澤又市郎の掘削泉については記載があるが、掘削年は明治三十五年（一九〇二）と記されている。この史料によれば、明治十五年の次に掘削年が古い穿湯は明治二十五年の三ヶ所である。その後しばらく間があき、明治二十八年に三ヶ所、二十九年に二ヶ所、三十年に四ヶ所、三十一年に七ヶ所が掘削されている。一年に十ヶ所以上の掘削が行われているのは明治三十三年（一九〇〇）以降である。別府の温泉源開発は、明治二十年代後期以降に広がりをみせていったのだ。これは上総堀の導入期とみなされる時期とも一致している。*

温泉を掘った人々

同じ報告書から、明治期にどのような人々が温泉源を開発し、所有していたのかを検討すると、最も温泉を必要としそうな旅館業者は意外に少なく、全体の一割六分ほどであったことがわかる。つまり明治末期における温泉源開発者は、旅館業者であるか否かにかかわらず、湯脈の上に宅地をもつ人々だった。それらの温泉が旅

〔別府名所〕
新白地獄は本年十一月地
下十四間を突き抜きたる
所猛烈なる蒸氣噴出せし
を以て作業人夫は驚愕
一方ならす這ふ々々
の体にて遁れ去れり
勿驚熱湯百
五十度高
さ七百八
十尺約十三
間上昇し危
險言ふ可
からす目下
藁を覆ふて
防止せ
る實況。

左219 新白地獄は本年十一月地下十四間を突き抜きたるところ……(大正中期〜昭和初期) 絵はがきには「新白地獄は本年11月、地下14間を突き抜きたる所、猛烈なる蒸気噴出せしを以て、作業人夫は驚愕一方ならず、這う這うの体にて逃れ去り。驚くなかれ、熱湯150度、高さ780尺約13間(＝約23m)上昇し、危険言うべからず。目下藁を覆うて防止せる実況」とある。湧出した熱泉のすさまじさを伝える絵はがき。

右220 峰所在 今井濱別荘用地 源泉ボーリング鑿井の実況(昭和初期) 「湯突き」(温泉のボーリング)の様子。竹で櫓を組んで行った。

館業者にも分配されていたことももちろんあっただろう。明治期にはまだ各旅館が内湯を備えることは必然ではなかった。浴客は近くの共同温泉浴場の周囲にとくに旅館が集中している。明治期には有名な共同温泉浴場に通えばよかったのである。旅館の立地が共同温泉浴場の位置から分離し、眺望の得られる海岸通沿いや、静かな山手に建てられていくようになるのは、大正期のことである。そうなると各旅館では、内湯と自家泉源を必要とする。明治四十四年(一九一一)に中心市街地から離れた不老町に旅館として開業し、規模を拡大して大正十四年(一九二五)にホテルとなった亀の井では、ホテル開業直前の時点で敷地内に十一ヶ所もの温泉源を開発していた。

開発の広まりによって、温泉源の数は明治三十八年(一九〇五)時点で一九七ヶ所まで増えていたが、同四十三年(一九一〇)には四六一ヶ所となり、大正元年(一九一二)には一〇〇〇ヶ所を超えたのである。

湯脈の上部構造たる、社会—空間—建築

別府が温泉資源を基盤に成立し、その関連産業によって都市的規模に拡大した町である以上、地下を流れる温泉脈の挙動はきわめて重要である。温泉の状況ひとつで、その物理的・構造的上部に形成されたものである社会や空間の様相は一変しうるからである。江戸時代から明治中頃まで、旧別府村と並び栄えていた旧浜脇村では、明治後期に温泉脈が衰退した。東温泉・西温泉・薬師温泉という三つの共同温泉浴場が生み出していた温泉場の賑わいは、大正期以降減じていった。昭和三年(一九二八)には浴場を統合して「浜脇温泉・浜脇高等温泉」という巨大な浴場建築も新築されたが、温泉場としての明治期の隆盛を取り戻すことはできなかった。その一方で

221　観海寺温泉場土地株式会社経営に成る新市街計画地内の泉源地（大正中期〜昭和初期）　観海寺温泉土地株式会社は、大正〜昭和初期にかけて別府山手の分譲地開発を行った（→220頁「13別府の土地開発」）。

浜脇は、遊廓の町として名を馳せていくことになる。旧別府村側では、上総堀導入後たくさんの温泉源が開発され、また不老泉など共同温泉浴場を中心とする新たな温泉場さえ生み出されていった。

温泉場では、地下の湯脈とそこを流れる温泉の動勢、温泉源一つ一つの湧出状況や温度、効能など、つまりはこの特別な泉にかかわる無数の因子の作用が、これらを利用する社会や空間、建築のありさまを規定しているのだ。

＊最初の湯突き……明治十二年（一八七九）に仲町万屋呉服店の神澤儀作が掘削したという説によれば、これまで明治十二年の掘削者とされてきた神澤儀助はこの儀作の祖父にあたる人物で、同二十二年の掘削者とされてきた又市郎は儀作の長男であるという。

＊上総堀の導入期……『別府史誌』二〇〇三年版によれば、上総堀成立以前における自噴井の掘削法は十九世紀初頭に大坂から各地へ伝播しているといい、また明治二十年代後半に完成した上総堀の技術が別府へ本格的に伝わったのは明治二十年代末から三十年代ではないかという。

「別府温泉の栞」（昭和初期）　温泉効用書きの一例。別府市役所温泉課発行。

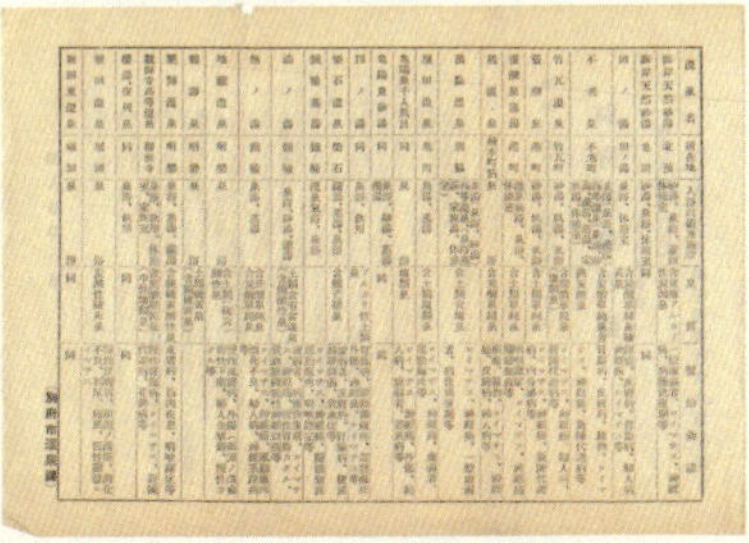

旅館

旅館業の別府

別府でもっとも特徴的な稼業は宿泊業であったといえよう。たとえば昭和八年（一九三三）の調査データを掲載する『温泉大鑑』（昭和十年）によれば別府の旅館数は二四七軒であるが、二番手である熱海の六十四軒を、大きく引き離している。熱海が温泉町として急激に拡大を遂げるのは、この本が出版されたちょうど翌年にあたる昭和九年の丹那トンネル開通以降である。それ以前は長らく、別府だけが巨大温泉町として君臨していた。なお同書に掲載されているのは実際にあった旅館数の一部で、別府における旅館の総軒数は、大正末年に四〇〇軒を超えていた。別府における社会経済のうえでも、旅館の占める位置は特異なものであった。別府市に保存されている明治期別府町の納税記録史料によれば、明治前期には七島藺《しちとうい》という藺草《いぐさ》で織った畳表である青筵《せいえん》の取り扱い業者や、廻船業、米穀問屋などを主体としていた高額納税者が、明治三十年の半ばにほぼすべて旅館業者に入れ替わるという構造の転換をみることができる。これら高額納税者の上位を占める旅館業者からは、町長、市長、県会議員など、行政の中枢に携わる者もたびたび輩出したのである。

旅館業者の二類系

有力旅館業者には、二つの系譜をみいだすことができる。在来有力家の系統と、外来事業家の系統である。とくに別府の旅館業を特徴付けたのは、外来事業家たちの大々的な展開であったといえる。その背景には、別府の温泉場が備えている、地理、地形、温泉にかんする諸条件を挙げることができるだろう（→一三〇頁「旅館業の社会と空間」）。

以上は主に旧別府村と浜脇村の領域における近代旅館の展開である。その他八湯の各温泉場においては、山手に位置していることから眺望に優れた観海寺が、とくに外来事業家系営業者の舞台になった。鉄輪、明礬、堀田など湯治場としての性格が色濃かった温泉場では、明治期以降にも、在来家を中心にする旅館業の社会があったと考えられる。

別府の木賃宿

別府の旅館業を特徴付けるもうひとつの点は、「木賃」という業態にある。「別府市旅館業の実態」（別府市役所産業課、昭和二十六年〈一九五一〉）によれば、大正元年の旅館二九〇軒中、木賃は二三四軒あるのに対し、もうひとつの業態である「旅籠」は五十六軒であることから、木賃の展開は旅館全体の軒数上においても顕著だった。木賃より旅籠が多くなるのは、昭和十三年（一九三八）のことである。

一般に明治期以降の木賃といえば、都市の安宿あるいは貧民宿が想像されるが、別府における木賃と旅籠の区別は、料金設定の違いを指す言葉である。つまり木賃とは、部屋代を基本に、食事、布団、蚊帳、炭、薪、浴衣など、滞在中に利用したものの代金を加算していく料金体系の宿なのである。つまり布団を持参すれば布団代はかからず、その分滞在費を節約できる。これに対するのが「旅籠」で、滞在中に使うもの一切と、一泊二食付きの代金を基本料金とする旅館である。木賃を利用するのは主に湯治に来る

222　森屋旅館（五階楼）（大正中期～昭和初期）　波止場神社のすぐ近くにあり、5階建てでひときわ目立つ外観。まず3階建てを新築し、これを大正元年（1912）から翌2年にかけてさらに増築したらしい。多層の旅館が多い別府でも5階建ては森屋だけだった。案内板には「五階休息料五銭」と見える。なお館内には、大きな水槽を廊下の両側に並べた「水族館」もあった。明治38年（1905）に自家泉源を開発。「汽車でも船でも別府に着けば五層楼の屋根にモリヤの字を見るであらう。此処が入湯賄旅館の王である」（『市制記念別府温泉画報』、大正13年〈1924〉）

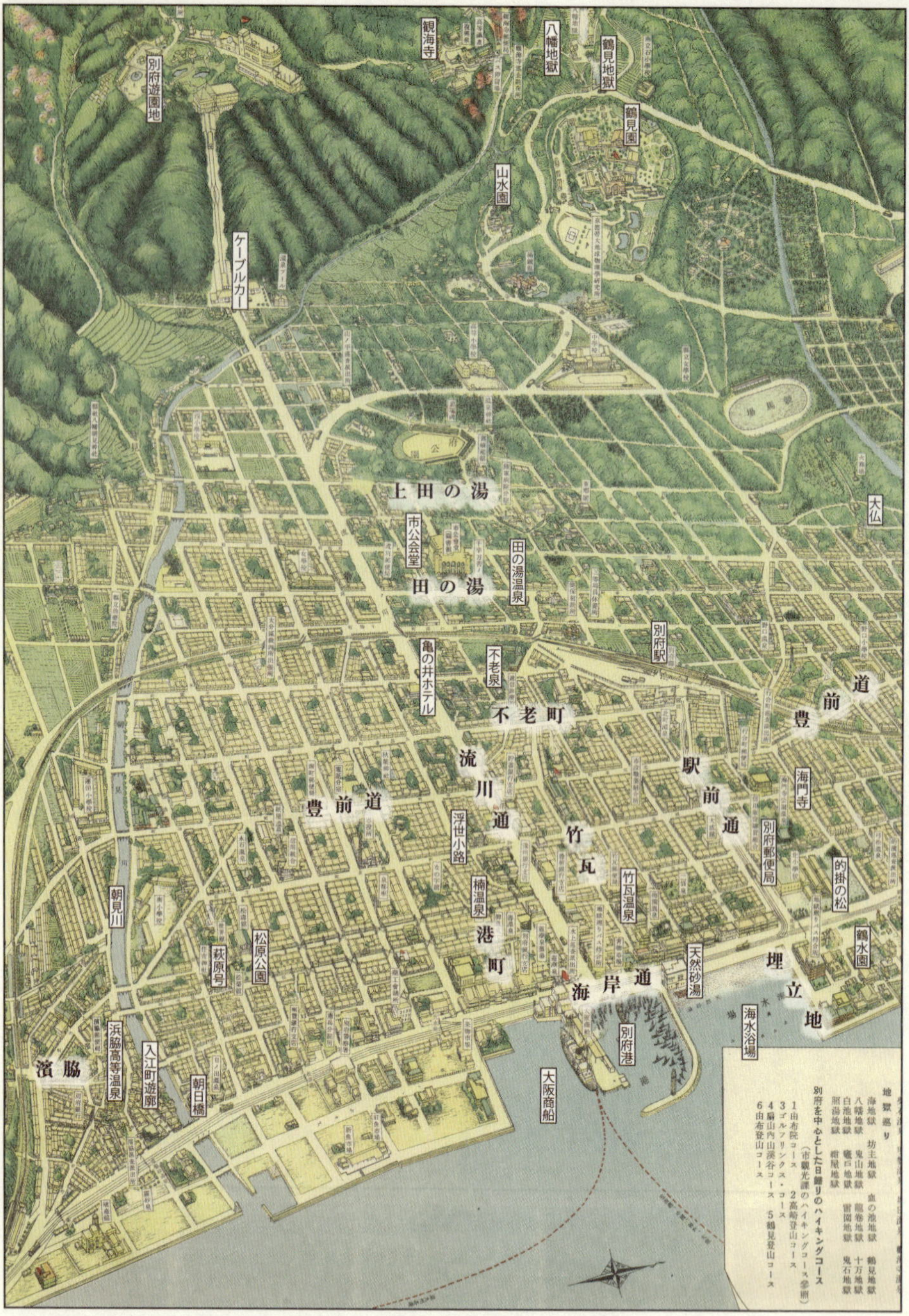

「大別府温泉観光鳥瞰図」(昭和13年〈1938〉、部分。主な地名や旅館名などを加筆した)

長期滞在者であったが、木賃を旅籠のように利用することも可能だった。菊池幽芳『別府温泉繁盛記』（明治四十二年〈一九〇九〉、如山堂書店）は、「富豪も華族も泊まる木賃宿」として、浜脇の木賃について報告している。

木賃というと諸君はくすぶりかえった行燈を入り口にかけた宿場はずれの藁葺き小屋を連想するかもしれぬが、別府の木賃はまるで違う。同じ木賃宿でも堂々たる大廈高楼《たいかこうろう》から成り立つ。大きな木賃だと一軒で三百人からの宿をする。ことに浜脇へ来ると立派な屋台骨の宿屋が軒を並べているが、それがみな木賃宿だから驚く。従って木賃宿のお客も旅商人や巡礼道者のたぐいではない。僕の行った時、泉屋という木賃には成金党の旗頭、台湾銀行の監査役、賀多金三郎氏が家族と共に滞在していた。時々は東京から華族もみえるという。富豪や華族の泊まる木賃宿！

あわせて木賃の繁盛の様子も引いておこう。

木賃の規定は畳一畳一人といふのだが、盛り時には規定も何もあつたものではない。宿によつては六畳の室へ十二、三人も寝て貰《もら》ふ。寝て貰ふと云ふてどうして寝て貰ふか、（中略）まづ十も二十もある室の襖を残らず外して了ふ。閾《しきい》の上もどこもあつたものではない。それから布団を隙間もなく敷詰る。其上へ鮓《すし》をつめたやうに寝て貰つて、上からいゝ加減に掛布団をかけて廻る。三人に一枚の布団も覚束ない事がある。驚くなかれ、それでお客は大人しく寝るのだ……

長期滞在に向く木賃を主体に、一部に短期滞在に向く旅籠を含むかたちで展開してきた別府の温泉旅館業界では、大阪などからやってくる短期滞在型の客が増えても、木賃業者とそのシステムを根強く残しながら旅館業が営まれていた。そこで浜脇などでは、富豪や華族と、六畳に十二、三人もすし詰めになるという湯治客が、同じ「木賃」という業態の温泉宿に泊まるという光景が見られたのであった。

木賃と旅籠のこうした事情から、別府ではこれらの中間形態にあたるような温泉旅館も発生した。それは「入湯賄《にゅうとうまかない》」と呼ばれるもので、一日三食寝具付きの料金が設定されており、賄料《まかないりょう》がいくつかの等級にわかれている。ほかにも「貸間《かしま》」という業態があった。これは長期滞在者向けに住宅の一部などを貸すもので、離れを貸し切りにするものから、アパート形式で建てられたいわば「貸間アパート」まである。

経営者や業態、規模や外観にも幅広いバリエーションをもつ別府の旅館の様子は非常に面白い。本節に収録した多数の写真絵はがきからその雰囲気を楽しんで頂こう。

旅館の町並み　別府

数多の旅館群は、別府の町並みや景色を特徴付けた。とりわけ海岸沿いにずらりと並ぶ多層旅館は、その規模の大きさが醸し出す風格とも相まって、別府の海の玄関口を飾る顔だった。そして、海岸沿いや地先埋立地、駅前など、どんどん新興地へ伸びていった旅館の立地は、拡大する市街地の最前線さえ描いていったのである。

コラム　旅館業の社会と空間

有力営業者の二類系

近代の別府を代表する有名旅館や大規模旅館について調べてみると、これらは経営者の系統から大きくふたつに分けられることがわかる。在来の有力家が営む旅館と、外来の新興事業者が営む旅館である。

在来有力家が営む旅館には、別府の日名子、米屋、鶴田、浜脇の泉孫、河綱、登佐屋などを挙げることができる。

なかには口伝の域ではあるがかなり古い由緒を伝える家もあり、旅館「日名子」を営む日名子家は、文永九年（一二七二）に大友頼泰によって温泉の管理を任じられたとされる。江戸時代、文化年間の別府村には二十一人の湯株所有者がいたとされ、そのなかには日名子の屋号「府内屋」も確認できる。いずれにせよ同家は、別府最古級の温泉宿とみてよい。米屋は近世に別府村の庄屋であった堀家の一族が経営する。旅館の創業は明治十年（一八七七）という。浜脇で中世にさかのぼる由緒を伝えているのは、「泉孫」の高橋家である。旅館は高橋孫三郎という当主が明治二十年（一八八七）に創業した。

名望家としての在来有力旅館

これら在来有力家の旅館当主たちは、近代の地域社会に対して名望家的ふるまいをみせている。たとえば旅館日名子の日名子太郎は、明治三十九年（一九〇六）七月から同四十三年（一九一〇）七月まで別府町長を務めた。市区改正と耕地整理を起案したほか、鉄道駅の開設や上水道整備などのインフラ事業を任期中に実施している。市区改正と耕地整理は次期町長に引き継がれた。この結果、別府にはグリッド状の街路と街区が敷設されて都市域拡大の下準備が整えられ、新たな構成の都市に生まれ変わっていく。別府最古の旅館主と別府の近代都市化という組み合わせが興味深い。

浜脇では、前述した「泉孫」二代目の高橋欽哉が、県議や別府市議会議長、同助役などを歴任しているほか、別府初の衆議院議員になっている。ほかに同人は浜脇銀行の常務取締役や大分農工銀行の監査役もつとめ、地域の金融に関わりが深い。「登佐屋」の当主浜崎丑治は浜脇町長、「河綱」の当主佐藤綱五郎は別府町長をつとめた。

なお彼らの多くは養子である。旅館業も営む在来有力家が、近代に家の存続をはかりながら、地域の政治や金融に携わり続ける様子がうかがえよう。

近世に温泉は特別な資源であり、その利用をめぐる社会関係は、地域の構造をある程度決定づけていた。当然、温泉を支配し、その利用権を掌握する家は温泉場集落の有力者であり、こうした家が明治になっても力を保ちながら旅館業を営み続ける例は少なくない。温泉利用をめぐる伝統的構造は、とくに温泉の数や量が限定的でかつ、地理的、地形的にも集落の展開が限られるような温泉場において、強く継承されていったように思われる。

ところが別府の場合、伝統的構造を存続させるこれらの条件はあまり強くない。温泉の数や量は明治前期に飛躍的に増えたし、地理については、明治期に航路、電車、鉄道が順次開かれて、瀬戸内、関西、九州各地との連絡が至便となった。地形については、温泉場が海に面する広域な扇状地に位置していたことで、市街地の拡大は事実上いくらでも可能だったのである。

外来者の旅館経営

別府、より正確にいえば、温泉、地理、地形的条件にとくに恵まれていた旧別府村の領域を中心に、明治期以降はさまざまな人々が温泉旅館業に参入した。とくに旅館の経営者は、明治二十年代以降急激に増加した。旧別府町の納税資料によれば、明治三十年代半ばを境に旅館業者が急増している。元からの別府の住民と、移入者が渾然一体となって旅館業を営み、それが巨大温泉町別府を現出させた。明治四十一年(一九〇八)における別府町(旧浜脇町合併後の別府町)の旅館数は一三九軒に至っていたが、大正十四年(一九二五)にはさらに四五四軒にふくれあがっている。明治中期以降の別府における旅館のほとんどは、内外の人々が創業した新しいものだったのである。

外来の新興事業者が創業した旅館のうち、主要なものの経営者について素性を探ってみると、そのほとんどがもとは旅館業者ではなく、別の事業に関わる人々である。いうなれば様々な商売を営む彼らが将来性を見込んでどっとなだれ込んできた商売が、別府の旅館業だったのである。このような例の代表として、亀の井、片山、浜吉、児玉、松屋などを挙げることができる。

相場師・油屋熊八の亀の井旅館

外来事業者が営んだ旅館のなかで最も規模が大きく、かつ当時からよく知られていたのは、元相場師の油屋熊八という人物が経営した「亀の井」であろう。明治四十四年(一九一一)に亀の井旅館として創業し、大正十四年(一九二五)に株式会社亀の井ホテルとなった。油屋熊八はこれらの主人、社長であるのみならず、観光温泉町に展開していく別府の宣伝や広報に尽力し、同地の振興に力を尽くした恩人とされている(↓一八三頁「相場師と観光　油屋熊八」)。

「片山」は、銀行支店長のほか複数の会社の取締役を兼任していた片山民治が、明治二十八年(一八九五)港町に創業した。「片山支店」、「青松館」(大正十三年〈一九二四〉)など、ほかにも別府で複数の旅館を経営している。

明治四十年(一九〇七)に楠浜へ創業した「濱吉」の吉田貞吉は別府出身の海運業者で、日露戦争の軍需景気を背景に成功したという。別府海陸運送株式会社社長、別府鉱泉株式会社の取締役なども兼務しており、別府旅館協会会長のほか町会、郡会、市会議員も歴任している。

営業者の系譜と旅館の立地

在来有力家の系譜と外来事業家の系譜の旅館には、それぞれ立地において明確な違いがある。すなわち、在来有力家系は旧街道沿いや古い共同浴場の近くなど、江戸時代にさかのぼる交通と温泉場の要所で営業し続けたのに対して、外来事業家系は港の周辺や流川通沿いなど、明治期以降に形成された交通拠点とその周辺に生成された繁華な場所に立地している。これを外来事業家系の旅館の立地特性のひとつめとすると、立地傾向におけるふたつめの特徴は、眺望性の高い土地への進出であった。大正元年に海岸通が竣工するや、海に面する同通り沿いへの旅館街形成が顕著になった。さらに別府港の南北に埋立地が完成すると、ここにも複数の旅館が立地する。たとえば、明治三十九年（一九〇六）に北浜へ創業した「児玉」の児玉定五郎（現大分県大分市丹生出身、元材木・米穀商）は、海岸通完成後、真っ先にここへ進出した業者で、「児玉別荘」〔224〕と「愛媛屋旅館」（同）を開業したのち、同十年（一九二一）には、竣工したばかりの港北側埋立地に「花菱旅館」を創業している〔261〕。材木商の佐藤友吉が明治三十三年（一九〇〇）に竹瓦温泉付近に創業した「松屋」は、海岸通完成後に「松屋別荘」を開業し、以降、別棟の増築を重ねた。海岸沿いには松屋系列の旅館が建ち並び、海から見た別府の景観を印象付けた〔237〕。

　埋立地に創業した旅館にはほかに、高砂、成天閣、二條館、鶴水園、大吉などがある。

　「成天閣」〔260〕は、九州興産株式会社および九州劇場取締役の成田正利（福岡県福岡市出身）が創業する。成田は博多で料理屋や貸座敷を営業していた。昭和五年に別府を訪れて旅館業の有望性を確信し、成天閣を開業したという。同旅館は、第六師団、陸軍軍馬補充部、逓信省海事部の指定旅館になる。

　「二條館」〔257〕は、八幡製鉄所の建築請負人であった松野十太郎（大分県北海部郡出身）が創業した。同館は八幡製鉄所のほか鉄道省、三井物産などの指定旅館になった。

　「大吉」は、吉川唯一（福岡県門司市出身）という者の創業である。吉川は日露戦に従軍して帰国後、門司で回漕業、貸座敷、旅館を営んでいた。門司では回漕業組合副組合長のほか、検番演芸部主任、劇場の重役などを兼ねている。別府の「将来性」に目をつけ、昭和三年（一九二八）に大吉を開業した。別府では商工会議所議員、旅館協会評議員を兼任し、地域での存在感も示していく。

　かつて温泉宿は、湯治に便利な共同浴場の近くに立地していた。創業時の松屋が竹瓦温泉付近に立地したのは、その名残であろう〔230〕。大正期以降に外来事業家系旅館などが眺望性の高い場所に進出したのは、彼らが浴客の傾向などの時勢に敏感に反応したからにほかならない。大正期以降に別府の浴客は、短期間滞在して地獄や耶馬溪《やばけい》など付近の見所を自動車でめぐり、共同浴場や旅館の内湯で入浴を楽しんでとんぼ帰りするような客層に変わっていた。彼らにとっては温泉だけでなく、別府の総体的な魅力を感じ、体験して帰ることが重要であった。それゆえに旅館に居ながら海や山の眺めを楽しめることはとても重要であり、実に望ましく、好都合だったのである。写真絵はがきを通じて、別府が風光明媚で雄大な景観をもつ温泉場として喧伝されていったことも、こうした傾向のひとつの背景であろう。浴客のこうした動態と、眺望志向とは重なっていた（図「旅館立地の変遷」）。

〈別府〉の最前線

新興事業家らが経営した旅館の立地は、常に別府という場所の前線を描いていったともいえる。海岸通や埋立地は、原初的で伝統的な元の温泉場の位置とは無関係に、写真絵はがきなどを通じて伝えられる地理的かつ視覚的な近代別府の輪郭を形づくっていったのだ。

顕著な例は、亀の井による由布院別荘の建設である。当時「別府の奥座敷」として売り出されつつあった由布院に「亀の井別荘」を建設し、大事な客を案内した。自動車によって後背地を拡大していった別府温泉の圏域をよく示す事例であるといえよう。しかも亀の井は自社でバス事業も抱え、由布院への自動車交通さえ同時に整備した。つまり一旅館主が、〈別府〉という圏域を拡大していったのである。〈別府〉が、どういった人々によって画定されていった領域なのかを、端的に示す例である。

そしてこれらの例からは、温泉場の伝統的な社会や空間からは飛躍的な文脈に基づいて商売としての旅館経営を

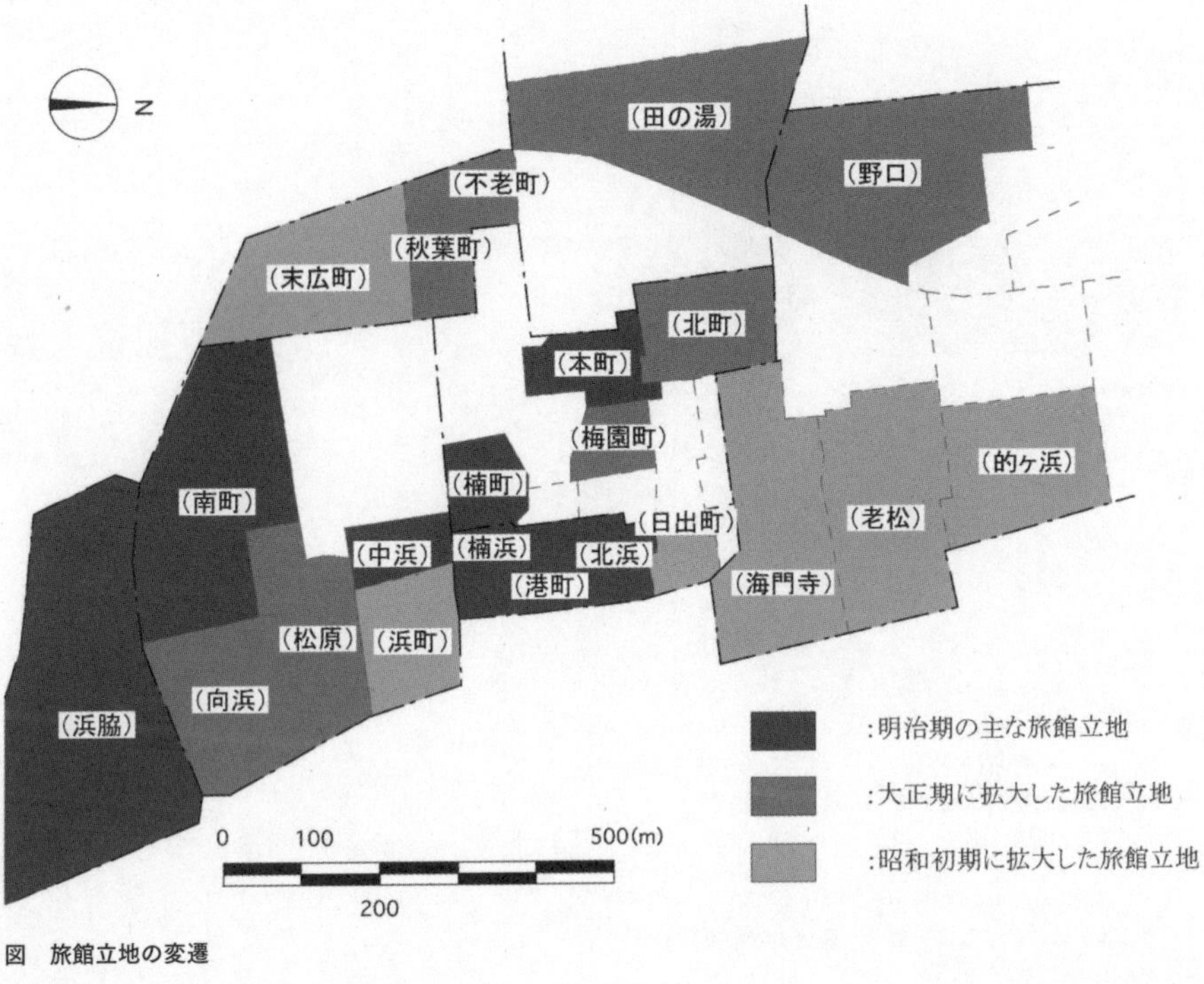

図　旅館立地の変遷

行う事業家たちのふるまいと、こうした活動を引き寄せ、かつ貪欲に内包して膨張していく「都市」別府の姿を、はっきりとみいだすことができるだろう。

旅館業の下部構造

さて、ここまでみてきた事例は、有名性や規模の大きさなどにおいて、旅館業の空間と社会における上層部であったといえる。

しかしそれだけでなく別府には、中小規模の旅館が無数に展開していた。昭和八年（一九三三）『温泉大鑑』に収録される旅館二四九軒分の規模と軒数とを検討してみると、別府の旅館の八割五分以上は、収容人数が七十人以下程度で客室は二十五室以下程度の中小旅館である。その経営は短期間で移り変わることが多く、これらの旅館群は流動的な存在で、史料上に詳しく個別事例を追っていくことは難しい。写真絵はがきにも、その姿が残されることはほとんどない。だがそれらこそは、巨大温泉町別府の市街地にひしめいていた営業者と建築であり、旅館業の社会と空間における一般構造ないしは下部構造であったといえよう。織田作之助『続夫婦善哉』の主人公である蝶子と柳吉は、景気のよい別府で一旗あげることを夢見てこの町にやってきた（↓九二頁「6町並み」）。別府には、無名かつ無数の蝶子と柳吉が、活計の手段を探し求めて流転した末にたどりつき、ささやかな旅館を興した姿が浮かび上がるのである。*

『新選豊後温泉誌』（明治35年〈1902〉）に掲載されている米屋旅館の広告　別府を扱った本格的な案内書のなかで最も古い『新選豊後温泉誌』には、このように旅館の広告も数多く掲載されている。本書は旅館の写真を載せた最初の案内書でもある。こうした写真が、このあと旅館の写真絵はがきにつながっていく。

＊湯株……別府における湯株は温泉の利用権ないし温泉を用いる宿屋の営業権かと思われるが未詳。これら湯株所有者の屋号は、近代には連続していないものがほとんどで、明治期別府における旅館業者の一部には、近世より存続するものがあったが、その多くは入れ替わったとみてよい。

＊織田作之助『続夫婦善哉』の蝶子と柳吉……蝶子と柳吉には、織田作之助の次姉である山市千代と、その夫の寅次という具体的なモデルがいる。この夫婦は昭和九年（一九三四）に大阪から別府へやってきて流川通で化粧品店を開き、その後、割烹「文楽」と旅館「文楽荘」を営んだ。

絵はがきでたどる別府の旅館

海岸通

223　豊後別府海岸 児玉屋旅館（明治末期〜大正中期） 霊潮泉の近くにあった児玉屋本館。当主は児玉定五郎といい、もともと大分県下で材木や米穀の商売をしていた。敏腕経営者で、ほかに「愛媛屋」や「花菱旅館」も創業した。明治期に旅館は有名な外湯の近くを選んで建てられたが、大正初頭には海岸通へ進出していく。児玉屋と系列旅館はその好個の例。昭和８年（1933）時点での客室数は60室、宿泊可能人数211名、内湯４ヶ所（以下、客室数・宿泊可能人数・内湯のデータは、断りのない限りすべて昭和８年時点）。

224　別府北濱海岸 旅館児玉別荘（大正中期〜昭和初期） 児玉屋は明治39年（1906）創業。絵はがきの建物は、竣工まもない海岸通に新築された別館（大正３年〈1914〉築）。この建物は愛媛屋旅館として使われる。

225　**湊屋旅館全景（昭和初期）**　湊屋（港屋）旅館。明治37年（1904）、楠浜に創業。創業者は大分菡萏（かんたん、蓮の花の意）遊廓の貸座敷経営者、井田糸平。２代目の井田等は町会議員。港に近いことから、明治末期には汽船乗客の待合所も兼ねていた。千鳥破風を二つ屋根に載せた華やかな外観。客室数は23室、宿泊可能人数124名。

226　**海岸砂湯場より見たる湊屋旅館（明治末期～大正中期）**
〔225〕より古い時期の湊屋。前は砂湯で、「砂浴場休憩」と書いたテントもみえる。明治44年（1911）に別府と浜脇計237軒の旅館に対して行われた浴客数年間統計では、上から10番目。かなり繁昌していたようだ。

227　**別府北濱海岸 田中屋旅館全景（明治末期〜大正中期）** 海岸通沿い、別府港の北側にあった田中屋旅館。

228　**別府北濱海岸 田中屋旅館階上より別府湾を望む（大正中期〜昭和初期）** 田中屋旅館の客室から見た別府湾。海水浴の人びとや今入港しようとする大阪商船の客船が望めて賑やかだ。

229　**豊後別府海岸 大治屋旅館（明治末期〜大正中期）** 海岸通に短期間だけあった大治屋。戸袋には大きく屋号が書かれている。

左230 竹瓦温泉前 （松屋旅館）（明治末期〜大正中期）
〔231〕より古い時期の絵はがき。玄関の唐破風がなく、奥の棟も２階建て。手前の棟は明治38年（1905）に３階建てに増築されたもの。

右231 竹瓦温泉前 松屋旅館全景（大正中期〜後期）
竹瓦温泉の南西向いにあった元の松屋本館。明治33年（1900）創業。創業者は佐藤友吉といい、大分県下ノ江村の出身。当初は別府で材木商を営んでいた。海岸通の４階建てが竣工し、そちらを本家（本館）に、こちらを別荘（別館）にした。竹瓦温泉界隈では、温泉を囲むようにして狭い路地に旅館が密集していた。児玉屋同様、そこから海岸通に進出していった例。

232 別府海岸通り 旅館松屋別荘（大正中期〜昭和初期）
松屋は多くの別館を建てた。松屋と松屋別館の詳しい来歴は次のとおりである。創業者の佐藤友吉は、明治33年（1900）に臼杵から別府に移住、竹瓦温泉前に50坪の土地を購入して２階建ての旅館を新築した。大正２年、海岸通に別荘を建設。同６年に竹瓦の本家を225坪に拡張し、３階建てに。なお当時３階建ては、ほかに日名子と佐伯屋だけだった。昭和２年には北浜海岸に206坪の土地を手に入れ、松屋本家を新築。同時に竹瓦の建物を別館とした。

233　**〔タイトルなし〕（明治末期）**　海岸通への松屋の進出過程。前面に庭があるがのちの写真ではここが半分ほど削り取られているので、海岸通完工以前の段階か。

234　**別府海岸通り 旅館松屋別荘（大正中期）**
〔233〕の建物の左に２階建て屋上付の別棟を新築。

235　**別府北濱海岸 旅館松屋別荘海面（大正中期～末期）**〔234〕左側の棟に３階と屋根裏を増築し、洋風の屋根を架けている。

236　**別府北濱海岸 松屋別荘海面（大正中期～末期）**　左側２階部分が松屋別荘。このあと、さらに左に木造４階建ての「本家」が建設される〔237〕。

237　別府海岸砂湯前 旅館松屋本家 全景（大正末期～昭和初期）　松屋本家。創業者は佐藤友吉。4階建ての棟は、大正15年（1926）築。海岸通沿いの旅館群のなかでも、ひときわ威容を誇った（昭和18年〈1943〉に焼失）。客室数は20、宿泊可能人数151名。右隣、洋風の建物（半切妻腰折屋根）とその右の寄棟も、ともに松屋の別館（松屋別荘）。左隣、コの字型の建物は児玉屋別荘〔224〕。〔226〕に挙げた明治末年の浴客数統計では、上から3番目。別府でもとくにたくさんの客を集めた旅館だった。ちなみにこの統計の1番は冒頭に挙げた森屋〔222〕。

238　別府北濱海岸 旅館松屋別荘 娯楽室（大正中期～昭和初期）〔235〕の洋風屋根松屋別荘の3階がこの娯楽室だった。部屋は折上格天井で和風の座敷だったことがわかる。右側には小さな卓球台がおかれている。

239　鶴田ホテル全景（昭和初期）〔241〕の後身、鶴田ホテル。現在、ホテルニューツルタ。肖像は創業者の名前を襲名した２代目鶴田道造。29歳のとき市会議員、33歳のとき市会副議長。この写真にちかい34歳の時には、新魚市場取締役、泉都自動車監査役、別府市温泉協会副会長なども兼務していた。

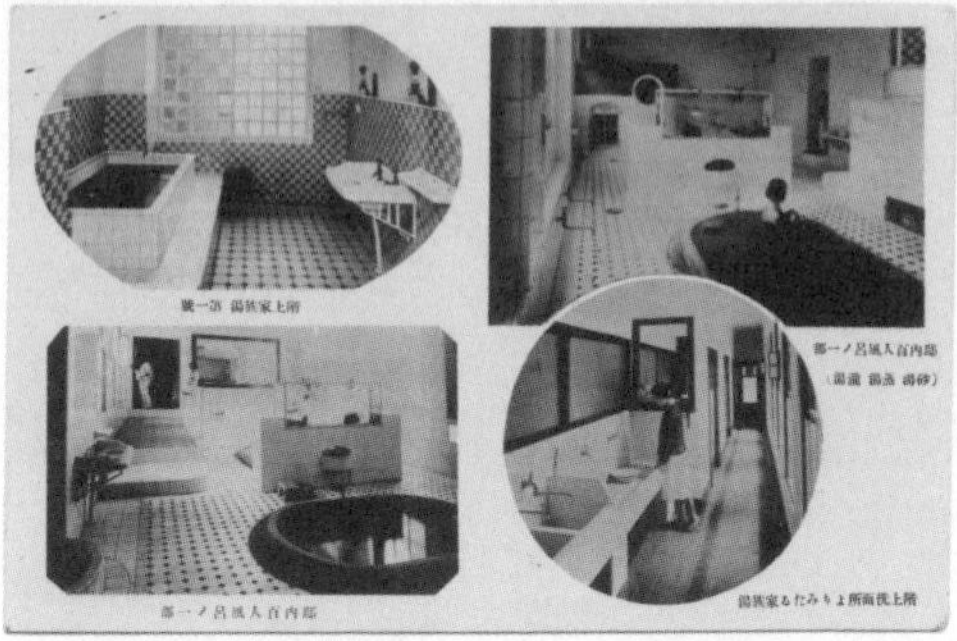

240　〔タイトルなし〕（昭和初期）　ツルタホテル内観。タイル張りで清潔そうな浴場の様子が宣伝されている。衛生的な浴場は重要なポイントだった。客室数は17、宿泊可能人数89名、内湯２ヶ所。

241　別府北濱海岸 鶴田旅館（大正中期）　大正８年（1919）創業。当主は有力網元の鶴田道造。波止場神社の北に位置する。千鳥破風を２つ載せる外観で湊屋旅館〔225〕とも似ている。前に並ぶ野球チームのユニフォームには「TSURUDA」と読める。旅館の従業員で構成された野球チームだったのだろうか。

242　別府温泉海岸通り 姫野旅館正面（大正中期〜昭和初期） コの字型で表に門と塀を構える。児玉屋別荘〔224〕と似た形式。

243　別府温泉海岸通り 姫野旅館全景（大正中期〜昭和初期） 客室数は24、宿泊可能人数106名。

244　北濱海岸 愛媛屋旅館（昭和初期） 愛媛屋旅館の浴室。温泉旅館の浴場は元々、温泉源に近い1階か半地下にあるのが普通である。この絵はがきは昭和初期頃のもので、浴場は2階にあることがうたわれている。浴場の明るさが宣伝のポイントにされている。

245　別府温泉海岸砂湯前 旅館大福（大正中期〜昭和初期） 大正期、北浜の地先埋立地（のちの「鶴水園」）に創業。これも児玉屋別荘〔224〕に似たタイプの外観構成で、平面はコの字型、両翼を前方に張り出す。各階を単純な箱形に積み上げるよりも、堂々とした雰囲気が演出できる。

246　別府海岸砂湯前 旅館大福（大正中期） 〔245〕と外観がすこし違うが基本的に同じ建物。〔246〕のほうが古い。客室数19、宿泊可能人数64名。

247　**別府温泉海岸砂湯前 鶴萬旅館（昭和初期）**　海岸通の角地に建つ。旅館へは敷地の角から入るようにして、アプローチをできるだけ長くとっている。左下は砂湯の写真。

248　**旅館鶴萬別荘（大正中期～末期）**　鶴萬の本館は明治22年（1889）創業。北浜最古格の旅館。創業者は鶴田萬吉。この別荘は大正３年（1914）創業。

港町・竹瓦

249　北濱通り 筑紫館（昭和初期）　大正２年（1913）北浜に創業。児玉別荘〔224〕型の外観。１泊２食付で５円、４円、３円、２円50銭、２円の５段階に料金が設定されていた。館内には内湯２ヶ所、砂湯、家族湯あり。客室11、宿泊可能人数37名。

250　港町 泉屋旅館（白水館）（明治末期～大正中期）　泉屋は明治30年（1897）、港町に創業。「泉」の漢字から「白水館」とも称した。これは本館の向かいに明治41年（1908）に開業した別館。当主河合弥三郎。客室数は17、宿泊可能人数48名、内湯２ヶ所。

251　別府海岸通 伸永旅館別荘（大正中期～末期）　当主村上伸太郎。昭和初期創業か。前に見えているのは波止場神社。客室17部屋、宿泊可能人数は50人。

左252 竹瓦温泉場 森屋旅館（明治末期） 明治33年(1900)北浜に創業。当主は佐藤仙太郎。この絵はがきは３階建ての時期のもの。明治40年頃建設。この後、大正２年頃に５階建てに増築した。なお５階建ては昭和３年(1928)11月に焼失してしまう。明治末期には別府で最も多くの入浴客を数えた旅館である。

右253（港町）萬屋旅館（大正中期） 明治32年(1899)創業。流川通に面する。大正２年(1913)、４階部分を増築。当主は神澤芳平。呉服商から旅館業に転じた。客室数は33、宿泊可能人数124名。別府ではとくに海に近い北浜や港町の旅館で多層化や高層化が進んだ。しかし最初から４階以上で建てられることはほとんどなく、萬屋や森屋のように３階建てを建て増す。眺望を得られるほか、何階建てであるかが有効なキャッチコピーになったのだろう。旅館同士のしのぎ合いが想像される。多層の大型旅館がこれほど集まっているのは、大正期までは全国でも別府だけだった。昭和初期には熱海でも多層旅館が建設されるようになる。

254 豊後別府海岸 旅館紀野屋（竹瓦湯東角）（明治末期～大正中期）
紀野屋は竹瓦温泉の東角にあった。右に別棟で温泉浴場が設けられている。浴場は湯気抜きのために、この写真のとおり庇下の壁が開放的につくられる。内湯をもっていることは旅館にとって営業上重要だった。別府は湯量が豊富なことからも内湯がそう珍しいわけではないが、どんな種類の内湯をいくつ備えているかについては、旅館の広告文でよく宣伝される項目だった。

埋立地

255　別府北濱 停留所前 二條館全景（昭和初期）〔257〕の背後を３階建てに増築し、さらに手前に別の３階建てを新築。客室35室、宿泊可能人数は155人。

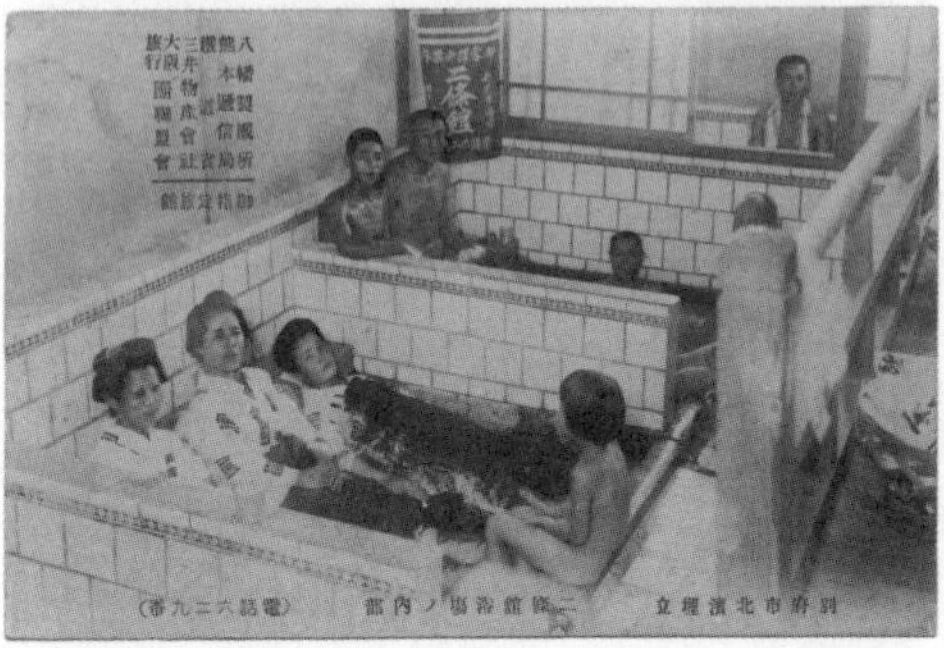

256　二條館 浴場の内部（明治末期～大正中期）　二條館内部の砂湯浴場。男女混浴のようである。

257　北濱海岸埋立 二條館全景（昭和初期）　当主松野十太郎。別府港北側に接する埋立地に建設。手前ではボート遊びをする人たちの姿もみえる。八幡製鉄所、熊本逓信局、鉄道省、三井物産会社、大阪旅行団体連盟指定旅館。

258　別府温泉海岸 遊泉閣高砂全景（昭和初期）　客室数は40、宿泊可能人数は238人。この高砂や二条館など、北浜埋立地には大型の旅館が相次いで建設された。

259　別府海上より望める 旅館成天閣全景（昭和初期）　当主は成田正利という博多の資産家。昭和６年（1931）竣工、同９年創業。客室25部屋、団体客125人宿泊可能。海岸通にようやく旅館が進出してきたころ、これらの地域を飛び越えてたった１軒、さらに北の的ヶ浜に創業し、同業者が驚いたという。

260　成天閣全景（昭和初期）　規模も大きく、「特級旅館」でもあった。建坪250坪あまりで、高級普請として西日本で人気がある栂普請だった。客室数は25、宿泊可能人数は123人。

261　別府北濱 花菱旅館全景（大正後期～昭和初期） 大正10年(1921)竣工。当主は旅館「児玉屋」の児玉定五郎。現在、花菱ホテル。洋館部分は食堂やビリヤード場で、屋上は展望風呂だった。県内初のエレベーターを備えていたという。

262　別府北濱海岸 花菱旅館（大正中期～昭和初期） 客室数は36、団体客216人宿泊可能。北浜埋立地の突端に建設された。創業者児玉定五郎の弟、児玉伊作が跡を継ぐ。

263　花菱旅館 客室より海岸通を望む（大正中期～昭和初期） 埋立地の先端に立地する花菱旅館からの眺めは抜群だった。

264　清風荘全景（大正末期〜昭和初期）　別府港北側の埋立地「鶴水園」に創業。当主は牧野忠康。パンフレットには「静かなる海のホテル」とうたわれている。現在、ホテル清風。客室数は13室、宿泊可能人数は58人。

265　清風荘裏門（大正末期〜昭和初期）　鶴水園は大正期に造成が始まった別府港北側の埋立地で、鶴水園というホテルや分譲別荘地がつくられた。

266　清風荘（昭和初期）　当初洋風のイメージでつくられた清風荘であるが、この絵はがきによると和風に改築されたらしい。城郭の櫓のようなものが張り出し、内部は畳廊下で、開口部は花頭窓という形である。別府には亀の井ホテル、別府ホテルなどいくつかのホテルができたが、洋風の宿泊施設はほとんど定着しなかった。温泉町に期待されていた宿泊施設は、やはり和風旅館だったのだろうか。

267　**駅前 神の井ホテル（昭和初期）**「新築落成記念　一泊一円」の垂れ幕がみえる。看板には、地下が酒場、1階土産物店、2階食堂、3階ホテルとあり、3階には温泉浴場もみえる。昭和10年（1935）1月17日の実逓。左端にちらっと写っているのは駅前通りを走る電車。神の井ホテルは駅前、電車通りに面していた。

268　**駅前 神の井ホテル（昭和初期）**〔267〕の左側に建物を拡張。玄関には「貸間式ホテル」の文字も。客室数は27、宿泊可能人数101名。

269　**丸山旅館全景（昭和初期）**　大正期、松原に創業か。３階建て、奥行きの浅いコの字型平面。客室数は12、宿泊可能人数50名。

270　**旅館山陽館（昭和初期）**　昭和３年（1928）７月の実逓。旅館からの暑中見舞い。当主は渡辺きぬ。

271　**日本一別府温泉場旅館 山陽館（大正中期〜昭和初期）**　大正8年（1919）、梅園町に創業。かなり間口の大きな旅館だった。客室数は60、宿泊可能人数71名、内湯２ヶ所。

272　若松屋旅館（明治末期～大正中期）　幕末の慶応元年(1865)に井上馨が潜伏していた。身分を隠しながら、袖解橋の変で負った瀕死の傷を癒していたとされる。なお井上はこの潜伏の直後に薩長同盟を締結したことになる。若松屋は明治24年(1891)創業(届け出上)。流川に立地。

273　若松屋旅館（明治末期～大正中期）〔272〕とは違う外観で、門構えが写る。客室数は9、宿泊可能客数は33人。内湯2ヶ所。

274　記念家屋(千辛万苦の場)全景　(昭和初期)　井上馨が滞在していた離れは、井上自身によって「千辛万苦之場」と名付けられ、別府市公会堂の傍らに移築(昭和８年〈1933〉、現存)されている。後年、井上が若松屋を訪れ、旅館の者たちと撮った写真も残っている。

275　**本町 米屋旅館（明治末期〜大正中期）**　米屋旅館の届け出上の創業年は明治37年（1904／『旅館能力調査表』大正９年〈1920〉より）だが、昭和８年『大分県紳士録』では明治10年創業とある。おそらく明治初頭には温泉宿業を営んでいたのだろう。江戸時代には別府村の庄屋をつとめた堀家の一族が経営。

276　**本町 米屋旅館（明治末期〜大正中期）**　家柄、旅館としての老舗の格など、日名子〔277〕と並び近代別府を代表する最上格の旅館だった。式台（玄関前の板間）を備える〔275〕の玄関の佇まいもその風格を伝える。昭和８年時点での客室数は22、宿泊可能客数は126人。内湯３ヶ所。明治32年と33年に、自家泉源を開発している。

上277 日名子旅館（霊泉館）（明治末期～大正中期） 「霊泉館日名子」とも。米屋同様、近代別府を代表する旅館。届け出上の創業年は明治28年（1895）。13世紀にさかのぼる非常に古い由緒を伝える家で、温泉の利用や維持管理に特別な関係をもつ家であったと推測される。近代の旅館当主は日名子益太郎（初代）、太郎（２代目）。日名子太郎は別府町長もつとめた。

左278 豊後別府温泉場 霊泉館 日名子益太郎（明治30年代） 日名子旅館の年賀状。明治37年（1904）元旦付。写真を掲載する別府の絵はがきとして最古級の１枚。明治末年の統計によれば、年間宿泊客数は237軒中20番目。年代不明の古い温泉源１ヶ所をもち、ほかに明治20年、同35年に自家泉源を開発している。

279 日名子旅館 玄関（昭和初期） 時代が下る絵はがきだが、日名子の全景がよくわかる。昭和８年（1933）時点での客室数は37、宿泊可能客数は193人。内湯は多く、11ヶ所あった。

280 日名子旅館 庭園（明治末期～大正中期） 日名子旅館の庭。水流が設けられ、大きな洋風の鳥籠がおかれていた。

田の湯・上田の湯

281　中山旅館 別府上田の湯（大正中期～末期） 大正２年(1913)、上田の湯に創業。部屋数は７室、宿泊可能人数50名、内湯３ヶ所。部屋数の割に浴場の数が多い。

282　旅館田の湯館 本館（大正中期～末期） 田の湯館は明治45年(1912)、田の湯に創業。当主は陰山徹道。部屋数10室、宿泊可能人数49名、内湯２ヶ所。鉄道省指定旅館。田の湯館の建物は元々、“電力の鬼”松永安左衛門の遠戚にあたる松永万八という人物が、別府を通る日豊線の工事を手がけた際に、別荘として建てたとされる。

283　田の湯館 別館（昭和初期） 大正２年(1913)築とみられる洋館。道路拡幅工事のため2008年に取り壊された。

不老町

284　旅館不老園（玉突場設置）（明治末期～大正中期）　明治28年（1895）、不老町に創業。菊池幽芳『別府温泉繁昌記』（明治42年〈1909〉）には、別府の主な旅籠として、日名子、米屋などと一緒に名前が挙げられる。客室数は16、宿泊可能人数74名、内湯２ヶ所。絵はがきは不老園からの年賀はがきで、山口県山口町宛。

285　別府不老町 旅館不老園 客室の一部（昭和初期）　不老園の客室。端正な書院座敷風である。

286　旅館不老園 新館（大正中期～末期）

287　不老町 ワサダヤ旅館全景（明治末期～大正中期）　不老町にあったワサダ屋旅館。大正元年（1912）9月の実逓。

288　不老町 鶴來屋旅館（明治末期～大正中期） 古い頃の温泉旅館の様子が伺える１枚。旅籠のような外観である。車夫が人力車を付けようとしているところが入口の土間前で、その右の出格子の部分が表側の部屋だろう。

289　旅館鶴の居新館 玄関（大正中期～末期） 鶴の居玄関。

290　別府不老町 鶴の居旅館 門前（大正中期～末期） 大正６年（1917）、不老町に創業。当主川崎イシ。客室数は13、宿泊可能人数67名、内湯６ヶ所。

濱脇

291　別府濱脇温泉場 泉孫旅館温泉場（明治末期～大正中期） 浜脇の有力旅館のひとつ、泉孫旅館。この旅館はのち海岸の埋立地に別荘を建設する〔294,295〕。

292　泉孫旅館庭園の一部（明治末期～大正中期） 明治期には庭にこのような噴水を設け、その涼感を売り物にする旅館がみられる。

293　別府濱脇温泉場 泉孫旅館庭園の一部（明治末期～大正中期） 庭と、庭に面した1階の廊下。泉孫はもともと「泉屋」という屋号で、温泉場のすぐ近くに立地していた。宿泊可能人数82名。

294　別府市濱脇海岸 聴潮閣 泉孫旅館（昭和初期） 明治20年(1887)創業。当主は高橋孫三郎(初代)、欽哉(２代目)。高橋家は古くから続く浜脇の名家。同家の住居兼貴賓室であった「聴潮閣」(昭和４年築)は、平成元年(1989)に浜脇の埋立地から別府公園南に移築され、現存している(一般公開)。国登録有形文化財。平野介治という棟梁が建てたという。

左上295　別府市濱脇海岸 聴潮閣 泉孫旅館応接室（昭和初期） 〔294〕の左側に見える洋館の内部。現存している。

右上296　別府市濱脇海岸 聴潮閣 泉孫旅館（昭和初期） 泉孫旅館の全景。浜脇の地先埋立地に立地。

左297　別府濱脇温泉場 泉孫旅館 浄水工場（明治末期～大正中期） 泉孫は、自家の浄水場も備えていた。後方には濱脇駅の駅舎がみえている。

298　別府濱脇温泉場 聴潮閣 応接間（大正中期～昭和初期）（以下、泉孫のカラー絵はがき７枚セット、エンボス加工）

２代目当主の高橋欽哉は、別府町助役の任期中に市区改正や上水道敷設、温泉場改良事業などに関わっている。ほか浜脇農工銀行、別府銀行、大分証券信託株式会社取締役、別府魚市場会社重役、商工会議所会頭、大分県農工銀行頭取などを務めた。

299　玄関 座敷（大正中期～昭和初期）

300　庭園の一部 浴場（大正中期～昭和初期）

301　全景（大正中期～昭和初期）

302　全景（大正中期～昭和初期）

303　園庭（1）(2)(大正中期～昭和初期)

304　客室（大正中期～昭和初期）

305　**濱脇温泉場 鹽久旅館（本家）（明治末期〜大正中期）**　塩久旅館は明治20年（1887）創業。別名「本家塩屋」。

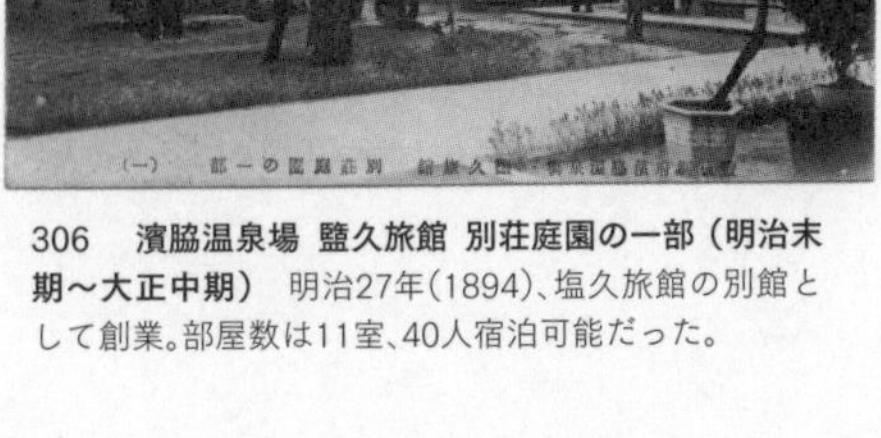

306　**濱脇温泉場 鹽久旅館 別荘庭園の一部（明治末期〜大正中期）**　明治27年（1894）、塩久旅館の別館として創業。部屋数は11室、40人宿泊可能だった。

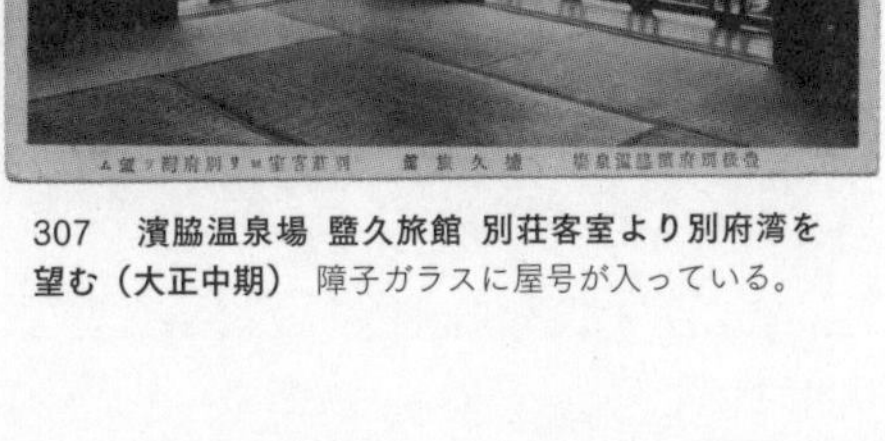

307　**濱脇温泉場 鹽久旅館 別荘客室より別府湾を望む（大正中期）**　障子ガラスに屋号が入っている。

308　（豊後別府 濱脇東温泉前）鹽金旅館本宅（明治末期〜大正中期）　看板の屋号の下に、「家近宗」と当主の名がみえる。明治末年の統計では別府ぜんたいで４番目に多い客数を数えた。

309　別府濱脇温泉場 鹽金旅館 海岸別荘庭園の一部（明治末期〜大正中期）　塩金旅館別荘の庭。

310　別府濱脇温泉場 鹽金旅館 海岸別荘（明治末期〜大正中期）
塩金旅館の別荘。明治40年（1907）創業。別名「東寿館」。

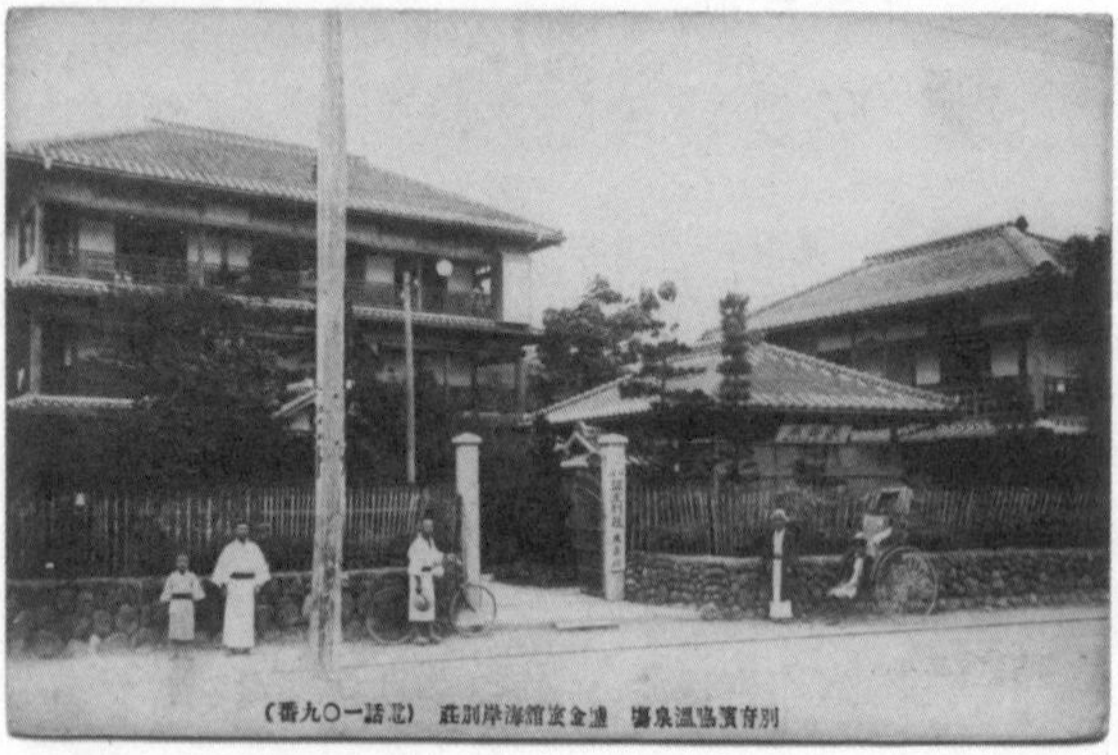

左311 豊後別府濱脇 河綱旅館 新築裏座敷北側面（明治末期〜大正中期） 河綱旅館の裏座敷。

右312 別府濱脇温泉場 河綱旅館 奥座敷の一部（明治末期〜大正中期） 河綱旅館は明治31年(1898)創業。当主は佐藤綱五郎。別府町長もつとめた有力者。明治末年の統計では15番目に客数が多い。明治36年(1903)に自家泉源を開発している。宿泊可能人数は102名。

左313 豊後別府濱脇海岸 入湯旅館角廣（明治末期〜大正中期） 3階建てで、屋上に人が上れるようになっている。2階、玄関の上方はバルコニー。各階庇下の意匠など、洋風が意識されている。
右314〔タイトルなし〕（明治末期〜大正中期） 旅館角廣。宛名面に、海岸通り、電車および汽船待合所前とある。

315　東洋一高等温泉前 港平旅館（大正中期〜昭和初期）　港平（みなへい）。明治36年（1903）創業。八角形の塔屋を載せる外観がひときわ目立った（明治末期までは２階建てで、のちに３階と塔屋を増築）。当主友永平次郎。２代目平次郎（襲名）は、浜脇貯蓄銀行、別府魚市場、大分製氷、豊後由布嶽炭酸泉製造、別府新聞、別府信託銀行、別府製氷冷蔵、世界館（劇場）、泉都自動車など、多数の会社役員をつとめた。明治35年、創業前に自家泉源を開発している。

316　別府濱脇温泉場 米道旅館 離座敷より見たる本家（明治末期〜大正中期）　旅館米道（こめみち）。明治30年（1897）創業。塔屋は、港平、米道、登佐屋の３軒がつくった。朝見川沿いに建ち、入江埋立前はそこに面していた。浜脇では最大級の旅館だった。当主は中津留道太（初代）、幸三郎（２代目）。明治37年に自家泉源を開発。

317　**豊後別府濱脇温泉場 米道旅館 娯楽室の一部（明治末期～大正中期）** 窓際には蓄音機が見える。

318　**旅館川正 本館全景（昭和初期）** 川正（かわしょう）。〔316〕と同じ建物。昭和初期に廃業した米道の建物を引き継ぐ。米道の当主は信託銀行の経営に携わっていたが、昭和２年（1927）の金融恐慌で取り付け騒ぎがおき、顧客への払い戻しのため旅館を手放したという。川正の当主は阿部正次。昭和11年（1936）には料亭に転業する。転業時、川正旅館の従業員は鶴田旅館に移籍。帳場係や女中総代らの連名による案内はがきが残されている。

319　(亀の井旅館)(明治末期〜大正中期)　明治44年(1911)創業。当主は油屋熊八。熊八は近代別府を語るうえで欠かせない人物。元は大阪の米相場師であったが相場で失敗し、明治43年(1910)、47歳のとき別府へ流れ着いた。翌年、客室わずか４室の亀の井旅館をおこす。巧みな宣伝で有名人などを顧客に獲得するなど、さまざまな手法を駆使して同旅館を一大ホテルに育て上げた。また別府を観光保養地として喧伝し、旅行客の増加に尽力した（→183頁「相場師と観光」)。これは創業後まもない大正４年(1915)、顧客宛に投函された年賀状。旅館の外観写真が印刷されている貴重なはがき。

320　亀の井ホテル 離れ家(昭和初期)　亀の井ホテルは和風の本館の周囲に、たくさんの離れ客室を点在させるのが特徴であった。

321　亀の井ホテル 応接室(昭和初期)　館内は和洋折衷の意匠だった。外国人や賓客の多くが亀の井に宿泊している。客室数49、宿泊可能人数235名。敷地内には11ヶ所の自家泉源をもっていた。

322　**別府ホテル全景（明治末期〜大正中期）**　別府ホテルは明治44年(1911)創業。当時まだほとんど人家もなかった山手の野口原に建設された別府最初の洋風ホテル。敷地は別府町が無償で譲渡するなど行政の便宜がはかられていることから、外客誘致の一策であったと思われる。株式会社別府ホテルが運営。別府の天満屋という旅館当主兼汽船回漕業者である安部三郎という人物が取締役を務めている。大正８年(1919)には同じ「別府ホテル」という名前の洋館が海に近い楠浜に開業するが、これとは別のホテル。

323　**別府ホテル 廊下よりの眺望（明治末期〜大正中期）**
別府ホテルのバルコニー。ホテルから望まれる風景の雄大さが売り物だった。内部にはバーや玉突場などもあった。設計者は帝大出身で（明治25年卒）大阪商船門司支店（大正６年〈1917〉、現存）などの作品によって知られる河合幾次。なお同ホテルは大正末年までに満鉄の療養所に変わっており、ホテルとしては短命に終わった。

324　別府ホテル食堂（明治44年） 食堂内観。天井に万国旗、壁には掛け軸が飾られている。曲木椅子を並べた食卓には白いクロスとナプキンがセットされ、ゲストを迎える。この絵はがきは明治44年12月15日にしたためられた実逓便。ホテル開業（同年９月11日）約３ヶ月後に投函されたもの。

325　別府ホテル待合室（明治末期〜大正中期） 洋風の小卓・椅子・長椅子に盆栽・掛け軸などを組み合わせていたホテルのインテリアがよくわかる１枚。椅子背板のデザインは当時ヨーロッパを起点に流行していたアール・ヌーヴォー。

326　別府観海寺温泉 桜花爛漫の観海荘（昭和初期） 昭和６年（1931）の大火から復興した観海寺。この地を開発した事業家、多田次平は「花の観海寺」という理想を掲げ、桜の植樹に尽力した。復興後は以前より旅館が大型化したほか、不燃化のため鉄筋コンクリート造で建てられた。昭和８年（1933）時点の観海寺荘の宿泊可能人数は77名。

327　観海寺温泉場（大正中期〜昭和６年以前） 大火前の観海寺温泉旅館街の様子。

328　**観海寺温泉場 松屋旅館（明治末期～大正中期）**
大火以前の観海寺。狭い斜面地に、多くの旅館が建て込んでいた。

329　**観海寺温泉場 松屋旅館（明治末期～大正中期）**
松屋は明治20年（1887）創業、当主は佐藤由太郎。

330　**豊後観海寺温泉場 旅館松屋（明治末期～大正中期）**　松屋は緑屋の北隣にあった。屋根上にバルコニーを設け、さらに眺望を増している。

左331 観海寺温泉場 小松屋旅館（大正中期～末期） 小松屋は木造４階建であった。
右332 観海寺温泉場 小松屋旅館別荘（大正中期～末期） 小松屋旅館の別荘。

333　別府八景観海寺温泉場旅館清風館 別荘裏庭（大正中期～昭和初期） 記念写真風の１枚。外国人夫妻が滞在中のようである。日本ツーリスト・ビューロー、イギリスのトーマスクック社などが、外国人向けに別府の紹介や宣伝を行っていた。英語で書かれた別府案内のパンフレットも少なくない。

334　**豊後観海寺温泉場 旅館阪本屋（大正中期〜末期）** 石垣の上に２階建の客室棟を複数建て並べた阪本屋。

335　**別府観海寺温泉場 松葉屋旅館（昭和初期）** 大火復興後。手前は観海寺橋。観海寺名物の桜が咲き誇る。部屋数は22、宿泊可能人数77名。

336　**新築別府市観海寺温泉場 旅館錦園（昭和初期）**「新築」とある。当主濱田善四郎。錦園は戦前の観海寺では最も大規模な旅館だった。部屋数は45、宿泊可能人数160名。

337　**別府市観海寺温泉場 旅館錦園玄関 館主濱田善四郎（昭和初期）** 錦園の玄関。

338　**観海寺温泉場 全景（大正中期～昭和６年以前）**　大火前の観海寺温泉場。屋根の上に屋号を掲げる「ミドリヤ」などが見える。

339　**別府観海寺温泉場 旅館みどりや（大正中期～昭和６年以前）**　みどりや（緑屋）は大正12年（1923）創業。当主篠田ソチ。

下340 別府観海寺温泉 杉の井館（昭和初期）　杉の井は昭和19年（1944）杉乃井ホテルに改組。戦後、別府でも群を抜く巨大旅館に展開する。経営母体は変わっているが現在も別府市最大のホテルで、2011年現在、客室は600室弱。

341　**別府観海寺温泉 杉の井館（昭和初期）**　杉の井は昭和初期の部屋数は22、宿泊可能人数160名。昭和８年当時、観海寺の旅館の宿泊料金は最も安い宿が２円で、平均５円ほど。杉の井は最も料金が高く、６円から10円だった。

342　豊後鉄輪温泉場（本家）富士屋旅館（大正中期〜末期）　明治27年(1894)創業。当主安波利三郎。道路に直接面し、土間をもつ、旅館建築の古い形態がわかる。

343　**豊後鉄輪温泉場 富士屋旅館（新築）（明治末期～大正中期）**　本家富士屋当主の兄弟である安波利夫が、本家より北側の斜面に新築した旅館。広い敷地を塀で囲み、門を構えた。この時期の建物は現存しており、ギャラリー「一也百」（はなやもも）として公開されている。

344　**豊後鉄輪温泉場（新築）富士屋旅館（大正中期～昭和初期）**

345　**豊後鉄輪温泉場 富士屋旅館（新築）庭園の一部（明治末期～大正中期）**　富士屋の庭園。新築は明治31年（1898）とされる。

346　**豊後鉄輪温泉場 旅館萬屋（背面）（大正中期～昭和初期）** 大正12年（1923）『豊後温泉地旅館名簿』に掲載される届け出上の創業年は大正元年だが、古い旅館とされる。当主は原キク。昭和８年（1933）時点の部屋数は36、宿泊可能人数116名。

347　**豊後鉄輪温泉場 旅館トキワヤ（明治末期～大正初期）** 届け出上の創業年は大正９年（1920）だが、萬屋と共に古い旅館とされる。当主は加藤称司。京都市修学院一乗寺宛の実逓、大正２年。部屋数20、宿泊可能人数65名。

348　**豊後鉄輪温泉場 大平屋旅館（側面）（大正中期～昭和初期）** 明治41年（1908）創業。当主は佐藤倉八。通り沿いの２階建が最初の棟で、その後奥に向かって４階建を２棟増築したようにみえる。部屋数25、宿泊可能人数81名。

亀川

349　豊後亀川温泉場 むろや旅館（大正中期～昭和初期） 広い庭園をもつ。鉄輪や亀川などでは富士屋を筆頭に、広い敷地と庭をもつ構成が流行したように思われる。

350　豊後亀川温泉場 むろや旅館（庭園）（明治末期～大正中期） むろやの広々とした庭。池泉と築山が印象的である。

351　豊後亀川温泉場 むろや旅館（庭園）（大正中期～昭和初期）

352　別府市外明礬温泉場 岡本屋旅館 庭園の一部（大正中期〜昭和初期） 岡本屋旅館の庭園越しに木造３階建ての客室棟を望む。部屋数32、宿泊可能人数98名。写真面には差出人が所在を示すため書き込んだバツ印がみえる。岡山市宛の実逓（消印不明瞭のため時期不明）。

「山下の寂しい温泉場に来て疲れた心身を静かに休めて居ります」。

353　別府明礬温泉 岡本屋旅館 庭園の一部（昭和初期） 庭園。前掛けをした女性や割烹着を着た女性が芝生に脚を伸ばしている。旅館の家の者か女中がモデルをつとめたのだろうか。

354　**豊後柴石温泉場〔なかや旅館別荘〕（明治末期〜大正中期）**　庭に設けられた東屋や、平屋の棟の高欄のざっくりとした意匠が、山の温泉場の野趣を伝える。実逓（年月日不明）。

355　**豊後柴石温泉場 なかや旅館（柴石館）（明治末期〜大正中期）**　「柴石館」とある。柴石はこぢんまりした温泉場だったが、1階の縁側に脱がれている草履や2階に並ぶ人々の多さが旅館の繁盛を物語るようで興味深い。

コラム　相場師と観光　油屋熊八伝再考

相場師　熊八

油屋熊八《あぶらやくまはち》（一八六三～一九三五）は愛媛県宇和島町の出身である。米穀、肥料商の老舗であった家督を相続、明治二十三年（一八九〇）二十七歳のときに宇和島町会議員となるが、同二十五年（一八九二）大阪へ出て時事新聞に入社する。しばらく経済記者として務めながら株を勉強し、同二十六年に株式仲買人として開業した。本店を大阪市東区北浜二丁目、大阪株式取引所裏門のすぐ前に構え、東京にも支店をおく（「大阪商況新報」明治二十七年七月十八日付広告）。東京日日新聞などの主要新聞に意見広告を掲載するなど、熊八は派手な広告行動で知られていた。「油屋将軍」の異名を取る相場師となった彼は、同二十九年から三十年にかけて大阪株式取引所の株（大株）買い占めを行う。大株を前代未聞の高値に引きずりあげて相場を高騰させるが、二十九年の大株臨時休業、追証《おいしょう》納入不能事件*によって株価が暴落、熊八は多大な損失を被って三十年九月に廃業した。いちど東京に移ったのち渡米、米国各地を転々とし、同三十三年（一九〇〇）帰国する。以降十年あまりの経歴はほとんど不明で、明治四十三年（一九一〇）、四十七歳のとき別府へ流れ着く。

別府の熊八

翌四十四年（一九一一）十月、当時は人家もまばらであった山の手の不老町に、熊八は「亀の井旅館」を創業した（319）。これは佐藤通という知人の家を借りての開業で、旅館は木造二階建て、客室は四室だけというささやかな出発だった。しかし大正十四年（一九二五）には「株式会社亀の井ホテル」を創設するに至り、その敷地も街区一つ分を全て占める、大型の宿泊施設へ変貌を遂げた。株式会社亀の井ホテルは、大正十二年（一九二三）五月に株式募集を開始しており、資本金は七十万円、株数は一万五千株であった。株式の申込および払込金取扱所は、藤本ビルブローカー銀行本支店（大阪）、二十三銀行本支店（大分市）、実業銀行別府支店、宇和島銀行本

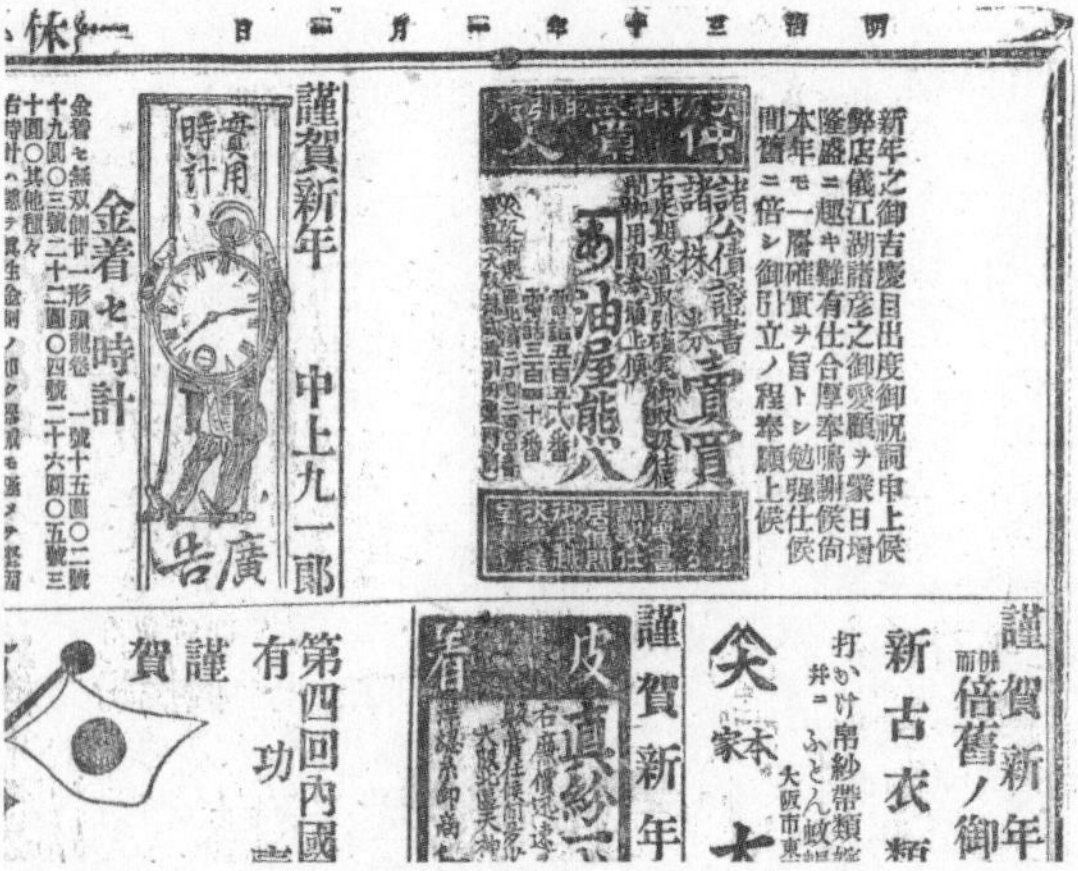

熊八の出した新聞広告（右上）　株式仲買人とある。明治30年元旦、大阪毎日新聞。

支店（愛媛県）、第二十九銀行本支店（愛媛県）である（「株式会社別府亀の井ホテル設立目論見書」）。亀の井ホテル所蔵の不動産関係史料から確認される最初の土地建物の購入は大正六年（一九一七）三月で、以降同八年までの三年間に集中して不動産が買い集められ、創業地周辺の街区一ブロック全体、一五〇〇坪あまりが亀の井の敷地になったことがわかる。大正九年（一九二〇）『旅館能力調査表』によれば、このとき亀の井の客室数は全七十二室で、別府最大の旅館に成長していた。

別府観光の立役者

「別府宣伝協会」の設立（大正九年頃か「梅田家資料」）、東京日日新聞社と大阪毎日新聞社による「日本新八景」選出イベントで別府を「温泉の部」一位に導いたとされる活躍（昭和二年）、地獄めぐりバスの創設とバスガイドの元祖とされる少女車掌の考案（昭和二年）、由布院の開拓と宣伝、南端ゴルフリンクス*や城島原鐘紡養緬場の建設誘致とその実現（↓八九頁「別府八湯　高原」）、九州一大国立公園構想（昭和二年頃）、九州観光横断道路（国際遊覧観光道路とも）構想（昭和三年頃）、「全国大掌大会」*という新聞紙上イベント（昭和六年）など、熊八の派手な立ち回りは、観光地としての別府の発展を描くうえで格好のエピソードである。「別府の外務大臣」を自称する熊八はこうした事績をもって、亀の井旅館、亀の井ホテルの経営者としてのみならず、別府観光の立役者として知られ、評価されてきた。こうした文脈から熊八について書かれた記事、概説、小説などは枚挙にいとまがない。

熊八伝再考

今日まで繰り返されている熊八にかんする語り口は、おおむね次の筋書きに集約できる。すなわち「相場で失敗して別府でいちから身を起こす」という苦労人的な再出発の情景を起点に、亀の井旅館創業後、「様々な奇策」で「世間をアッと言わせ」、明るく剛胆な活躍によって人々の耳目を惹きつけ、おおいに別府観光の振興に寄与した、というものである。この物語はほとんど固定されているうえに、話題や描かれ方も同じ型が踏襲され続けている。しかし油屋熊八をいま少し別の視点からみていくことも可能だろう。

たとえばここでは「株に手を出して大損、無一文になり」といった文脈によってしかほぼ語られることのない熊八の相場師歴に注目してみたい。そこからは自ずと、熊八が状況の近未来を読むたぐいまれな能力をもっていたことが浮かび上がる。亀の井創業後、熊八が別府で打ち出した数々の「奇策」も、彼が相場師として持ち合わせていた読み筋の資質を考えれば、至極わかりやすい。温泉町として急速に知名度を高め、さまざまな事業家や投機家が入り込みつつあった別府において、どのような次の手を打っていくべきかという戦略を、熊八はごく自然に練ることができたのではないだろうか。

熊八が描く〈別府〉の圏域

前述の九州観光横断道路構想とは、城島高原や由布院をはじめ、近在の名勝地である中津の耶馬溪、さらには阿蘇、雲仙、長崎と別府を結ぶ広域観光ルートの樹立計画であり、昭和二年頃に熊八が中心となって趣意書を発表し、昭和四年（一九二九）一月二十日には、大分、熊本、長崎各県を巻き込んだ「九州横断国際遊覧幹線既成会」もつくられた。これまでの熊八論ないし地元別府における熊八評価の文脈では、晩年に熊八が抱いていた夢として簡単に位置づけられていることが多いが、むしろ地獄めぐりバスの創設と、その後、北由布線など別府と周辺地域を結ぶ遊覧交通路を熊八が開拓していった事実とあわせて、さらに詳しく検討されてよい。大分県社会教育委員長の首藤定は、別府を大きくするには後背地の開発を考えねばならないと熊八がしきりに説いていたことを述懐しているし、熊八自身「事業は十年先を読まねばならぬ」と宣言している（「株式会社別府亀の井ホテル設立目論見書」）。道路整備と自動車交通普及にかんする一連の計画は、未来の動向を見抜こうとする熊八の資質が、充分に投影されたものであったといえるのではなかろうか。そしてそれは相場師の能力にもほかならない。

日本新八景―国立公園―熊八

しかもこれは昭和二年（一九二七）七月六日「日本新八景」のひとつに別府が選出されたことと、おそらくは連続した流れである。一ヶ月あまりのちの大阪毎日新聞に掲載された別府の全面広告記事で（八月十四日）、熊八は「別府温泉の力強いことは奥の院の広いこと」と述べ、阿蘇を中心に別府と雲仙を連結し、さらに高千穂をあわせて九州を一大国立公園にしたいと提唱、「今後はこの九州国立大公園の実現に向かって猛運動続ける覚悟」と結んでいる（「八景二十五勝百景の決定を機会に九州に一大国立公園の案」）。注目すべきはこの間に内務省が国立公園の選定方針を発表していることで（七月二十二日）、熊八の「九州一大国立公園構想」はこれを踏まえたものであったと予測されよう。それは九州観光横断道路構想に直接つながるものだったはずである。なお、国立公園法は昭和六年（一九三一）に制定され、同九年に瀬戸内海、雲仙、霧島が指定を受けた。熊八は翌十年の三月二十七日に没する。

相場師の町、別府

近代の観光事業は一種の投機事業でもあった。じっさい別府には、投機的な性格をもつ多くの事業者が入り込んでいた。その事業規模はさまざまで、その内容も旅館、土地、地獄、電気鉄道、遊園地など対象は多岐にわたるが、彼らが別府にそれだけの事業収益や見返りを当て込んでいた点は共通していよう。熊八は確かに私欲をなげうって別府の振興に尽くした面もあるだろうが、しかし一経営者としてそれだけでよかったはずはない。事業家としての油屋熊八像を、別府と観光を取り巻くより大きな文脈のなかに見定めていく必要があるだろう。

別府と戦後の観光振興

最後に、「油屋熊八伝」の生成と、戦後別府の観光振興策との関係について指摘しておきたい。戦後最初期の熊八伝で、かつ後継書にあらわれる素材のほとんどを提供している『観光別府の先覚者 油屋熊八翁』(昭和二十六〈一九五一〉年)の発行時期と、同時期の別府がおかれていた状況に注目しよう。昭和二十六年とは、別府が特別法により「国際観光温泉文化都市」に指定され、同建設法が施行された翌年である。すなわち今日まで再生産され続けてきた「熊八伝」は、戦後別府の観光振興にかかわる諸相や言説との関係から再検討する必要がある。そうした手続きを経てこそ、「油屋熊八」は正当に評価されうるのではないだろうか。

＊追証不能……追証とは追証拠金《おいしょうこきん》の略。株式の信用取引や商品の先物取引で、相場の変動による損失が生じて委託保証金または委託証拠金の担保力が不足したときに、顧客から追加徴収する金銭のこと。熊八はこの追加保証金を納入することができなかったために株価が大暴落し、自身も多大の損失を被ることになったわけである。

＊南端ゴルフリンクス……昭和八年(一九三三)完成。別府ゴルフ土地株式会社の所有で、別府ゴルフクラブと称する。本部は大阪市北区大阪ビルヂング内。メンバー制だがビジターもプレイできた。ゴルフリンクスの必要性を説いたのは実は大正十五年(一九二六)に来訪した朝香宮であるという(『観光別府の先覚者 油屋熊八翁』)。これまでの「熊八伝」で油屋熊八独自の考案であるように脚色されてきたさまざまな事績も、ひとつひとつ検証していけば異なっている場合が多い。つまり熊八の役割は、新しい物事の発案者というより、さまざまな人の注進や考案を実現に向けて動かす役割であったといえないだろうか。

＊全国大掌大会……右手が異様に大きかった熊八ゆえの企画である。なおこの右手の大きさは、熊八が生家の米問屋で幼少の頃から升をつかんで仕事に励んでいたからであるとして、当時から熊八の苦労譚と結びつけて語られている。大会は亀の井ホテル創業二〇周年記念イベントとして開催され、昭和六年(一九三一)八月二十日付の主要新聞に広告が出されたという。その審査員に与謝野晶子など各界の著名人が名を連ねていることは、こうした機会を捉えて別府広報の場とする熊八の典型的な手法である。

356　九酔渓河内橋(大正末期)
吉田初三郎は大正14年(1925)、油屋熊八と共に別府の南西、久住、飯田高原などを踏査した。ふたりが一緒に写されている絵はがき。桂の巨木の手前右が初三郎、左が熊八。

第三章
別府とその世紀

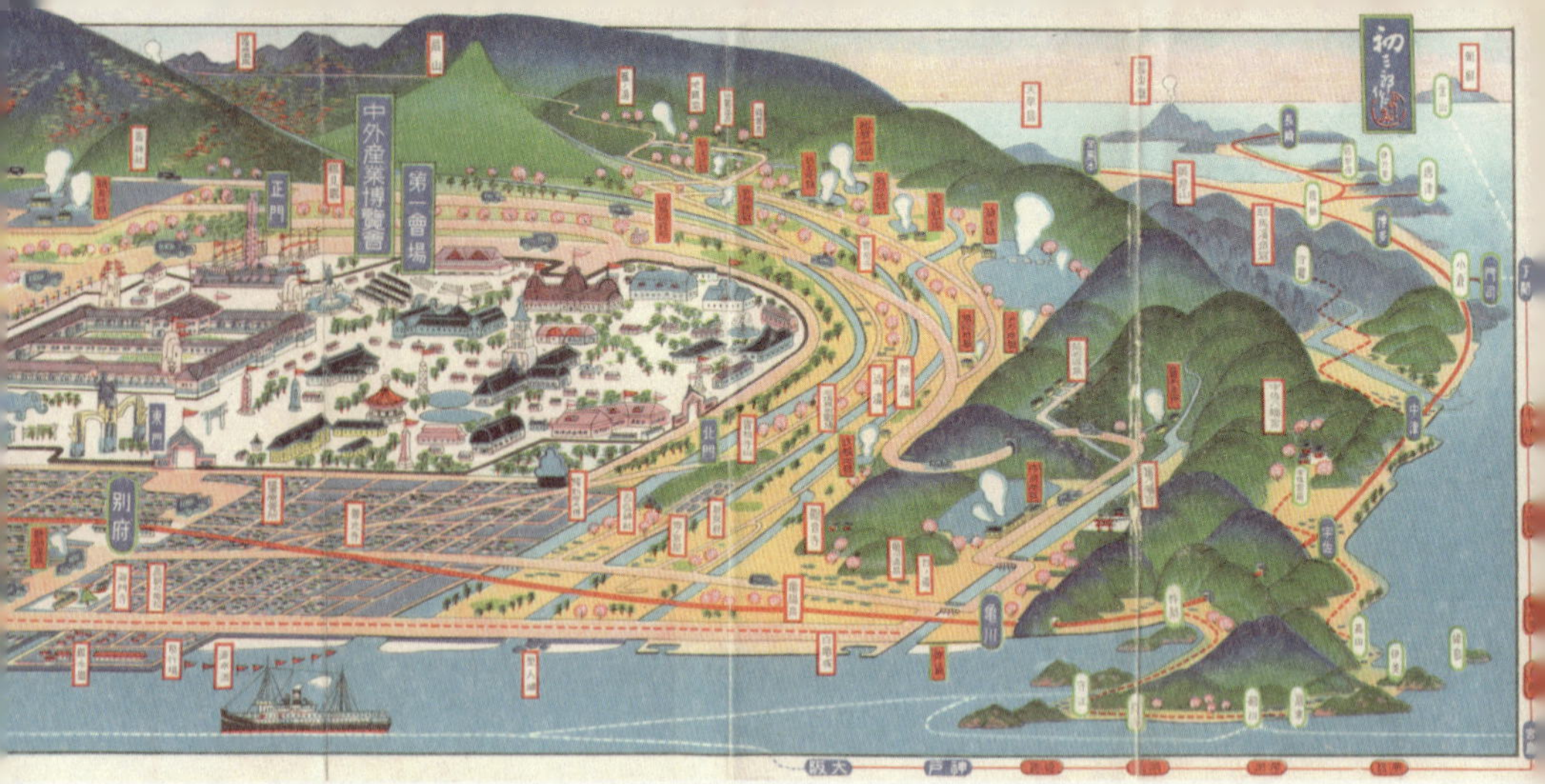

「別府市主催中外産業博覧会」（昭和３年〈1928〉）　「大正の広重」といわれた鳥瞰図絵師、吉田初三郎が描いた中外産業博覧会の会場絵図。別府公園を中心とする山手の第１会場と、海辺の埋立地に作られた第２会場が別府及び周辺の要所とともに描かれている。

温泉町の博覧会

10

ふたつの大イベント

中外産業博覧会

別府最初の博覧会である中外産業博覧会は、昭和三年（一九二八）四月一日より同五月二十日の五十日間、市内二つの会場で開催された。この博覧会は市政施行五周年を記念して別府市の実業家と各種団体代表者により起案された。起案者たちは県の了解をただちに取り付け、昭和二年一月別府市議会に予算を附議、すみやかに準備がはじまった。総裁は大分県知事の藤山竹一、会長は別府市長の神澤又一郎、副会長は市会議長で泉孫旅館当主である高橋欽哉がつとめた。この博覧会の開催準備事業として、上水道の増設、公会堂の建設、浜脇温泉の改築など、都市の各種インフラが整えられたことは注目に値する。民間でも事業者らはこの博覧会に期待を寄せた。亀の井ホテルの油屋熊八は博覧会の開催決定を受けて自動車会社を設立し、多数の遊覧客移送が見込めるバス事業に進出する。博覧会に一年先がける昭和二年八月に営業がはじまった地獄めぐりバスはこのあと、別府観光の目玉となっていくのである。

博覧会の第一会場には別府公園と周辺民有地三万二千坪、第二会場には浜脇の地先埋立地約一万坪が選ばれ、昭和二年（一九二七）

357　京都帝国大学別府地球物理学研究所（昭和初期）　大正13年（1924）、山手の野口原に建設された。この京大地球物理学研究所と、九大温泉治療学研究所〔**358**〕は、博覧会の目玉であった「温泉館」の展示に協力したのである。

358　最善最新の設備を誇る九州大学温泉治療学療養所（昭和初期）　昭和6年（1931）、山手の荘園に建設された。

九月に着工、同三年（一九二八）二月に全館の竣工を迎えた。

　第一会場の白眉は温泉館で、ここには各種温泉治療装置などが展示されていた。また新聞社が協賛を行っており、大分新聞社が音楽堂を、豊州新報社が正門前の噴水を特設している。第二会場には水族館、演舞場、廉売館、売店、飲食店などを設置、「宛然《えんぜん》たる一場のルナパーク」*という光景を呈したという。「正規の博覧会」という位置づけの第一会場に対して、こちらの第二会場は娯楽余

359　中外産業博覧会（昭和初期）
中外産業博覧会のポスター絵はがき。中外産業博覧会は、昭和３年(1928)別府市制施行５周年記念事業として開催された。博覧会のポスターが年賀状にアレンジされた絵はがき〔361〕なども確認できる。絵はがきは博覧会の重要な広報媒体のひとつだった。

360　中外産業博覧会（昭和初期）　絵はがき中にもあるとおり、博覧会は４月１日から５月20日まで50日間の会期で、別府公園と浜脇の地先埋立地をそれぞれ第1、第２会場として行われた。

361　中外産業博覧会（昭和初期）
会期中には延べ82万人弱が訪れた。単純に日割りすると１日あたり１万６千人余りが来場したことになる。

興場として計画され、有料であった。大連市の実業家、高岡又一郎という人物が幼年競馬場などを作っている。

国際温泉観光大博覧会

第二回目の博覧会である国際温泉観光大博覧会は、昭和十二年(一九三七)三月二十五日から五月十三日まで、五十日間にわたって開催された。昭和三年の中外産業博覧会からちょうど十年目の節目にあたる年であったほか、この博覧会には次のような目的があった。昭和十年九月に別府市は三つの町村を新たに合併し、「大別府市」を標榜するに至る。合併直後の十一月七日に市会議員二十四名が提出した博覧会開催建議書には、当博覧会の開催目的のひとつとして、合併後の旧市町村民における精神的和合を図ることが挙げられていた。つまりこの博覧会は、拡大する別府における新たな市と市民の融和や一体感を促すことが期待されていたのである。しかしもちろん観光都市へと離陸しつつある別府の存在を喧伝する目的は

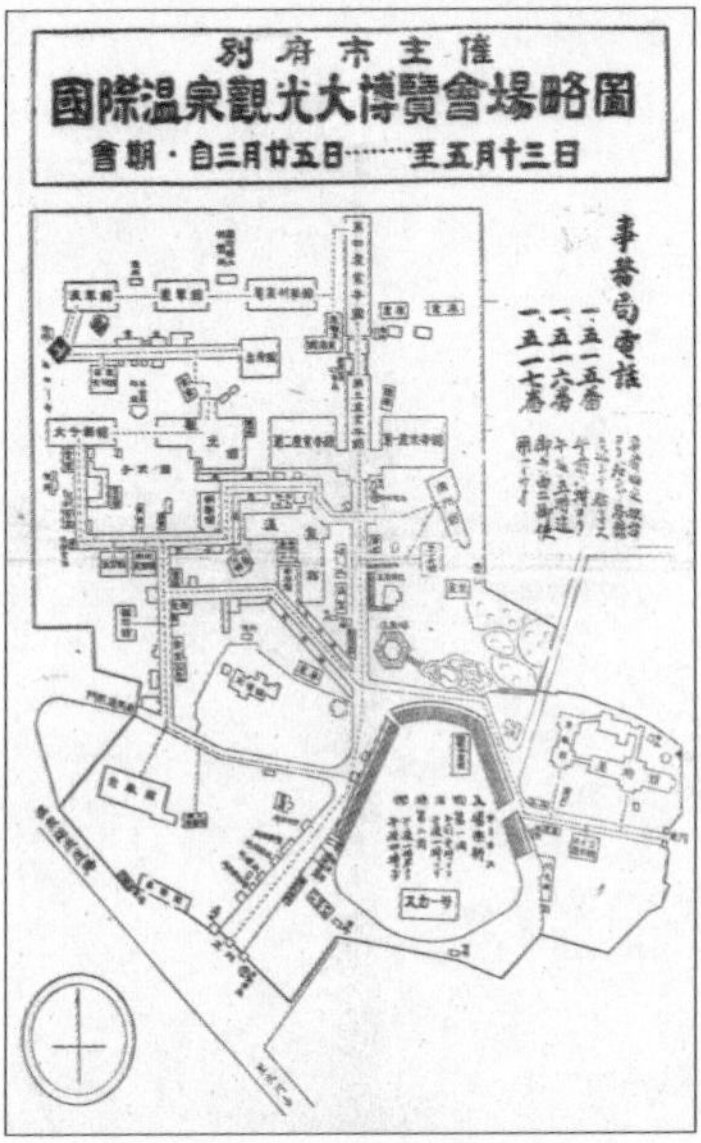

「国際温泉観光大博覧会場略図」(昭和初期)

重要であった。建議書には、「吾《わ》カ別府温泉ノ療養価値ヲ世界ニ知ラシメ、遊覧施設ニ依ッテ観光客ヲ誘ヒ、尚《なお》且ツ健康保全ノタメ吾カ風光明媚ヲ求メント(中略)療養観光衛生其他何《いず》レノ点ヨリスルモ真ニ東洋ノ大仙境ヲ東西ニ宣伝」するという目的が高らかにうたわれている。ところで昭和十二年(一九三七)前後といえば、大恐慌(一九二九~三三)の余波を受けた大不況の真っ只中である。このタイミングで博覧会が実行された理由のひとつには、鉄道省国際観光局の外客誘致策も推定されている。鉄道省の国際観光局は、昭和五年(一九三〇)に設置された。外貨獲得を企図し、政策として積極的な外客誘致活動がはかられたのである。一九三〇年代に各地で合計十四軒、建設された国際観光ホテルは、その具体的な現れである。別府には国際観光ホテルがつくられなかったが、九州では雲仙・唐津・阿蘇に建設された。別府における世界周遊船の寄港とその歓迎は、もちろんこのような国の動きとも無関係ではなかった。こうした風潮が、本博覧会を「国際」と銘打たせたのであろう。

建議書の議決後にはただちに各方面への告知や出展誘致が開始され、開催直前には東京新宿の伊勢丹で博覧会展も行われた。本博覧会の幹部には、大分県や別府市の要職のほか、大分県出身で小田原急行社長の利光鶴松が博覧会名誉総裁として名を連ねている。会場には別府公園の一帯、三万八千坪をあて、温泉館、観光館、大分県館、産業本館、電気科学館、陸軍館、海軍館の七大館を主要館とし、ほかに別府館、美術館、世界一周館、宗教館、歴史館、満州館、朝鮮館、台湾館、南洋館、ラジオ館、農具機械館、特許実演館、善光寺館、海女館、ミイラ館、非常時国防館、野外演劇場、矢野サーカス演技場、迎賓館など、さまざまなパヴィリオンが建設された。建造物は大小あわせて百数十棟にのぼったという。中外産業博覧会同

362　別府市主催 中外産業博覧会 第一会場場内の賑わい（昭和初期）　温泉館側から会場入口側を見たところ。中外産業博覧会の記念スタンプが押されている。中央の噴水は新聞社（豊州新報）の提供。

363　中外産業博覧会 第一会場温泉館（昭和初期）

364　中外産業博覧会 正門（昭和初期）
第１会場は別府公園と付近の私有地を合わせた３万２千坪余りの会場だった。

様に会場の目玉は温泉館であり、その内部には、飲泉所、温泉浴場、トルコ風呂、ロシア風呂、気泡室、発汗浴場などの各種温泉浴場施設が設けられたほか、温泉生成の仕組みを解説する地質や地形模型、間歇泉のジオラマ、温泉研究器具など、学究的な関心を満たす展示や、ドイツ、ポーランド、ハンガリーほか諸外国の温泉場の資料が展示された。温泉館のこれら展示は、大正十三年（一九二四）に別府の野口原へ設立された京都帝国大学地球物理学研究所〔357〕や、昭和七年（一九三二）に別府の荘園へ誘致建設された九州帝国大学温泉治療学研究所〔358〕の指導と協力によって実現された。

＊ルナパーク……明治四十五年（一九一二）に開業した大阪市内の遊園地。明治三十六年（一九〇三）に開催された第五回内国博覧会の跡地につくられた。ここにエッフェル塔を模して建てられた塔が初代通天閣である。ルナパークはニューヨークの海岸、コニーアイランドにある遊園地をモデルにしている。ルナパークでは園内に設置されていたアメリカ生まれの幸運の神、ビリケン像も名物だった。ビリケンは日本中で流行し、別府の流川通にはホテル・食堂・ダンスホールからなり、店の前にビリケン像を置く「ビリケンホテル」〔157〕がつくられた。

365　**中外産業博覧会 温泉館裏面（昭和初期）**　第１会場には、本館、第２本館、温泉館、風景館、美術館のほか、北海道館、南洋館、台湾館、満蒙館、朝鮮館など特設館が作られた。これは温泉館。絵はがき中に「裏面」とあるのは「正面」の誤りと思われる。

366　**中外産業博覧会 温泉館正面（昭和初期）**　温泉館は博覧会の目玉であった。温泉プールのほか、蒸気浴（ロシア風呂、エジプト風呂）、トルコ浴、砂浴、泥土纏包（てんぽう）浴、吸入室（福岡市波多江嘉兵衛出品）、水治療台（同前）、全身電気浴、四肢浴、坐浴、局所浴、薬浴（うち、炭酸・酸素空気泡浴は東京酒井信正出品）、電光浴、ミニン燈、イオントフォレーゼ、冷熱風発生器、Ｘ線療法（島津製作所出品）、人工高山太陽燈療法（同前）、マッサージ機械療法、鉱泉飲用装置などが設置されていた（上記、出品者名のないものは九州帝国大学医科大学が協力）。絵はがきのタイトルが「正面」となっているのは「裏面」の誤りと思われる。

367　**中外産業博覧会場 呼物の温泉塔（高さ九〇尺）（昭和初期）**　温泉塔は高さ100尺（約30メートル）で、80度の熱湯を噴出、落下させ「煙霧濛々（えんむもうもう）たる大瀑布の壮観を呈」したという。

368　**中外産業博覧会場 別府公園松林中の本館（昭和初期）**　本館の俯瞰写真。まだ足場が組まれているようにみえるが、建設中だろうか。

369　**中外産業博覧会 飛行機より見たる第一会場（昭和初期）**　飛行機から空撮した会場写真の絵はがき。

370　**中外産業博覧会 第一会場別府館（昭和初期）**
別府館（左）には別府市の特産物、別府絞り、竹籠、藍胎漆器、湯の花、別府竹人形、豆下駄、縫針、櫛、温泉薬品などが展示された。

371　中外産業博覧会 第一会場第二本館（昭和初期）

372　中外産業博覧会 風景館（昭和初期）

373　中外産業博覧会 朝鮮館（昭和初期）

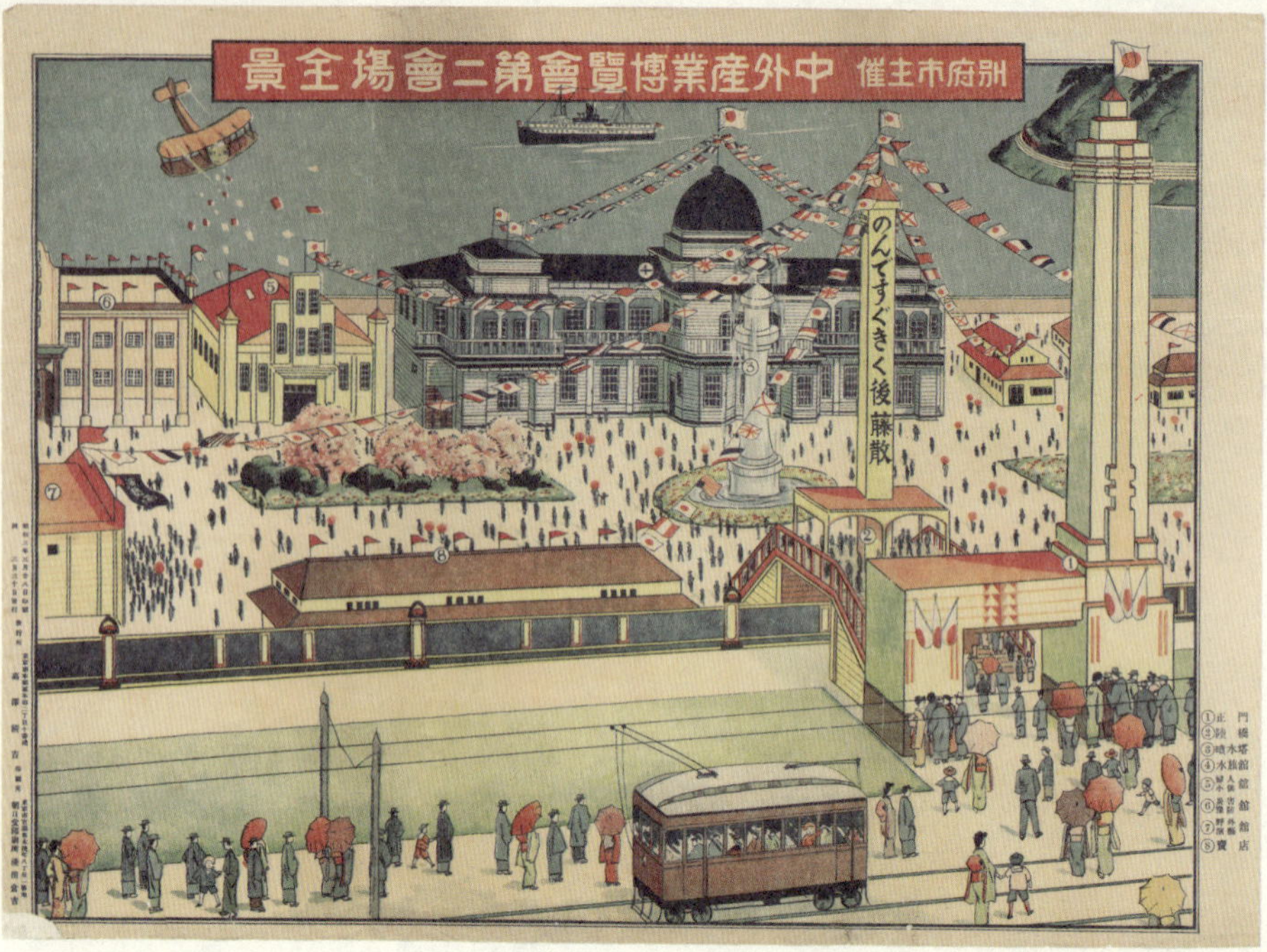

「別府市主催中外産業博覧会第二会場全景」(昭和初期)　埋立地の第２会場を描いた絵図。中央、ドームのある建物が〔374〕の水族館。

374　中外産業博覧会 第二会場 水族館 (昭和初期)
第２会場(浜脇埋立地)の水族館。第２会場にはほかに災害予防館、農林機械電気館、発明館、婦人子供館、子ども向け競馬場などが作られた。

375　中外産業博覧会 第二会場 災害予防館と婦人子供館(昭和初期)　第２会場の災害予防館、婦人子供館。奥のドームは水族館。第１会場は無料だったが、第２会場は有料で「娯楽余興場」として計画された。

379　国際温泉観光大博覧会（昭和初期）

376　国際温泉観光大博覧会（昭和初期）

377　国際温泉観光大博覧会協賛会（昭和初期）

378　産業振興国際温泉観光大博覧会（昭和初期）

376〜379　国際温泉観光大博覧会の各種ポスター絵はがき

本博覧会は、昭和12年３月25日から５月13日まで 50日間の会期で開催された。〔379〕の表面には開会初日の記念スタンプが押されている。

昭和10年９月、別府市が新たに３町村を合併した直後に開催が議決され、中外産業博覧会(昭和３年)から10年後に開かれることとなった。市議会に提出された建議書によれば、本博覧会は新別府市として統合される新旧住民相互の和合を図り、かつ昭和初期の大不況を背景に観光のてこ入れを目的として企画されたのである。

なお､戦前期に｢観光｣を冠して行われた地方博覧会にはほかに｢記念観光と産業博覧会｣(奈良県、昭和８年〈1933〉)、｢国際産業観光博覧会｣(長崎県、昭和９年〈1934〉)がある。別府の国際温泉観光大博覧会は、戦前期に行われた博覧会のうち末期のものである。

380　**別府市主催 国際温泉観光大博覧会 正門（昭和初期）** 温泉館、観光館、産業本館、陸軍館、海軍館、電気科学館、大分県館の７大館を主要館とし、ほかに美術館、宗教館、迎賓館、矢野サーカス演技場、ラジオ館、農具機械館、満州館、朝鮮館、台湾館、特許実演館、善光寺館、日の丸館、三偉人館、別府館、世界一周館、ミイラ館、海女館、南洋館、歴史館、非常時国防館、野外演劇場などが設けられた。建設された建物は、大小あわせると百数十棟になったという。

381　**国際温泉観光大博覧会 本館（昭和初期）** 期間中の延べ入場者数は50万人にのぼった。

382　国際温泉観光大博覧会 美術館（昭和初期）　大正５年（1916）に別府公園に建設された大分県物産陳列場を博覧会の会期中転用し、「美術館」に仕立てている。この建物は昭和31年に火災で焼失した。

383　国際温泉観光大博覧会 ラジオ館（昭和初期）　アール・デコ風の意匠が目立つラジオ館。

「別府温泉及地方縦覧図」(大正３年〈1914〉、部分)　萩原号発行、別府市街の絵地図。白っぽく抜けている道は、明治末期までの古い道路。緑色で描き込まれているのが、明治末年の市区改正で新しく計画されたグリッド場の街路である。

左384 国際温泉観光大博覧会 陸軍館（昭和初期）
右385 国際温泉観光大博覧会 海軍館（昭和初期）

386　国際温泉観光大博覧会 温泉塔（昭和初期） 温泉館は中外博覧会時の規模を拡大し、飲泉所、トルコ風呂、ロシア風呂、気泡室、発汗浴場などの各種温浴場を設けた。ほかに温泉生成にかんする地質や地形の参考模型、間歇泉のジオラマ、温泉研究器具や、ドイツ、ポーランド、ハンガリーなど諸外国の温泉場の写真やポスター、温泉成因図などが展示された。

なお温泉塔の前に並ぶ女性たちは「大日本国防婦人会」のたすきを掛けており、陸軍館・海軍館などのパヴィリオンと共に時代背景を感じさせる。同会は昭和７年（1932）に設立された婦人団体で、軍部の総力戦体制づくりに協力し、大衆婦人の教化と組織化を行った。この博覧会が終了した約２ヶ月後の昭和12年７月７日には盧溝橋事件が勃発、日中戦争が開戦する。

387 別府温泉名勝 展望東洋一を誇る遊園地鶴見園（昭和初期） 大正14年（1925）竣工、同15年開園。市街地山手の端、鶴見山麓に呉市の松本勝太郎が開設した。5万坪余りの敷地に、少女歌劇場、温泉プール、動物園、テニスコート、浴場など各種娯楽施設を建設した。

11 遊園地

少女歌劇とケーブルカー

別府には複数の遊園地もつくられた。ここにあげた鶴見園や別府遊園地は、つつじ園や山水園などの私園（→二一一頁「12公園」）につらなるものだが、各種遊具や劇場などの設備や建物を備え、娯楽色の強い施設だった。

鶴見園は大正十五年（一九二六）に開園した遊園地である。鶴見山の山麓、南立石に開設された。当時市街地からは自動車で十分ほどの距離であった。敷地は五万坪もあり、園内には少女歌劇場、温泉プール、動物園、テニスコート、浴場など各種娯楽施設が備えられていた。創業者は広島県呉市の貴族院議員である松本勝太郎という人物である。鶴見園はとくに少女歌劇で知られ、「九州の宝塚」と称された。宝塚少女歌劇の舞台である宝塚新温泉は、箕面有馬電気軌道（のちの阪急電鉄）の創業者、小林一三《いちぞう》が明治四十四年（一九一一）に開設したもので、少女歌劇の初演は大正三年（一九一四）のことである。以降各地に少女歌劇団がつくられた。鶴見園の少女歌劇もそのひとつであった。また鶴見園が開業したのと同じ頃、東京横浜電鉄（のちの東京急行電鉄）による温泉遊園地多摩川園（大正十四年〈一九二五〉）、樺太工業専務の藤田好三郎が開き、のち武蔵野鉄道

388　別府鶴見園 温泉浴場其他外観（大正末期～昭和初期）
〔387〕より古い時代の園内。鶴見園は「全く荒蕪に委せられたる林叢を拓きて、茲に一大楽天地を現出」したものという。

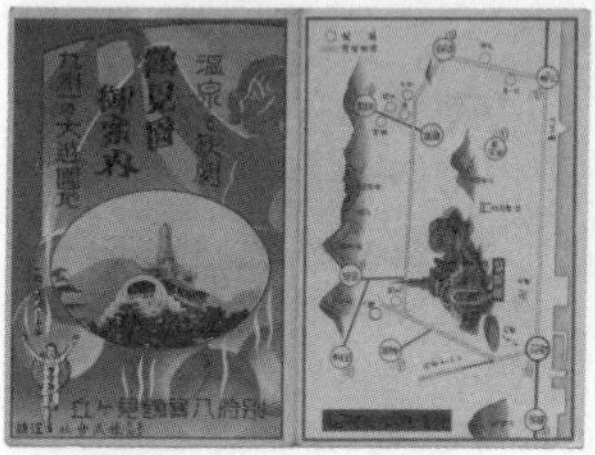

鶴見園のパンフレット

389　〔タイトルなし〕（昭和初期）　鶴見園と大阪商船別府支店の記念スタンプが押されたはがき。昭和11年（1936）3月。

（のちの西武鉄道）が買収した豊島園（大正十五年）が開園している。

昭和四年（一九二九）には鶴見岳山麓の乙原山《おとばるやま》にケーブルカー軌道付きの別府遊園地が開設された。乙原山はもともと明治三十六年（一九〇三）に鳥取県西伯郡の事業家、木村久太郎によって金鉱として開発され、大正五年（一九一六）までにかなりの金銀を産出したが、坑道から温泉が湧出しはじめた。掘り進めば既存の温泉源に影響を与える懸念もあって掘削を中止、大正十二年（一九二三）頃廃鉱とされた。廃鉱後、鉱山主の木村久太郎は乙原山の山上を遊園地として開発する。遊園地に客を運ぶケーブルカーは昭和四年（一九二九）八月に竣工した。園内には、児童遊技場、食堂、共同温泉、展望温泉館などが設置され、ほかに観音地獄が開かれた。遊園地は当初、鉱山支配人の山崎権一が率いる鋼索鉄道会社によって経営されていたが、その後、広島県の電気事業者である山田英三に引き継がれ、別府ケーブル遊園地として運営されていく。

390　**鶴見園内 歌劇場（昭和初期）**　鶴見園はとくに少女歌劇で知られ、「九州の宝塚」と称された。昭和初期にここを訪れた大佛次郎らも「ここの歌劇が、やがて宝塚の名を凌ぐやうになるのも、あまり遠くはないだらう」とさえ感想をもらしている。

391　**鶴見園内 歌劇場（昭和初期）**　ある１日のプログラムをみると、毎日午前中は講談や落語、午後１時から５時迄は専属女優の大歌劇とある。内容は史歌劇「菊水の誉れ」三景、音楽喜劇「若旦那商売往来」十八景、ヴァラィティ「さくら・櫻・サクラ」、マゲモノナンセンス「夢を信じた浪人の話」七景、ナンセンス「幸福のホテル」三景となっている。１日の公演は華やかなレビューで締めくくられた。

392　**鶴見園の一部（昭和初期）** 温泉プール前でポーズを取る少女歌劇の専属女優たち。

393　**鶴見園内の温泉プール（昭和初期）** 鶴見園の名物、温泉の屋外大プール。

394　鶴見園 食堂の一部（昭和初期）

395　鶴見園内 娯楽室（昭和初期）

396　鶴見園内 浴場の一部（昭和初期）

397　我国に於ける最新式を誇るケーブルカー（昭和初期）　昭和４年(1929)、鶴見岳山麓の乙原山に開設。乙原山は明治36年(1903)に金鉱として開発される。しかし坑道の温泉湧出がひどく、大正５年(1916)に廃鉱となった。廃鉱後、鉱山主であった鳥取県の事業家木村久太郎は、乙原山を遊園地として開発する。

「別府ケーブル遊園地全景」(昭和初期)　別府遊園地のパンフレット

398　ケーブルカー（昭和初期）　大正15年(1926)にケーブルカーの敷設出願がなされ、昭和３年(1928)１月に工事認可を受けた。同年８月１日起工、同４年８月竣工。鋼索は英国製で、機械はスイスのギセライル・ベルン・カンパニー製だった。施工は同社の技師、E・リーゼンが担当する。動力は、別大電車と同じ九州水力電気株式会社が供給した。鋼索鉄道会社は当初鉱山支配人の山崎権一が経営したが、のち広島県の電気事業者で、北海道電気株式会社などに携わった山田英三が債権の肩代わりに同社を買収、経営を引き継いだ。

399　**別府遊園地 ケーブルカー食堂 其一 全景（昭和初期）** 乙原山に開園した別府遊園地には、食堂、宴会場、温泉浴場なども設けられた。以下、「其○」と番号が付いているものは一連で一組の絵はがきである。別府遊園地の各種施設や設備を詳しく伝えている。

400　**別府遊園地 ケーブルカー食堂 其十 バルコニー（昭和初期）**

401　**別府遊園地 ケーブルカー食堂 其七 大広間宴会場(昭和初期)**

402　別府遊園地 ケーブルカー食堂 其五 大食堂（昭和初期）

403　別府遊園地 ケーブルカー食堂 其六
調理室（昭和初期）

404　別府遊園地 ケーブルカー食堂 其九
温泉浴場（昭和初期）

405　水族館 六勝園（昭和初期） 別府では私設のごく小規模なものをはじめ、各時代にいろいろな動物園や水族館があった。水族館はほかに、竹瓦温泉近くの森屋旅館や、中外産業博覧会の第２会場につくられたものがある。

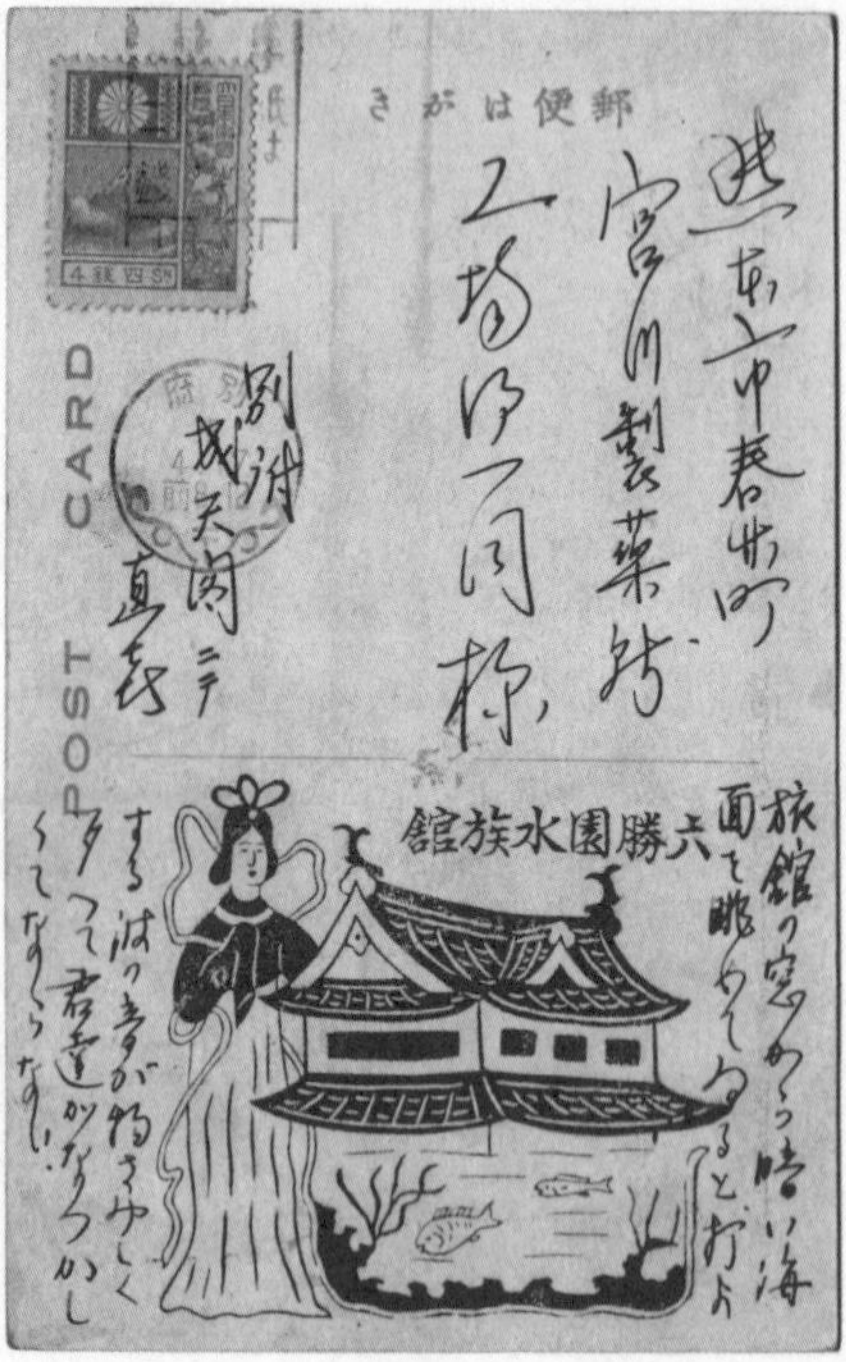

六勝園 水族館の記念スタンプを私信面に押したはがき（昭和初期） 差出人の職場の製薬工場に宛てたもの。

406　**濱脇公園（明治末期〜大正中期）**　浜脇の高台にあった町営公園。明治44年（1911）５月竣工。

12 公園

別府最初の公設公園は別府公園で、明治四十年（一九〇七）の造営である。別府駅から山手に七五〇メートルほど上がったところに位置し、一万六百坪余りの正方形の区画をもつ広大な公園である。芝生と明るい松林で構成された美しい公園であった。同公園は、明治四十年十一月七日に行啓した嘉仁親王（のちの大正天皇）の御休息地として計画された。別府町会では、行啓に先立つ八月に休息所用地買収を決議し、民有山林一万坪余りを買収している。御休息所として造営された高殿はのちに大穴持命《おおあなむちのみこと》、少名毘古那神《すくなびこなのみこと》、迦具土神命《かぐつちのみこと》、大歳神《おおとしのかみ》が祀られて温泉神社となった。大正九年（一九二〇）には陸軍特別大演習に伴って裕仁親王《ひろひとしんのう》（のちの昭和天皇）が別府に行啓し、このときには同公園内にあった大分県物産陳列場〔412〕で昼餐《ちゅうさん》が取られた。

浜脇公園は明治四十四年（一九一一）五月の創設で、別府東公園ともいう。浜脇市街南端の丘陵斜面地に造営された六五〇坪あまりの公園で、高台に立地することから別府湾や市街の眺望が楽しめた。昭和五年（一九三〇）には別府八景のひとつに選ばれている。

松原公園は大正三年（一九一四）に開設された。別府と浜脇の旧市街地のちょうど中間に位置する松原につくられる。ここには古くから朝見八幡神社の御旅所があった。公園の面積は一千坪あまりで、噴泉が設けられた。まわりには複数の劇場や活動写真館が

407　**濱脇公園（明治末期～大正中期）** 濱脇公園の全景。茶屋やベンチが設けられていた。

408　**濱脇公園（大正中期～昭和初期）** 崇福寺、長覚寺背後の墓地を公園に変更したもの。

建ち並び、数多くの露店営業者も集まる。その賑わいは東京の浅草六区にたとえられた。松原公園の近くには、写真絵はがきの二大製作発行元である萩原号と和田成美堂も店を構えていた。

海門寺公園は、的ヶ浜の南に位置する海門禅寺の境内の一部に設けられた公園で、昭和六年（一九三一）に完成した。面積は約一千坪で、園内には樹齢三百年余りの老松があり、噴水、池泉が設けられていた。以上が公設の公園である。

つつじ園は明治三十七年（一九〇四）に太田長一という人物がつくった遊園で、当時の市街地からは山手に一・六キロメートルほど離れたところにあった。五つの池泉があり、杜若《かきつばた》や菖蒲も植えられて百花繚乱の風情であった。

山水園はつつじ園よりもさらに四〇〇メートルほど山手に位置していたが、温泉回遊道路に面しており、自動車の交通便はよかった。明治末年頃に小宮茂太郎という人物が遊園として創設したもので、面積は四五〇〇坪ほどもあり、私園としてはかなりの広さを有していた。大正三年（一九一四）頃に福岡県飯塚市の石炭王である麻生家の別荘となる。園内には数百株の桜が植えられており、桜の開花期には麻生家が一般に公開していた。

409　別府公園（明治末期～大正中期）
噴泉と松林の美しい公園である。

410　別府公園（大正中期～末期）

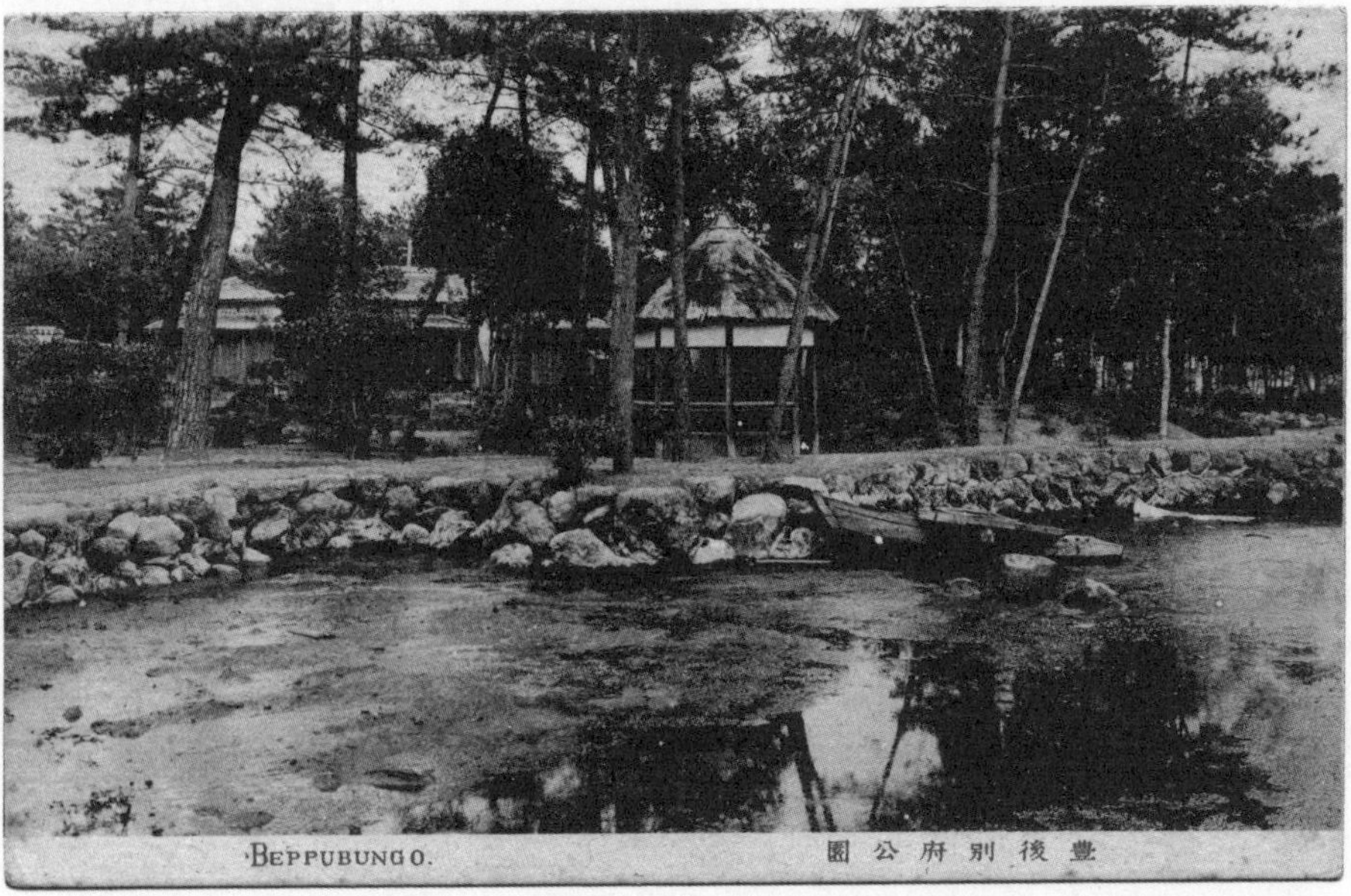

411　別府公園（明治末期～大正中期）　明治40年（1907）完成の町営公園。嘉仁親王（大正天皇）の行啓にあわせて整備された。

412　大分県物産陳列場（大正初期～中期） 別府公園内にあった大分県物産陳列場。もとは大分市にあったが、別府に設置したほうが広告効果は高いという世論を受けて移転したという。大正5年（1916）竣工。中外産業博覧会ではパヴィリオンの一つとして利用された。

413　別府公園 皇太子殿下御休憩所（明治末期～大正中期） 明治40年（1907）の行啓時に公園内に設けられた嘉仁親王の休息所は、のち温泉神社として整備された。

414　**松原公園と松栄館の盛観（大正中期～末期）**　大正３年（1914）開設。八幡朝見神社の御旅所があった松原を公園に整備した。

415　**松原公園（大正中期～末期）**　別府、またのみならず大分における写真絵はがき製造・販売の草分け「萩原号」が松原公園の向かいに店を構えていた。この絵はがきでは「萩原写真局」という看板がみえる。

416　**松原公園（昭和初期）**　松原公園は「九州の浅草六区」とうたわれた。劇場、活動写真館、露店などが建ち並んでいた。松原公園を囲んで建っていた劇場のひとつ「松濤館」は、大阪市靱の老舗薪炭問屋の娘、木元トミという女性が経営。彼女は作家徳田秋声（1872～1943）の叔母であり、徳田秋声の作品『浴泉記』には松濤館の様子が描かれている。トミの夫、木元健次郎は楠町で貸座敷と劇場を経営していた。

417　**劇場松濤館（明治末期〜大正中期）**　劇場前には役者名などを染め抜いた幟がはためき、人力車が往来する。

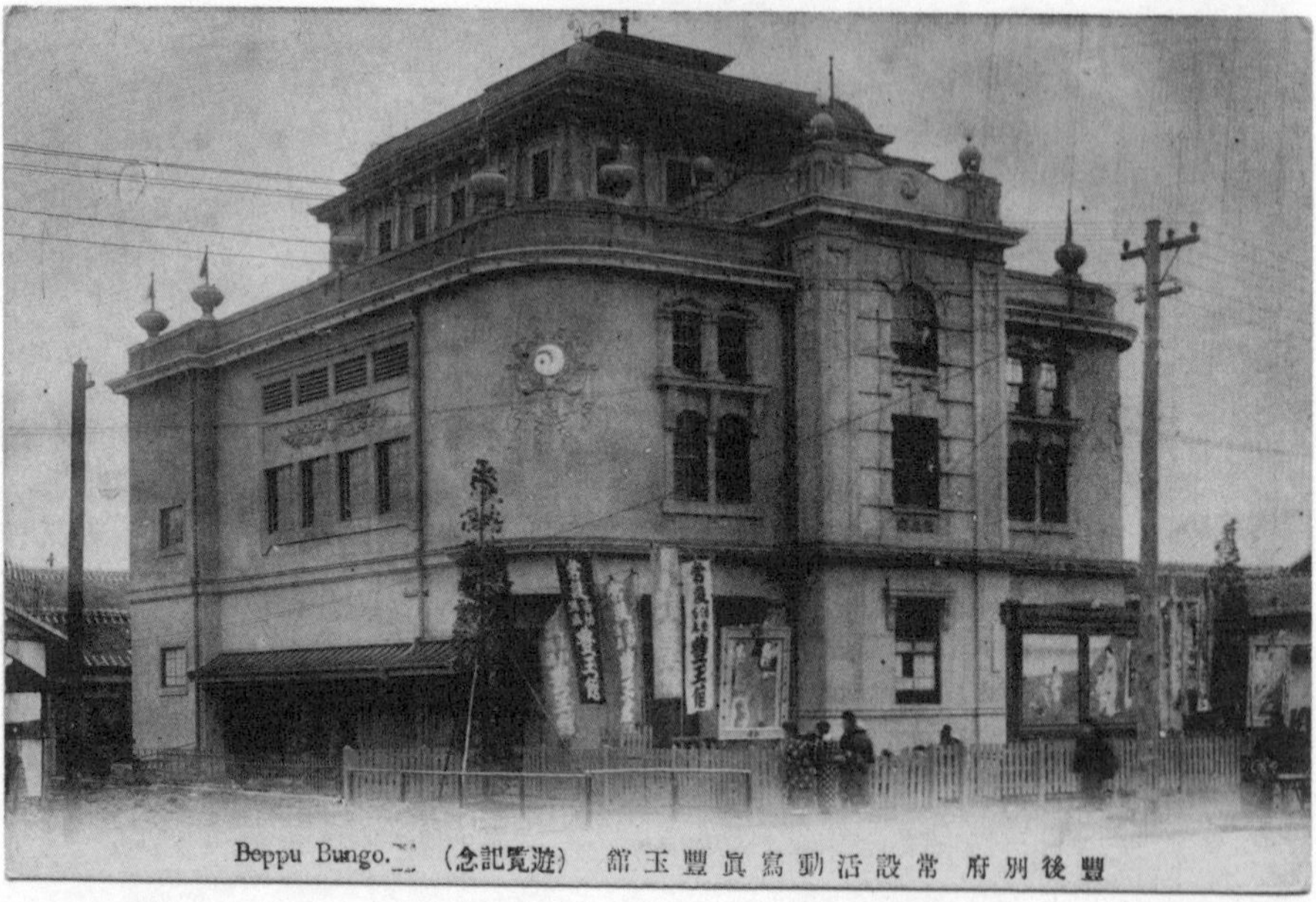

418　**常設活動写真 豊玉館（大正初期〜中期）**　豊玉館は大分県下でも最初期の常設活動写真館。大正２年（1913）開業。

419　泉都北部歓楽の中心地 海門寺公園の景観（昭和初期） 海門寺の墓地を公園に造り替えたもの。昭和６年（1931）竣工。昭和８年（1933）５月25日、台湾台中宛の実逓。

420　海門寺（明治末期～大正中期） 海門寺は、慶長の大地震で海没した久光島からこの地へ移った寺と伝えられる。

421　山水園（大正中期〜昭和初期）　山水園は、炭鉱で財をなした麻生太吉の別荘で市街地の山手にあった。桜の季節のみ一般に公開されていた。立派な茅葺きの門が来園者を迎えた。

422　大分県別府市山水園 別府療養所（昭和初期）
山水園は麻生家別荘になったのちにも一定の開放性があり、外国船寄港時には接待会場としても使われた。

423　山水園より観海寺を望む（大正初期〜中期）　明治末年頃に小宮茂太郎という人物が遊園として創設したがその後経営難に陥り、大正３年(1914)頃麻生家に売却したという。

424　**つつじ園（明治末期～大正中期）**　右の看板には「和洋会席御料理　つつじ園」とみえ、料理屋もあったことがわかる。岡山県宛の実逓。私信は「おとうさんは朝に晩に温泉にはいって居られます。おとなしくしておみやげをまっておいでなさい」。子どもに宛てたものらしい。

425　**別府つつじ園（大正中期～末期）**　つつじ園は別府公園の山手側にあった4000坪あまりの私園。明治37年（1904）に、太田長一という人物が創設。

426　**つつじ園（大正中期～昭和初期）**　つつじ園の門と売店。門には「入覧随意」との張り紙がみえる。

427　**別府温泉場（大正末期～昭和初期）**　浜脇地先埋立地竣工（大正13年〈1924〉）後の海岸線。

13 別府の土地開発

海岸線の変貌と土地会社

海岸埋立地の造成

明治末期の市区改正と耕地整理事業に並行して、海岸の埋立工事が行われた。これは民間による請負事業で、松原地先埋立会社、別府土地株式会社、中央別府温泉土地株式会社などの業者によって工事が進められた。こうした埋立事業は、別府港南北の浜辺をほぼ覆い尽くすもので、海岸線はおおきく姿を変える。

一連の埋立工事は明治四十三年（一九一〇）に幕をあけた。同年十二月、松原地先埋立会社の伊藤世民ほか二名が、別府港南側から浜脇に至る約三万坪の地先埋立仮契約を別府町と結んだのだ。工区は三区に分けられ、別府港に近い北側より、第一、第二、第三区とされた。第一区は大字別府字南町電鉄会社地先海浜より源左衛門川口まで、第二区は源左衛門川口より朝見川口まで、第三区は朝見川口より大字浜脇国道接合線までである。しかし工事は難航をきわめ、明治四十四年（一九一一）十一月一日に起工するものの、第一区の竣工直前に台風によって護岸が破損、事業は甚大な損害を被った。松原地先埋立会社は倒産し、工事は中止される。その後、数年間、埋立地は放置されていたが、大正八年（一九一九）に別

428　別府土地信託株式会社経営 埋立完成後の別府海岸（大正９年）　別府港南側、第１区から第３区埋立地の完成予想図。大正７年（1918）設立の別府土地（信託）株式会社が工事を進めた。大正９年（1920）、同社社員差し出しの年賀状。

府土地株式会社が事業を継承して工事を再開した。同社はケーソン（潜函）を用いた最新の工法を採用し、より堅牢な基礎工事を行うことで事態を打開する（428）。別府土地株式会社による工事は順調に進み、大正十年（一九二一）に第一区、同十三年に第三区、昭和三年（一九二八）に第二区が竣工し、ついに工事は完了した。竣工後、第一区には旅館など、第二区には別府警察署など（昭和四年）、第三区には別府製氷会社工場などが建設された。竣工したばかりの埋立地は博覧会の舞台となる。昭和三年（一九二八）四月に開催された中外産業博覧会では、第三区に博覧会の第二会場が設けられた（→一八八頁「10温泉町の博覧会」）。

別府港の北側では、大正期から別の埋立工事がはじまる。「鶴水園《かくすいえん》」と呼ばれることになるこの埋立地は、大正八年（一九一九）に創設された中央別府温泉土地株式会社によって造成された。同社の母体が大正四年（一九一五）から工事に着手する。昭和初期には、竣工地のうち八千坪あまりの区画に文化住宅十八戸が建設された。中央別府温泉土地株式会社の社長は清水栄次郎。清水は阪神急行電鉄の監査役で、昭和二年に発足した別府大分電鉄の社長として別府に入ってきた。在任中に、中央別府温泉土地株式会社を自身の清水産業に吸収合併し、鶴水園の造成を進めたのである。ほかにも彼は朝鮮に投資する日鮮土地株式会社の代表取締役社長で、また別府観海寺土地株式会社の大株主でもあった。昭和六年には清水産業が経営する「鶴水園ホテル」が創業を開始し、電鉄会社の食堂も開業した。鶴水園には亀の井ホテルの食堂も進出している。

山手の開発事業

同じ頃、市街地の山手でもさまざまな土地開発や分譲事業が進

429　**別府湾（温泉場）全景（明治末期）**　明治33年（1900）以降、同44年（1911）以前。自然の汀線が続く浜辺。

められている。「新別府」とよばれる温泉付別荘地は、別府で最も早期の分譲開発地で（大正三年〈一九一四〉）、新別府温泉土地株式会社が手がけた。同社の社長は千寿吉彦*という技術者出身の事業家である。千寿は大分県竹田の出身で、土木学を修め鉄道省に所属、のち複数の鉄道事業会社に関与する。京釜鉄道や東電水力の電気工事ではかなりの利益をあげたといわれる。別府には初め日豊線

430　**豊後別府全景（大正初期）**　別府港南側の埋め立てがはじまっている。この埋立地（第一区）は明治44年（1911）に着工し、大正10年（1921）に完成した。京城（現ソウル）宛、大正２年（1913）8月1日の実逓。

431　**別府全景（大正中期）**　別府港北側の埋立地がみえる。のち旅館街になるこの埋立地は、大正４年（1915）に工事が始められた。

上432 別府温泉場（大正末期） 第一区竣工後。大正12年（1923）2月11日、別府竹瓦郵便局開局の日の消印あり。
下433 山水美に光る泉都全別府の大観（昭和初期） 昭和3年（1928）に第二区が竣工し、全埋立地が完成した。

の工事のために訪れ、その後、新別府の開発に着手した。分譲地に配湯する温泉の泉源地として、同社は海地獄の半分を購入する（残り半分は別府市の所有）。分譲が開始された新別府では、ほとんどの購入者が一千坪を一筆の単位として購入しており、広大な区画の分譲別荘地が形成されていった。

跳梁する土地会社

こうした「土地会社」は、大正七年（一九一八）から九年頃を頂点とする大戦景気を背景に、株式仲買人や投機的資本家らの主導によって主に大阪で設立されたもので、土地を証券化して売る事業モデルを特徴とする。別府で事業展開した中央別府温泉土地、新別府温泉土地株式会社をはじめ、白浜温泉土地、城崎温泉土地建物株式会社など、当時名を高めつつあった各地の温泉場を舞台に展開する土地会社も生まれた。別府を対象とする土地会社の活動は、当時の別府が財界にとって有望な投資先あるいは投機先とみなされていたことを示している。これらの土地会社は、投機的で短命な泡沫企業であることも多かった。別府の海岸埋め立て工事の請負人が二転三転しているのも、この種の企業の不安定さを示しているだろう。しかし海岸の埋立地は時間をかけ

434　新別府温泉新開地（大正初期）　新別府温泉は、市街地北側、実相寺の山麓斜面につくられた温泉付き分譲別荘地。

ながらも完成し、山手の新別府も分譲を開始するのである。

大正九年（一九二〇）から観海寺の再開発を行った多田次平の「別府観海寺土地株式会社」は、「花園都市観海寺」の事業のほか、観海寺から北へ延びる山手に荘園文化村、荘園緑ヶ丘、雲雀ヶ丘、百花村、鶯谷などの分譲地を計画した。全体で九万一千坪におよぶ荘園地区の開発は、観海寺の開発と並行して行われている。多田次平の土地会社による分譲地開発は、理想都市的なイメージを強く打ち出していたのが特徴であった。荘園文化村では「花園」イメージをともなう住宅地計画が進められ、桜、楓、萩、ツツジ、薔薇などの植樹が計画されたほか、町名にも薔薇街、萩町、山吹町など花の名称がつけられた。分譲地の街区内には、噴泉浴場、公設市場、テニスコート、オトギ園、常設館などを建設し、さらに主な交差点に温泉噴水を配置する点が計画の特徴だった。この計画には大阪市公園技師の衣笠滋三が指導にあたっている。

435　新別府温泉（大正初期）　新別府温泉分譲地の広告文と地図を掲載した絵はがき。

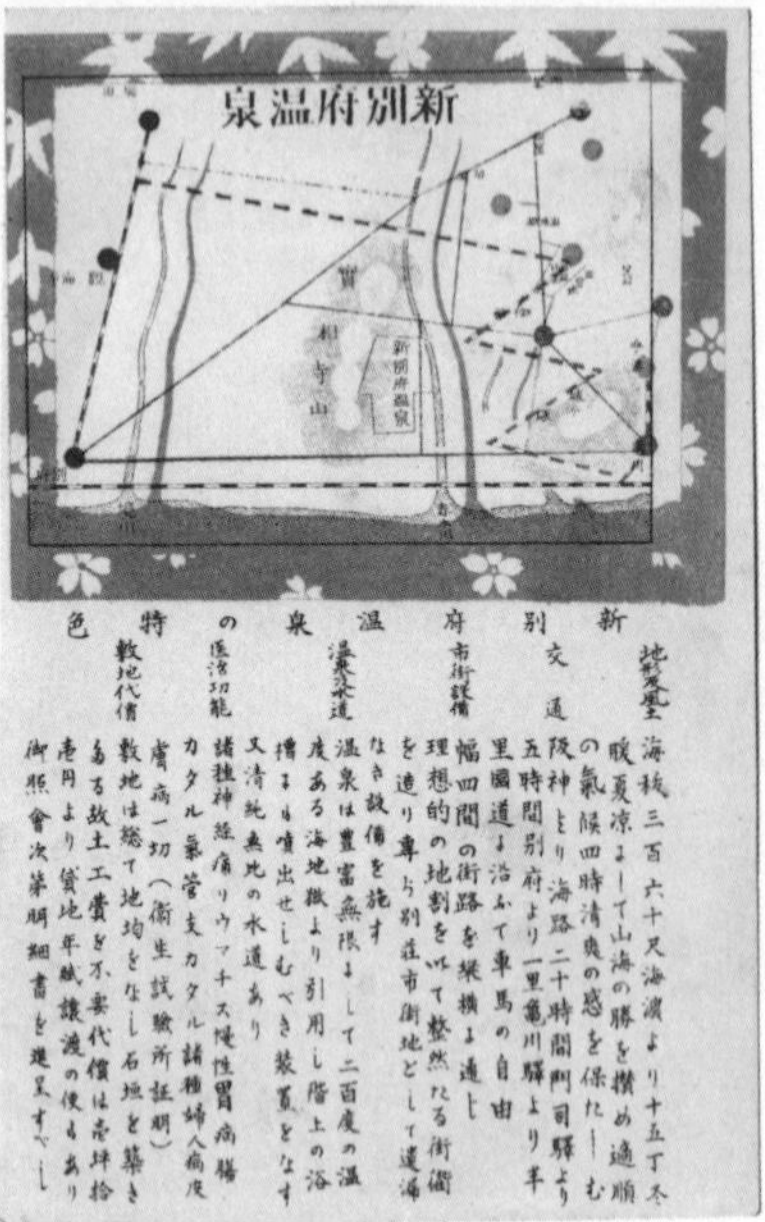

436　新別府温泉（大正初期）　新別府温泉土地株式会社によって大正３年（1914）より約５万坪が開発された。同社社長は竹田出身の千寿吉彦。分譲地には久邇宮邦彦王の御料地も設けられた。久邇宮は大正12年（1923）に敷地を訪れているという。

計画地の二十区画が「文化村」（＝薔薇町）、ほか一五二区画が通常宅地とされ、文化村の一区画は一千坪、通常宅地は三〇〇から四〇〇坪であった。同文化村の広告案内図「観海寺及別府荘園平面図」には、文化村地区の敷地所有者名が既に記載されている。経営者である多田と、次期経営者となる国武金太郎を除いてこれらはすべて大阪在住者で、観海寺土地株式会社の株主であった。土地株式会社設立の際に、出資者に対する名義料として分譲地が供与されていたものらしい。一見、販売実績のようにみえるこれら土地所有者名を記載することによって、通常宅地側の販売を促進しようとする狙いも指摘されている。しかし戦後恐慌による不況や、関東大震災以降の資金繰りの悪化、多田の健康問題などもあり、荘園文化村の開発は街路の敷設と基本的な造成工事、植樹が行われたところで計画が中止され、不成功に終わっている。

　多田の死後、役員から社長になった国武金太郎（一八七四〜一九五〇）は福岡県久留米生まれで、久留米絣の大量生産に成功し「久留米絣王」と呼ばれた。その別荘は別府の上人ヶ浜に現存している。国武と観海寺土地株式会社の関係は、父喜次郎の時代にさかのぼる。国

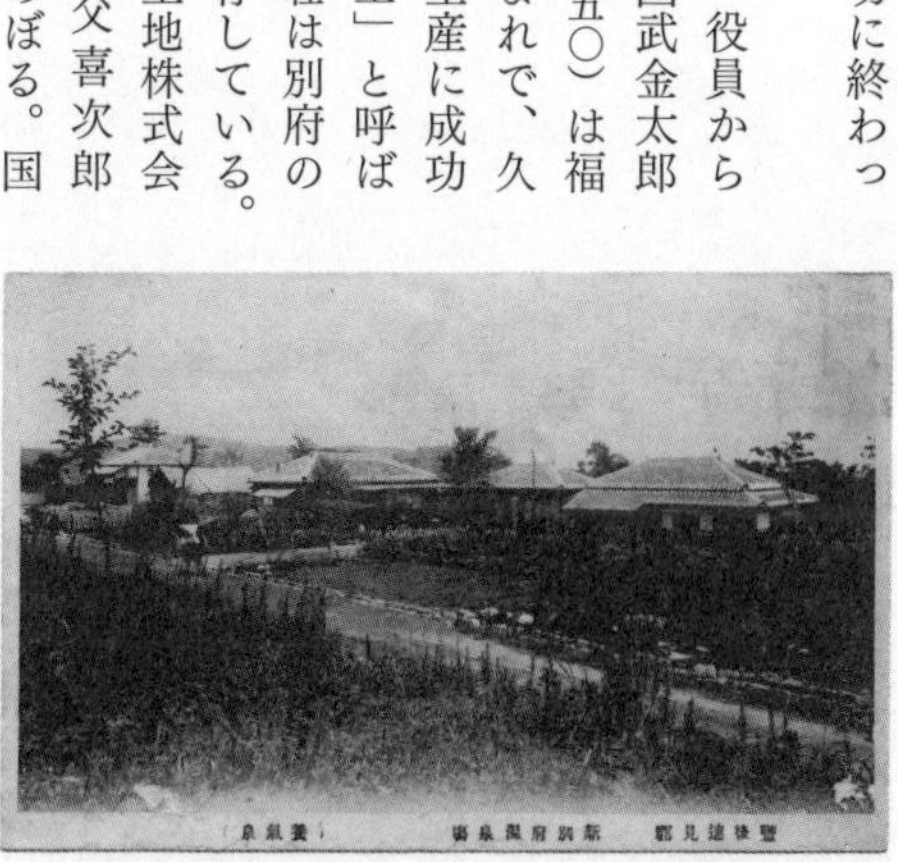

437　新別府温泉場（養気泉）（大正初期〜中期）　分譲地内の宅地は１区画300坪あった。各宅地に配給する温泉源として、同社では明治末期に海地獄を購入したとされる。

438　**文化住宅（昭和初期）**　別府港北側の埋立地につくられた鶴水園。突き当たりに見えているホテル（昭和6年竣工〈1931〉）と分譲別荘地からなる。

439　**鶴水園ホテル（昭和初期）**　鶴水園ホテルは、阪急電鉄出身で別大電鉄の社長であった清水栄次郎が建設した。

武は頓挫していた荘園文化村の開発再開を企図し、分譲地の価値を上げるために九州帝国大学医学部付属温泉治療学研究所の誘致をはかった。その敷地として準備された九万九千平方メートルの土地の一部は事実上国武が寄付したもので、ほかに研究所への温泉供給や給水の無償提供などを条件に行われた誘致活動が成功し、同研究所は昭和七年（一九三二）に開所した。国武は温泉治療学研究所の誘致によって、町外れの荘園一帯を、「最先端の温泉治療を誇る研究所の隣接邸宅地」に変貌させ、分譲地の価値をあげることに成功したのである。

＊千寿吉彦……高砂淳「温泉リゾートと郊外宅地開発―観海寺、別府荘園文化村計画」（片木篤・藤谷陽悦・角野幸博編『近代日本の郊外住宅地』、鹿島出版社、二〇〇三年）では、「新別府の開発者は鉄道省にいて日豊線の工事で別府にきていた千寿吉彦で、彼は東急電鉄の五島慶太と同様に鉄道省を辞めた後に土地開発に乗り出した」と、千寿が鉄道省をくだった直後に新別府の開発に着手したように描かれているが、『二豊官民人士録』（昭和四年〈一九二九〉）によれば、千寿が所属していたのは鉄道局で（鉄道局は明治二十六年から四十年まで逓信省内にあった局。鉄道省の設立は大正九年〈一九二〇〉のことで新別府温泉開発の六年後。なお五島慶太は大正九年に鉄道省を辞職した）、かつこれを早期に退職し、その後、本間工業事務所、房総および北越鉄道会社の土木主任、星野鏡三郎という人物との鉄道工業会社組織および同社での工務主任着任、さらに京釜鉄道、東電水力などに関わったのち、別府で新別府温泉土地株式会社を設立したという経緯が明らかになる。こちらの経歴を採用すれば千寿の人物像は、鉄道局経由の土木技師で、多くの民間鉄道会社に技術者かつ事業者として関わった人物、といったものになろうか。なお大正十年版『日本紳士録』（交詢社）によれば、富士新薬株式会社取締役や東光園株式会社監査役などもつとめており、新別府の分譲がはじまった頃には既に千寿が事業家として活動していたことがわかる。

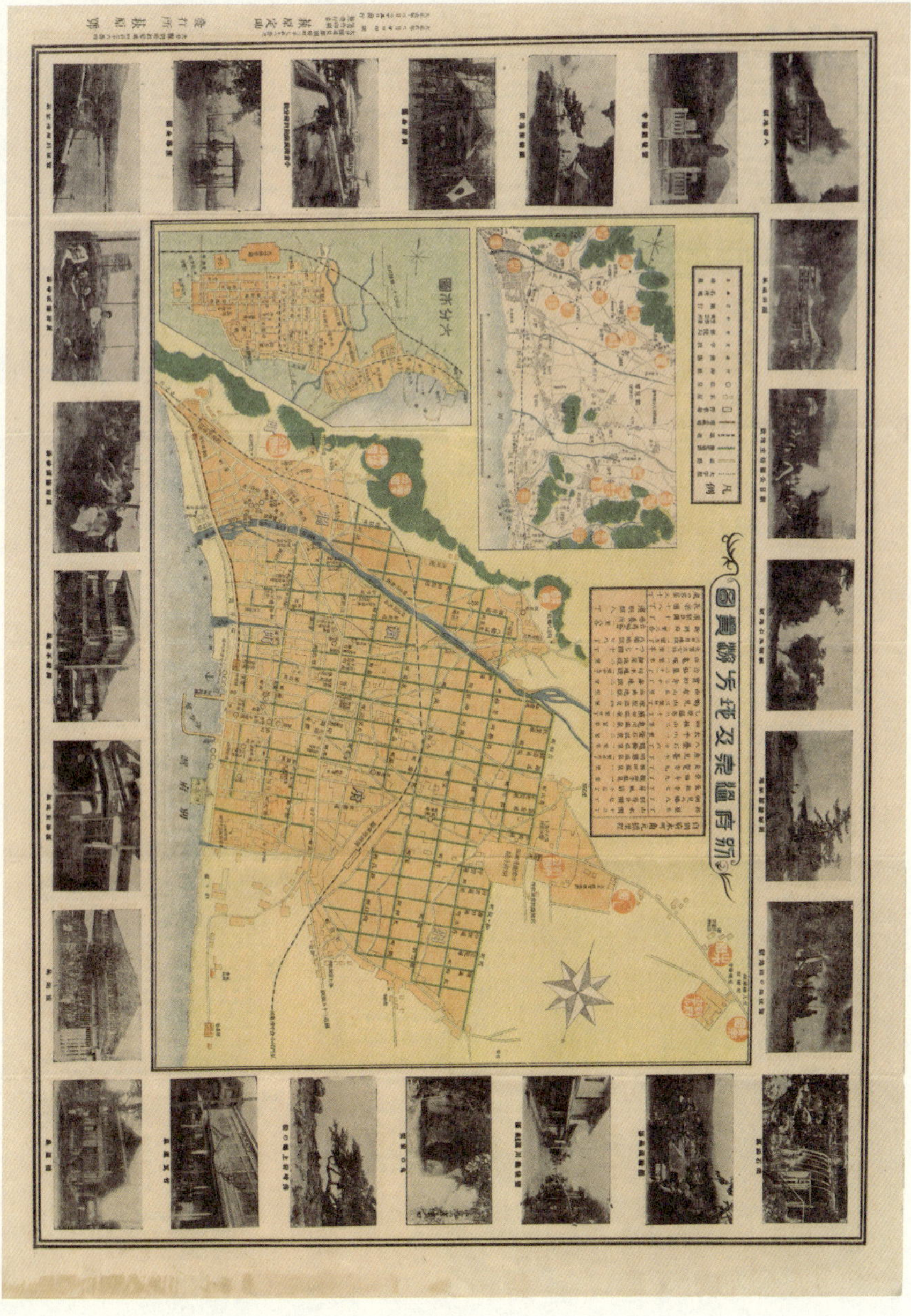

「別府温泉及地方縦覧図」(大正6年(1917)) 明治から大正期に、別府の写真絵はがきを製作していた萩原号が発行した絵地図。地図のまわりにレイアウトされている写真の中に、本書に収録した絵はがきと同じ画像も見つかる。

440　**別府港（大正中期〜末期）**　別府湾に停泊する軍艦。大正12年12月12日の消印あり。

14 軍の療養地

「無敵艦隊大歓迎」

海軍と別府

別府はしばしば帝国海軍艦隊の寄港地となった。遅くとも大正初期から、乗組員の慰労や保養のため、別府への入港が行われている。昭和四年（一九二九）以降にはたびたび連合艦隊が来航して沖合にずらりと停泊する光景がみられた。

まず大正五年（一九一六）三月三十日の第二艦隊来港時の例を新聞記事から確認してみよう。午前一一時四〇分、別府港の防波堤上からは沖合にたなびく黒煙が認められた。午後一時、旗艦霧島を先頭に、約五〇〇メートル間隔で比叡、矢矧、筑摩の四鑑が姿をあらわし、別府港から二マイル（約三・二キロメートル）沖に投錨する。一時間後、第二水雷戦隊すなわち駆逐艇隊第十、第十一、第十六の三隊十一隻が母艦出雲と共に到着、続いて予定より遅れていた榛名が来港し、別府港沖合には二万七千トン超級の巡洋船艦、霧島・比叡・榛名の三隻が揃い踏みする。別府湾は第二艦隊の威容を見物しようと駆けつけた人々でごったがえす。各艦は半舷上陸（乗員が半分ずつ上陸）をはじめ、湾内にはランチやボート、モーターボートが入り乱れた。「別府の街は至る所水兵。陸《おか》の酒に咽喉を鳴らす連中もあれば、お土産物をさがすのに気骨を折って居るらしい兵隊もあった。士官の中には地獄巡りを企てた人達も」あり、艦隊は二泊して四月一日の朝、佐世保へ向かって出航したのである（『豊州新報』、大正五年三月三十日〜四月一日）。続いて大正七年二月十四日には比叡・霧島・金剛が入港している。

昭和三年（一九二八）三月十九日には旗艦長門以下第一艦隊が入港、陸奥など大戦艦九隻、航空母艦一隻、駆逐艦二十四隻、潜水艦六隻が停泊し、別府湾はまるで軍港のようなありさまをみせる。この時には九三五〇余名の乗組員が上陸した（『豊州新報』、昭和三年三月十九日）。

昭和八年（一九三三）二月九日には、鳥海、摩耶、高雄、愛宕など一万トン級の巡洋艦を中心とする第二艦隊計二十九隻が寄港、市中では艦隊の来港を歓迎して流川通に大国旗と大海軍旗を立て、小旗を張りめぐらせた。商店、旅館、カフェーやバー、活動写真館、劇場、料亭、赤提灯（私娼をおいた店）などでは「無敵艦隊大歓迎」の立て看板を出したという。乗員は午後四時頃上陸を始めた。翌十日と十一日には艦内が見学に開放され、小中学校や青年団、在郷軍人会などさまざまな見学者が戦艦を訪れている。艦隊は四日間停泊し、十二日に太平洋へ向けて出港した。続く二月二十一日には、第一艦隊の旗艦「陸奥」以下三十五隻が入港し、一万三千人あまりの乗員が三日間にわたって上陸している。さらに昭和十年（一九三五）七月には第二艦隊（十日／鳥海以下三十四隻、約一万三千名上陸）と第一艦隊（十六日／山城以下三〇数隻、約一万名上陸）が相次いで入港し、別府の町は非常な活気につつまれた（『大分新聞』、昭和十年七月）。

艦隊の入港で町は具体的にどのような恩恵に預かったのだろうか。たとえば昭和十年七月第一艦隊入港の際には十六日正午の半舷上陸開始から十九日午後七時の乗組員帰艦までに約三十万円あまりの金が市中に落とされた。儲け頭は、料亭、楠町および浜脇の遊廓、赤提灯と呼ばれる私娼の店などでこれらが合計七〜八万円、次いでカフェー、バー、食堂、撞球場、麻雀屋、鶴見園、ケーブル遊園地、映画館などの飲食店と娯楽場であった。旅館もまた満室の繁昌ぶりであり、一日平均二五〇〇名が宿泊、売り上げは計三万円あまりにのぼった。湯ノ花、地獄染め、竹細工など土産物の売れ行きも非常に多く、水兵らはこれらを小包にして国元へ送った。地獄めぐりや名勝地観光の便をもつ自動車会社も大増収であった（『大分新聞』、昭和十年七月二十日）。

連合艦隊の大規模な来航は太平洋戦争の開始前年まで実施されている。ほかにも個別にさまざまな戦艦が入港していた。保養のために別府湾に停泊した潜水艇の乗組員が投函した絵はがきも残る〔449〕。艦隊が別府へ立ち寄ったのは、別府の南方に位置する佐伯港〔459〕や佐世保港との経路に関係があり、また何よりも別府が港をもつ大きな温泉場であったからであった。

陸軍にかんしては、別府の西に明治三十四年（一九〇一）に開かれた日出生台演習場があった（現在自衛隊演習場）。大正九年（一九二〇）十一月には天皇が統監する特別大演習が宇佐平野で実施され、このときに来県した裕仁親王は別府にも立ち寄り、地獄地帯などを啓行した。ただどちらかといえば既にみたとおり、別府の市中は陸軍よりも海軍との関係が深かったといえるだろう。

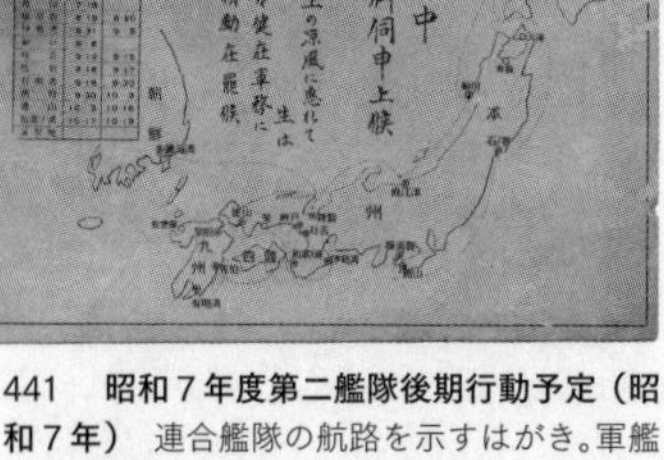

441　昭和７年度第二艦隊後期行動予定（昭和７年）　連合艦隊の航路を示すはがき。軍艦羽黒の乗組員が投函した実逓。昭和７年８月４日。別府へは、佐伯・有明湾を経て、９月30日に入港し、10月３日出港と予定が記されている。

442　巡洋戦艦霧島（大正中期～昭和初期）　別府にはしばしば海軍が保養のため停泊した。海軍の上陸は別府に好況をもたらした。以下、〔**447**〕まではその一例で、大正５年（1916）３月30日に入港した帝国海軍第二艦隊の艦（同日付け豊州新報による）。霧島、比叡、榛名、長門、金剛などが別府に停泊した。この巡洋戦艦「霧島」は、排水量27500トン、全長214.6m、乗員1221名（新造時）。長崎の三菱造船所で建造、大正２年（1913）進水。

443　巡洋戦艦比叡 二七五〇〇噸主砲二十四門（大正中期～昭和初期）　比叡（別府入港当時は巡洋戦艦）。排水量、全長、乗員は霧島に同じ。横須賀海軍工廠で建造、大正元年（1912）進水。昭和８年の改装以降にはたびたび天皇の御召艦になった。

444　巡洋戦艦榛名 金剛同型二九三二〇噸（昭和初期）　榛名（別府入港当時は巡洋戦艦）。排水量27384トン。なおこの写真絵はがきでは29320トンと書かれているが、これは昭和３年（1928）の１次改装後かつ昭和13年（1938）の２次改装以前にあたる。全長、乗員は霧島に同じ。川崎重工業神戸造船所で建造、大正２年（1913）進水。比叡、霧島とともに第二艦隊第三戦隊に属する。

445　大戦艦長門 三三八〇〇噸（昭和初期） 長門。昭和６年３月８日付け竹瓦局の消印あり。

446　大戦艦陸奥（大正後期～昭和初期） 大正10年建造。排水量33800トン。

447　帝国巡洋戦艦金剛 二七五〇〇噸（大正中期～昭和初期） 金剛と比叡。

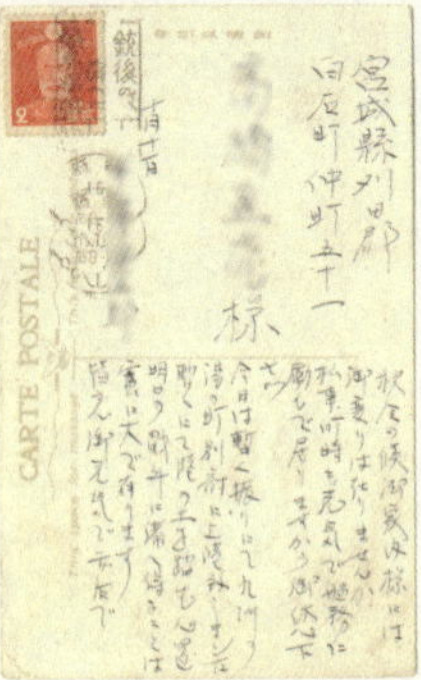

左448 別府滞在中の軍人より宮城県刈田郡宛（昭和16年）「今日は暫く振りにて九州の湯の町別府に上陸いたしました。暫くにて陸の土を踏む心地。明日の戦争に備え得ることは實に大であります。」

右449 別府港に停泊中の潜水艦から投函されたはがき（昭和11年）「先生御元気ですか。まだなかなか暑ふございます。私は変わる事なく努めて居ります。只今猛訓練後の汗を泉都にて落して居ります。」

450　**日出生台演習 歩兵分列式（明治末期～大正中期）** 別府の市街地西側にあった陸軍の日出生台演習場。日出生台は、標高700 ～800m、東西８km、南北４km ほどの台地で、大分県のほぼ中央を占める。その広い草原が、明治34年（1901）以来陸軍の演習地となった。これは演習場内からの実逓。

451　**日出生台兵舎全景 其の一、其の二（明治末期）** 明治44年12月７日付実逓。東京陸軍中央幼年学校、第一中隊宛。これは２枚分がつなげられたパノラマ絵はがき。２枚続きのまま投函すると、料金は封書と同じ３銭だった。兵舎約50棟が建設されており、一個連隊にあたる2000 ～2500人を収容した。

452　**日出生台に於いて歩兵砲の実弾射撃（大正中期～昭和初期）**　第二次大戦後の日出生台は、在日米軍の演習地として、次いで陸上自衛隊の演習地として使われている。

453　**日出生台 砲兵実弾射撃所の実景（明治末期～大正中期）**

454　**日出生台演習 野砲の集合（明治末期～大正中期）**　演習場から福岡宛の実逓。

455　**日出生台に於ける歩兵演習 歩兵の突撃（大正中期～昭和初期）**

456　陸軍特別大演習 参加飛行機（大正９年頃）　陸軍特別大演習の記念絵はがき。特別大演習とは天皇が統監する演習である。大正９年（1920）11月11日の日付が入った記念スタンプ押印。

457　日出生台演習場に於ける戦闘機の着陸（昭和初期）

458　大演習実況（大正９年頃）　大正９年11月11日の大演習の様子を知らせる絵はがき。同年11月１日発行の明治神宮鎮座記念切手に、別府局の大演習記念スタンプが押印されている。

459　**豊後佐伯 絶好の天然良港湾佐伯湾に集合せる帝国艦隊の威容（昭和初期）** 佐伯湾は別府の南に位置する良港で、海軍の停泊地であった。第一艦隊・第二艦隊は佐伯を拠点として、四国土佐沖で演習を行っていた。これらの船が、乗務員の保養のために別府へ入港していたのである。なお絵はがきには「豊予要塞司令部許可済」との印字がみえる。

460　**豊後国佐伯霞浦の海軍飛行艇（大正中期～昭和初期）** 佐伯の霞浦に着水中の飛行艇。

亀川海軍病院絵はがきの袋（たとう） 以下〔461〕～〔464〕の絵はがきを納める。

461　亀川海軍病院 庁舎（昭和初期） 海軍病院庁舎。

462　亀川海軍病院 日光浴場・サンルーム（昭和初期） 屋外の日光浴場とサンルーム。籐製の寝椅子が並べられている。

463　亀川海軍病院 娯楽室（昭和初期） 大半の患者は将棋をしているようだ。オルガンや新聞、卓球台も備え付けられている。壁には軍艦の写真を入れた額などがかけられている。

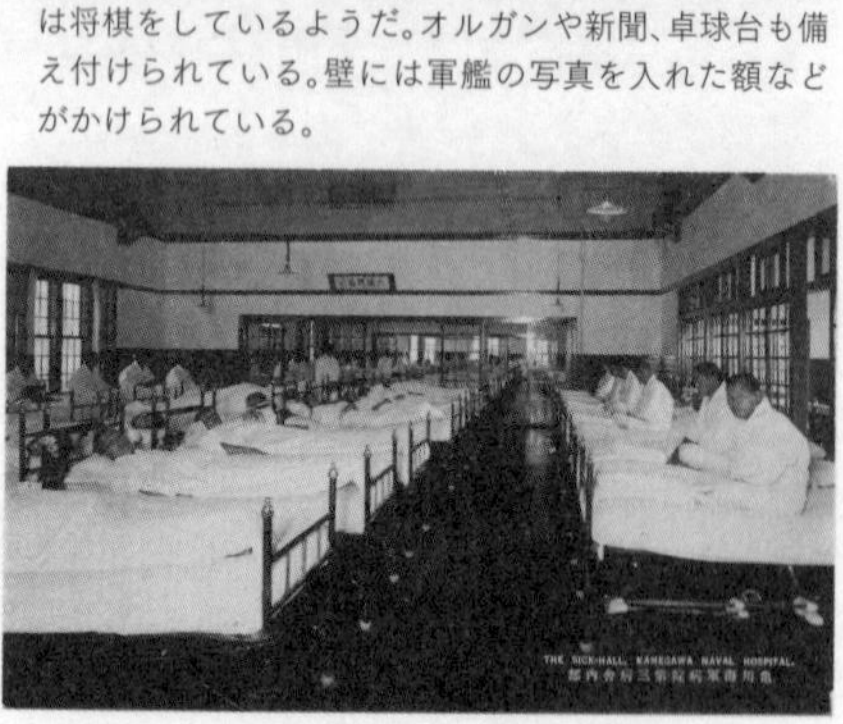

464　亀川海軍病院第三病舎内部（昭和初期） 傷病兵たちの寝台がずらりと並ぶ病舎。

傷病兵と別府

別府は、傷病軍人の療養地として重要な温泉場でもあった。

日露戦争は温泉場の様相を全国的に大きく変えた。このとき傷病兵療養所に指定された温泉地である登別や道後などでは、傷病者のほか家族や見舞客などを受け入れるために増床し、旅館の規模が大きくなったり、新規に創業する旅館ができたりした。別府ではまず日清戦争後に浴客が増加し、さらに日露戦後再び増えている。軍医総監や軍医正などの勧告によって満州から別府に来航し、長期湯治するものも少なくなかった。梨本宮《なしもとのみや》もその一人である。なお日露戦開戦二ヶ月後の明治三十七年（一九〇四）四月には、福岡連隊が不老園（不老町）などの旅館を借り上げて一〇〇名の負

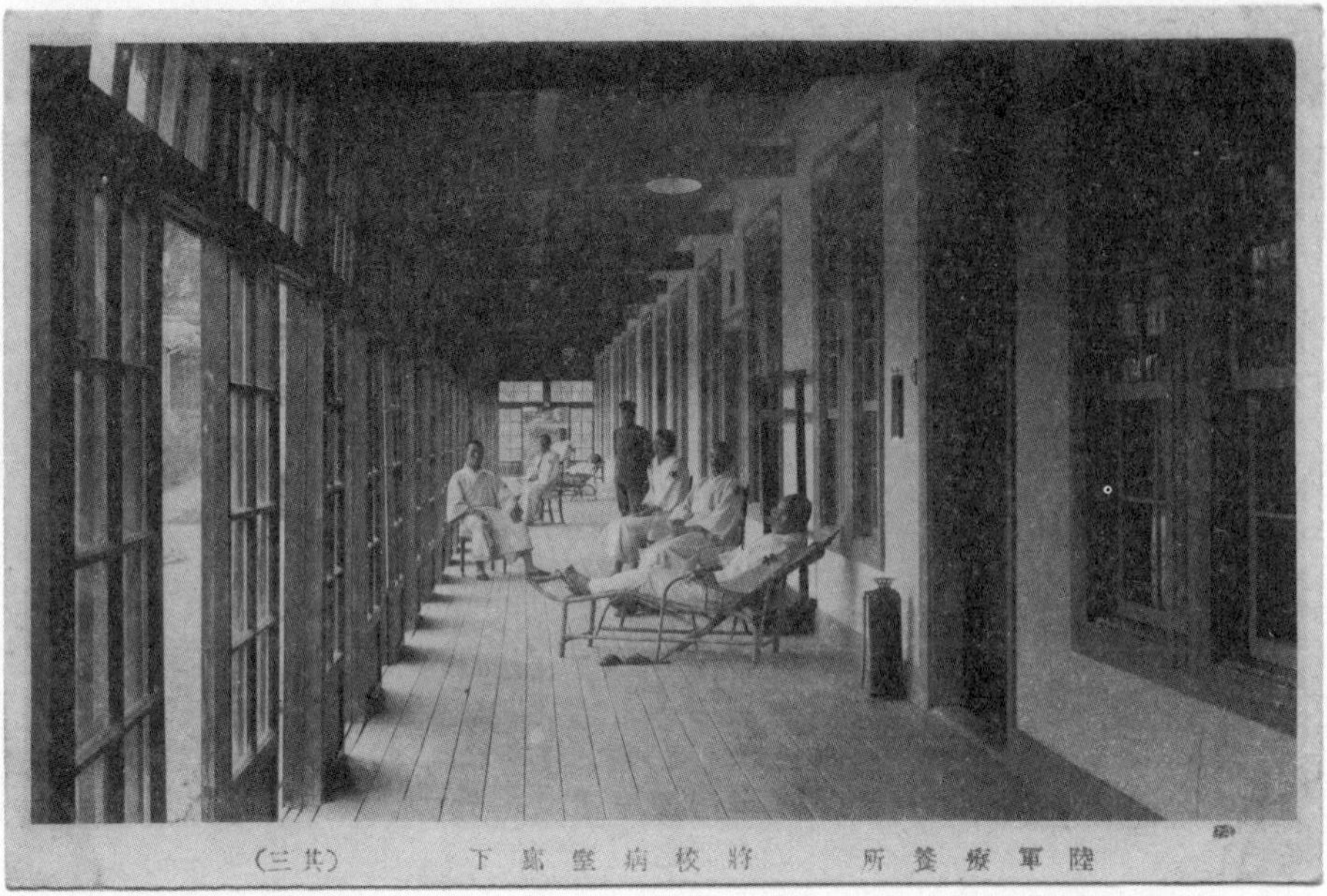

465　**陸軍療養所 将校病室廊下（昭和初期）**　将校病室の広縁。室内側は洋風の上げ下げ窓で、縁側は和風の引き戸。

傷兵を送り込んできた。六月には一七〇名、続いて七月にはさらに一〇六名が移送されてくる。

陸軍病院

病院の面でいえば別府は海軍よりも陸軍との関係が古い。戦時中における負傷兵の受け入れ実績をもとにして、明治四十五年（一九一二）二月一日には小倉衛戍《えいじゅ》病院別府分院が田の湯に開設された。衛戍病院とは陸軍の恒常的駐屯地に建設された病院のことで、昭和十一年（一九三六）に陸軍病院と改称される。小倉と別府のほかには、熱海（静岡県）、山代（石川県）、岩尾（兵庫県淡路島）にあった。別府分院には、広島第五師団、熊本第六師団、善通寺第十一師団、久留米第十八師団、小倉第十二師団の管下各陸軍病院から、おもに機能障害者が転送されてきた。別府の衛戍病院は、長期療養者を収容する転地療養所としての役割を果たしたのである。当初の収容人員は一二〇名であったが、日中戦争開戦（昭和十二年七月）以降は療養者が増加し、拡張の必要に迫られた。しかし、付近はすでに住宅街であったために新たな土地取得ができず、昭和十二年中に大字鶴見へ収容定員二〇〇名の石

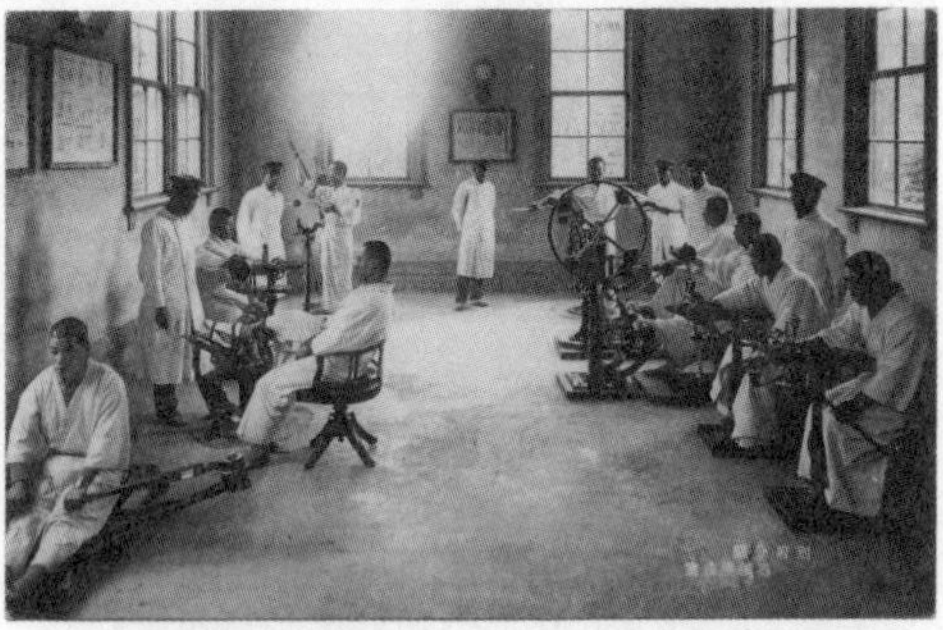

466　**別府分院 器械療法室（大正中期〜昭和初期）**　小倉陸軍病院別府分院の機械療法室。

467　**別府分院 浴室（昭和初期）**

垣原分院（現西別府病院）を開設した。太平洋戦争開戦（昭和十六年一二月）後は傷病兵が大幅に増え、田の湯病棟に隣接する旧殖産館病棟（二五〇名収容）、原の満州電信電話株式会社診療所の凌雲病棟（同五〇〇名）、鶴見園の鶴見病棟（同三三〇名）、野口原の満鉄療養所の清和病棟（同八十名）など民間の建物が接収され、病舎として使われた。終戦時には、一八二三名の患者を収容していた。

海軍病院

海軍病院は、大正十四年（一九二五）一月、亀川に開設された（現別府医療センター）。当初は亀川海軍病院と呼ばれ、のち別府海軍病院に改称した。当初は職員二十一名、収容患者数三十名という小規模な体制であったが、日中戦争、さらに太平洋戦争に向かう時局

468　**小倉衛戍病院 別府分院 娯楽室（明治末期～大正中期）** 娯楽室。将棋、新聞、蓄音機などが備え付けられている。

469　**陸軍療養所病室（大正中期～昭和初期）**

470　**豊後別府 朝見病院（明治末期～大正中期）**　八幡朝見神社の参道沿いにあった民間の病院。東京医学校（東京大学医学部の前身）出身の鳥潟恒吉医師が明治31年（1898）7月10日に開院した。鳥潟恒吉は、明治13年（1880）に開設された大分県立病院と医学校の院長・校長でもあった。その鳥潟が開院した朝見病院は、開業当時、県下随一の私立病院としてその名を知られる。明治44年（1911）12月11日付の実逓。

471　**大日本豊後別府 朝見病院（明治末期～大正中期）**
朝見病院の外観。

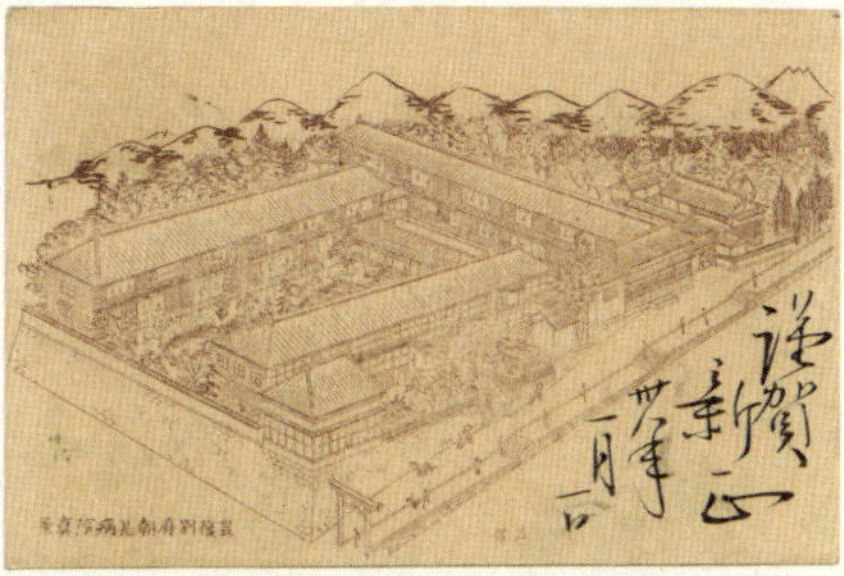

79再掲　**豊後別府 朝見病院真景（明治30年代）**
朝見病院の銅版画絵はがき。差出人は院長の鳥潟恒吉。明治38年（1905）元旦。

のなか、病床数は増大の一途をたどった。上海事変がおこった昭和七年（一九三二）には病棟一棟を増築、日中戦争開戦翌年の同十三年（一九三八）には三棟、同十四年さらに三棟、十五年二棟、十六年一棟、十七年には六棟の病棟がそれぞれ増築されている。昭和十六年（一九四一）太平洋戦争開戦時、職員九十七名、患者数六五四名に至っていた。戦局の悪化につれて傷病者も激増し、サイパン島が玉砕した昭和十九年（一九四四）には一四〇〇床になっている。大阪商船の客船高砂丸は別府に傷病兵を運ぶ病院船として稼働した〔477〕。ほかに氷川丸・朝日丸などの病院船があった。病院だけでは傷病兵を収容することができなくなり、市内の旅館やホテルが接収されて臨時病舎となった。このころ別府海軍病院は、豊後水道および瀬戸内海沿岸に位置する航空隊、防備隊への医療資材補給基地と

472　別府野口病院 本館外観と三階よりの眺望（大正後期〜昭和初期）　別府には優れた医師と病院が多かった。野口病院は駅の西側、山手にあった。大正11年（1922）7月、初代院長となる野口雄三郎が開設。広壮で立派な洋風の病院は、野口雄三郎と知遇のあった北九州市の石炭商、佐藤慶太郎が寄付した。この建物は今も野口病院管理棟として現存している。

しての役割をもつようにもなっていった。

なお現在、陸軍病院は独立行政法人国立病院機構西別府病院として、海軍病院は同別府医療センターとして継承されている。大分県内の国立病院機構にはほかに大分医療センター（大分市）があり、これら三病院が大分県の旧国立病院である。大分県下で別府の病院が果たしてきた役割の重要性がわかるだろう。

473　豊後別府温泉場 朝見山腹 鳥潟保養院より別府市街を望む（明治末期〜大正中期）　鳥潟保養院からの眺望。浜脇の集落を抜けて走る蒸気機関車がみえている。朝見病院長の鳥潟恒吉が、結核を患った息子豊のために環境のよい山手に建てた保養院で、大正3年（1914）の建設。洋館だった。鳥潟豊は東京帝国大学を卒業後ドイツのハイデルベルグに留学、帰国後にこの保養院で呼吸器患者の専門治療にあたった。高台にあって空気や眺めもよく、別府の温暖な気候からも、日本各地や朝鮮、満州、台湾などから数多くの患者が集まったという。なお、歌人の斎藤茂吉は豊と東京帝国大学医学部の同級生で、大正8年（1919）と10年に鳥潟保養院を訪れている。このときの茂吉の滞在先は、北浜の鶴田旅館〔241〕だった。

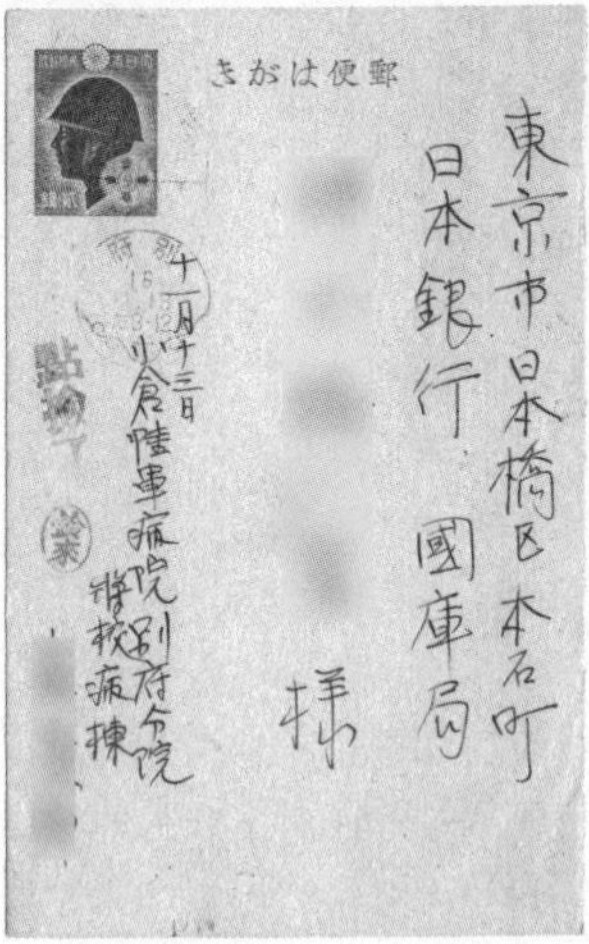
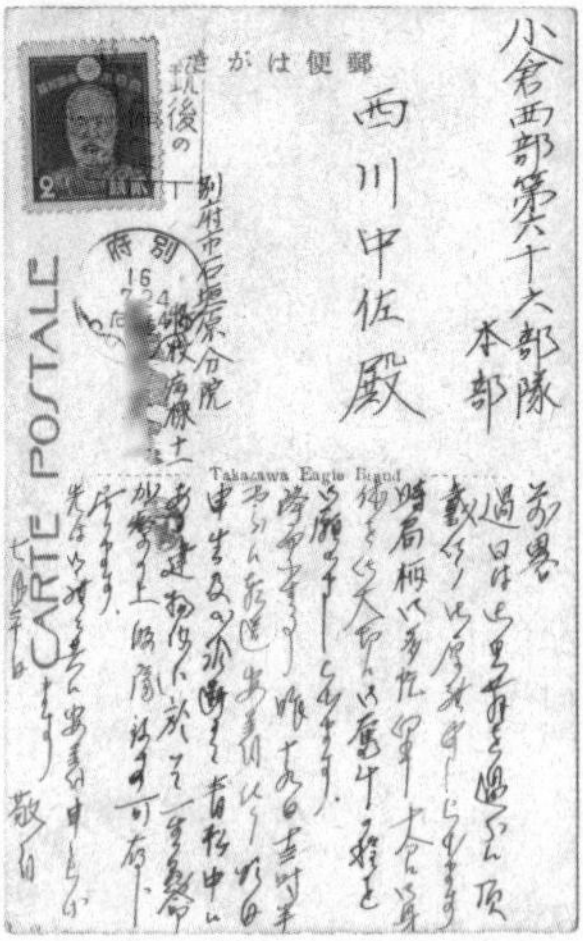
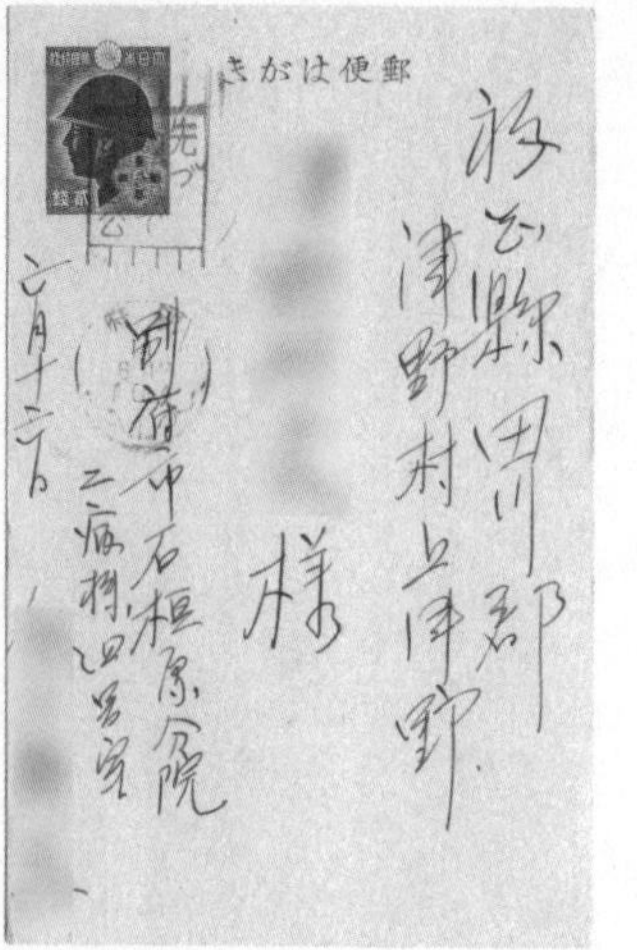

左474 小倉陸軍病院別府分院発、日本銀行国庫局宛の実逓　このはがきを送った人物は負傷のため内地送還され、別府で療養に専念していた。昭和16年11月13日付。これらのはがきは昭和14年３月１日に逓信省が発行したもので、戦傷病者に無料配布された。

中475 石垣原分院将校病棟発、小倉西部第六十六部隊本部の西川中佐宛　昭和16年７月24日付。

右476 石垣原分院（小倉陸軍病院別府分院）二病棟４号室発、福岡県田川郡津野村宛　差出人は久留米病院から別府に転送された。田植えで忙しい頃だろうと故郷の様子を気に掛け、"一日も早く出征前の体となり再び御奉公の日を待っている"としたためている。昭和14年６月17日付。

軍の病院に限らず、別府には病院が多いのでここであわせて紹介しておこう。朝見の鳥潟医院、野口の野口病院がよく知られている。

鳥潟医院（朝見病院）は東京医学校（東京大学医学部の前身）出身で秋田生まれの鳥潟恒吉《とりがたつねきち》が、明治三十一年（一八九八）に開業した。鳥潟は明治十三年（一八八〇）に開業した大分県病院（のち大分県立病院）の初代院長でもあり、その腕の確かさと評判から、朝鮮や満州、台湾などの遠方からも患者が集まった。

野口病院は大正十一年（一九二二）の創立で、甲状腺疾患の研究と治療を専門とする。洋風の病院建築は、初代院長の野口雄三郎と知遇があった北九州市若松の石炭王、佐藤慶太郎*（一八六八〜一九四〇）の寄付金によって建てられた（現在野口病院管理棟、国登録有形文化財）。

*佐藤慶太郎……実業家・篤志家・社会事業家。上野の東京府美術館の建設資金を個人で全額寄付した人物としても知られる。東京府美術館は大正十五年（一九二六）五月一日の開館で、岡田信一郎設計。佐藤は晩年、別府に移住した。

477　内台連絡船 高砂丸（昭和初期）　戦時中には、別府の海軍病院に傷病兵を移送する「病院船」として使われた、大阪商船の高砂丸。

水際の遊廓

江戸時代の「妓楼」

江戸時代から、別府村や浜脇村には芸子を抱える商売の者がおり、また事実上遊女のような者たちもいたようだ。紀行文には、芸子が活動する料理屋や遊女のような女性をおく店にかんする記述もみえる。

田能村竹田*（一七七七～一八三五）は浜脇で雪姫という舞子と昵懇になり、別れを惜しんだ。雪姫は京都から下ってきた人だったという。出立の前には、「小秦淮《しょうしんわい》」と書いた額と漢詩を彼女に贈った。秦淮とは、揚子江の支流である秦淮河の川べりに妓院が建ち並ぶ繁華な地である。竹田は浜脇をその秦淮に見立てたのである。

同じく竹田の筆によれば、浜脇では芸子ないし遊女体の女性をおく家と、商家や料理屋、農家、漁家などが混在して軒を並べていたという（『黄築紀行』）。町場、温泉場、港、農村、漁村など、複合的な性格をもつ浜脇の様子が伝えられている。竹田によれば別府村もほぼ同様の状況であった。

明治二十年（一八八七）の『豊後国別府村浜脇村諸用案内記』からは、貸座敷（遊廓）営業者の屋号や立地を確認することができる。同書によれば商店など他の業種と兼業で営業している貸座敷が多くみられ、とくに温泉宿を兼ねるものが多い。また娼妓と芸妓が同じ家に抱えられているのも特徴である（これは大正十二年〈一九二三〉の県令改正以降、行われなくなったと推測される）。なお大分県では明治期に、娼妓が芸妓の鑑札（営業許可）を取得して芸妓業を兼ねることもできた（明治二十五年〈一八九二〉改正大分県令「貸座敷及娼妓取締規則」第二十八条）。立地をみると、多くの貸座敷業者が別府村の流川沿いに集まっている。ここは別府港と豊前道を結ぶ要所であった。明治二十年といえば、別府港は十五年ほど前に整備されているものの、電車や鉄道の敷設はまだずいぶん遠い先である。娼妓と芸妓が一軒の家に混在し、かつ両者の境目はゆるやかで、また港と街道とを結ぶ川筋の水際に妓楼が建ち並んでいるという状況は、この温泉場で古くから展開されてきた売買春の場所のありかたを類推させる。

遊女や娼妓の営業地は一般に水辺と縁があることが多いが、海港や川港に加えて別府には、人が集まるもう一つの水際がある。すなわち温泉である。

温泉場の遊廓

流川は、港町の新湯という浴場のあたりから通り一本分南に屈曲して流れる。この通りには楠の大樹があり、その根元から温泉が沸きだしていた。ここにも共同温泉浴場があり、これを楠湯と

478　入江町の遊廓（明治末期～大正中期）　浜脇の入江町遊廓。薬師祭りの日か。別府の写真絵はがきのうち、遊廓を写したものはきわめて珍しい。県令で、遊廓の広告宣伝が禁じられていたことがひとつの理由だと思われる。

いう。貸座敷はとくにこの楠湯〔199〕周辺に立地し、楠遊廓を形成していた。さらに楠湯と流川通に挟まれる街区には浮世小路という路地が通り、そこには芸妓置屋と料亭が集まっていた。

明治初期における貸座敷の営業許可地は、別府村では別府港周辺、浜脇村では市街の全体であった。明治後期以降には、旧別府町側よりも旧浜脇町側で貸座敷業が拡大する（浜脇村は明治二十六年から浜脇町、同三十九年に別府町と合併）。たとえば明治十一年（一八七八）における別府村の貸座敷数は四十二軒、浜脇村は六軒であったが、明治四十年（一九〇七）の『新別府花柳細見』に掲載されている芸娼妓抱え業者の数は、旧別府町側十九軒に対して旧浜脇町側は四十四軒である。旧別府町側では流川界隈の楠遊廓が存続するいっぽうで、この遊廓に隣接する浮世小路に大料亭が営業し、芸妓と料亭の空間が拡大していく。明治末期頃には、旧別府町側の流川では芸妓と芸妓置屋、料亭が、旧浜脇町側では娼妓と貸座敷が地域を特徴付けていった。浜脇における貸座敷街の代表格は入江町で、ほかに新町、東中町などに紅燈がひしめいた。

ところで貸座敷の営業を取り締まる大分県令では、遊廓の広告や宣伝が禁止されていた。じっさい遊廓を写した絵はがきはごくわずかしかみいだせない。〔478〕はそのうちの貴重な一枚である。別府や浜脇の空間を特徴付けていた遊廓の具体的な姿は、絵はがきからはほんのわずかしかうかがい知ることができないのである。

写真絵はがきに写されたものと写されなかったもの。遊廓を通してこの点は非常にくっきりと浮かび上がるのだ。

＊田能村竹田（一七七七〜一八三五）……江戸後期の画家で、詩と書にも優れた。豊後国竹田村の出身で、岡藩医の息子。幕命により『豊後国志』を編纂。藩の儒員を辞した後は江戸や京阪ほか各地を遊歴。幕末における文人画家の代表的作家。

479　**別府濱脇 旅館米道 庭内特別温泉アリ（明治末期〜大正中期）**　手前は米道旅館。奥に続く数軒は貸座敷（遊廓）の建物。この一画は入江町といい、明治30年代に朝見川河口の入江を埋め立てて造成された。

480　**なるみ本店 屋上庭園（昭和初期）**　昭和14年９月29日付の実逓、東京市丸の内報知新聞社宛。差出人は宮崎を経由して夜に別府へ到着し、すぐこのはがきをしたためている。この晩、なるみで宴会をしたのだろうか。絵はがきの写真は、なるみの「屋上庭園」で撮られている。芝生が張られ、茶室のような東屋が設けられていた。

16 芸妓と料亭

江戸時代の芸子

別府村や浜脇村には江戸時代から芸子や舞子がいた。田能村竹田は、浜脇で雪姫という名の舞子と別れを惜しんだことを『黄築紀行』に記している（→二四二頁「15水際の遊廓」）。別府や浜脇の芸子・舞子たちは、大分の城下町に近い浜の市などにも呼ばれて出張していた。

明治期以降の芸妓

明治三十六年（一九〇三）には別府町に十二人、浜脇町には十人の芸妓がいた（『大分県統計書』）。このあと別府の芸妓数は増加の一途をたどる。

少なくとも明治期の別府や浜脇において芸妓と娼妓の境目は曖昧であった。芸妓が娼妓と同じ家（貸座敷）に抱えられていることも普通であったし（『豊後国別府村浜脇村諸用案内記』明治二十年〈一八八七〉、『新別府花柳細見』明治四十年〈一九〇七〉）、娼妓が芸妓の鑑札を取って営業することも可能だった（明治二十五年〈一八九二〉貸座敷娼妓取締規則第二十八条）。だが大正十二年（一九二三）、大分県芸妓営業取締規則改正によって、芸妓が貸座敷に同居または寄留することは禁止される。

昭和七年（一九三二）における別府市の芸妓数は一六二人、芸妓

上481「瀬戸の島々」(昭和初期) 別府の芸妓と、別府の代表的な小唄のひとつ「瀬戸の島々」の歌詞と楽譜。
左下482 料亭お多福 中庭と玄関(昭和初期)
右上483 なるみ支店 大広間演舞台(大正中期〜昭和初期)
右中484 なるみ本店 松の間(昭和初期) 折り上げ格天井で書院造り風の座敷。
右下485 なるみ 三階広間(大正中期〜昭和初期) 料亭なるみは海軍御用達で有名なふぐ料理店。

置屋は一〇九軒にのぼった。最盛期の芸妓数は二五〇人ほどだったという。検番は別府と浜脇に一つずつあった。芸妓の大半は別府検番に所属していた。芸妓置屋と芸妓の出先である料理屋は、流川通の一本南側「浮世小路」と呼ばれる路地に集まっていた。そのすぐ南の通りは楠遊廓で、料理屋と遊廓は一部混在して立地していた。

料亭街・浮世小路

昭和初期の浮世小路では、その南端を大料亭「なるみ」が占めていた。ほかに、まるか、玉川、丸長、一ッ家、新なの字、伊達席、新丸万などが密集して軒を連ねていた。楠町遊廓の南端にも、大料亭お多福があった。まるかは明治期からある老舗で、新なの字、新丸万はそれぞれ明治期のなの字、丸万の系譜上にある。ほかに明治時代には、飯田、小島屋、築安、旭亭、計屋、小山、渡邊、若彦、若木屋などの店が芸妓を抱えていた。なお明治の時点ではこれらのほとんどが娼妓も抱えていた。いまこの一画で当時を偲ぶ手がかりは、旅館「三京」の数寄屋風の建物ぐらいである。三京の南隣がなるみで、北隣が別府検番だった。

別府の芸妓たち

別府で活動した芸妓には、大阪から移動してきた人が多かったと考えられる。明治四十年(一九〇七)『新別府花柳細見』には、当時別府と浜脇にいた芸妓と娼妓の詳細な情報が書き上げられている。ここに記載されている、各芸妓の前住地もしくは出身地とみられる住所は、大阪が多く、その比率は娼妓よりも高い。娼妓は宮崎県や愛媛県から移動してきた割合が高い。芸妓の移動は頻繁で、大阪から別府へといった長距離の移動と、別府内部で置屋を移動する場合

486　**別府踊 終の場（大正中期～昭和初期）**　別府公園で撮影されたとみられる「別府踊り」最後の場面。

のどちらも普通であった。置屋が変わると芸名も変えられる。昭和初期に別府で編集・発行された雑誌『別府』はその紙面の多くを花街事情のレポートに割いているが、これらの記事からは芸妓個々人のパーソナルヒストリーもうかがい知ることができる。

料理屋・芸妓と海軍

大正期から昭和初期に、別府の高級料理屋や芸妓の得意客は海軍将校らであった。料亭「なるみ」はふぐ料理で知られる有名店で、海軍関係者の利用の多さから「海軍料亭」とも呼ばれた〈480〉。創業者は福井県出身の髙岸源太郎（明治十年〈一八七七〉生まれ）という人で、十代のはじめから大阪で料理人として修業を積み、広島県宮島の料亭「岩惣」、山口県下関のふぐ料亭「群芳閣」などを経て、大正四年（一九一五）別府の浮世小路界隈（楠遊廓の通り沿い）に割烹「なるみ」を開業する。つぎつぎと周辺の敷地を買収し、最盛期には四〇〇坪超の敷地に三階建ての料亭を構えた。三階には一三〇畳の大広間、二階には七十畳の広間と二十五畳二間、全体で三十部屋あまりからなる大料亭だった。宮島「岩惣」時代から源太郎と知己だった加藤寛治大将（海軍大学校校長、連合艦隊司令長官）の引き立てで、「なるみ」は連合艦隊の将校指定料亭になった。歴代司令長官が訪れ、山本五十六大将（のち元帥）もなるみを利用している。真珠湾攻撃後の攻撃隊幹部士官凱旋慰労会も、なるみで催されたという。源太郎のほうでも海軍に献金を行ったり、傷病兵のために温泉プールを建設するなど私費を投じた。

海軍引き立ての芸妓も少なくなかった。雑誌『別府』には「海軍芸妓」という呼び方もみられる。なるみなど大料亭の大広間で行われた宴会の集合写真には、大勢の軍人と芸妓が写っている。

487　別府踊 四季 春（大正中期～昭和初期） 別府踊り「四季 春」の場面。小道具は傘と扇。

488　別府踊 四季 夏（大正中期～昭和初期） 別府踊り「四季 夏」の場面。小道具は団扇。別府踊りは京都の「都をどり」を手本に創始されたという。

絵はがきのモデル

芸妓たちは写真絵はがきにたびたび登場する。なかでも砂湯の絵はがきはその主な舞台である。本書では実景に近い砂湯の状況を知るために収録数を控えたが、砂湯を写す大半の写真絵はがきでは、浴衣や縞の水着を身につけた別府芸妓たちがモデルをつとめていた。

489　①郷土名物別府音頭 ②優華にして斬新味ある別府踊（昭和初期） 別府音頭（上）と別府踊り（下）の上演風景。海軍兵や外国人が鑑賞中。

490　**豊後朝見川 電鐵軌道より小富士を望む（明治末期～大正中期）**　朝見川を渡る電車。電車軌道は明治33年（1900）、豊州電気鉄道によって開通。同39年（1906）豊後電気鉄道に移管した。軌道専用の橋は、朝日橋（朝見川の最も下流の橋）のすぐ隣に敷設されていた。この時点では木造。電車の背後には、まだ茅葺きも多い向浜の家並みがみえる。蒸気鉄道敷設以前。

17 電車と汽車

別府の電気鉄道

日本最初の都市間連絡電車

別府では、蒸気鉄道の開通よりも電車の敷設が早かった。蒸気機関車の鉄道工事は福岡からはじまって南下し、別府へ到達するまでに時間を要していたが、電車軌道は別府―大分間（別府南町―大分堀川茶屋町口）を結ぶ総距離約六キロメートルの単線軌道として明治三十三年（一九〇〇）五月十日に開通した。この豊州電気鉄道は、明治二十八年（一八九五）に京都市でつくられた国内初の電車軌道（京都電気鉄道）から五年後の開業で、全国でも六番目というごく早期のものであった。もちろん九州最初の電車であったほか、短距離ではあるがこれを都市間連絡電車（インターアーバントレイン）とみなせば、明治三十八年（一九〇五年）に開業した大阪―神戸間を結ぶ阪神電気鉄道や、やはり同年に開業した東京―横浜間を結ぶ京浜電気鉄道に先立つ、国内最初の事例であった。

　別府より電機鉄道に由る。車制、鉄道馬車の如くにして、機関を舗板の下に設く。天井に電灯三あり、側辺に護謨びきの布幔を懸く。三十二人を坐せしむべし。予の電気鉄道に上るは、

491　別府湾全景（明治末期）　電車と浜脇の海岸線。遠くに動力源であった火力発電所の煙突がみえる。

492　別府湾全景（明治末期）　付随車を牽引する電気鉄道。〔491〕とは車両の形も異なる。鉄道敷設（明治44年〈1911〉）以前。

是を始とす

（森鷗外『小倉日記』）

当時小倉師団の軍医部長であった森鷗外は、開通後一ヶ月あまりのうちに豊州電気鉄道に乗車し、見分した記録を残している。鷗外がはじめて乗った電車は、別府の豊州電気鉄道だったのである。

豊州電気鉄道の創設と電気事業

豊州電気鉄道の最初の計画者は、大分県一等警部であった平塚恰《あたか》といわれる。明治二十二年（一八八九）から二十三年頃、平塚が菊池行造という愛媛の実業家に出資を仰いだのを始まりに、豊州電気鉄道株式会社は明治二十九年（一八九六）八月五日に設立される。社長はやはり愛媛の人で菊池清治という。発起人には浜脇の旅館主や別府の芸妓置屋兼貸座敷業者なども名を連ねた。豊州電気鉄道は、外部資本を基盤に地元の事業者が発起人に加わってつくられた内外の複合的な事業であった。

電車の動力源としては別府港南側の海浜に火力発電所が建設される。明治三十七年（一九〇四）から付帯事業として交流発電機が増設され、同年九月十五日からは別府市街地における電燈事業も開始された。明治四十四年の統計によれば、門街灯六七〇個、屋内灯六三八六個、不定時灯二四六個に至っている。電車のために建設された発電所が、別府の夜を明るく灯したのである。

電車経営と別府の開発者たち

インフラ整備は一種の投資事業である。豊州電気鉄道の経営は、愛媛のほか福岡や大阪の資本を交えながら変遷をたどっていった。社長も五人まで変遷している。そこに現れる企業や個人のなかに

493　朝日橋および電車道（明治末期～大正中期）
軌道用の橋（左）と朝日橋（右）。現在は国道10号線が朝見川を横切る場所である。朝日橋には明治43年6月竣工の記がみえる。車両は〔492〕と同型。

494　田の浦より仏崎を望む（大正中期～昭和初期）　仏崎の少し手前を走る電車。荷車を曳いた馬や浜辺に引き上げられた舟も一緒に写っている。伝統的な交通と近代の交通が一緒に写っている1枚。

は、地先埋め立て、遊園地、回遊鉄道など、別府におけるほかの様々な事業計画者に共通する名も少なくない。

明治三十六年（一九〇三）、豊州電気鉄道役員の一人であった佐々木長治が同社へ貸付金の返済を迫る。その債務を株式に書き換える形で、明治三十九年（一九〇六）一月に後継の新会社「豊後電気鉄道」が設立された。佐々木は菊池行造と同じ愛媛の資産家で、菊池の要請によって同社に資金を注入し、経営に参画していた。新会社の社長は佐々木に交代し、火力発電所の電燈事業も同人が引き継ぐ。この佐々木長治とは、明治三十五年（一九〇二）の朝見川入江埋め立てにも関わった人物である。埋め立て後の土地には、入江町遊廓が形成された。

大正四年（一九一五）、豊後電気鉄道は九州水力電気（福岡）と合併するが、このときの関係者の一人には麻生太吉がいる。麻生は別府に広大な別荘を構えており、その庭は山水園とよばれた。

大正十五年（一九二六）には、新会社の設立が企図され、軌道特許譲渡申請が提出されている。その発起人には、宝塚新温泉とその少女歌劇団創立で知られる小林一三をはじめ、同社の役員が名を連ねている。昭和二年（一九二七）、豊後電気鉄道は九州水力電気の軌道部門分社として別府大分電鉄となり、資本と経営が分離された。社長に就任したのは阪神急行電鉄の監査役、清水栄次郎という人物である（同年、小林一三は阪神急行電鉄社長に就任）。

清水栄次郎は別府大分電鉄の社長在任中に、別府港北側の埋立地を造成した中央別府温泉土地株式会社という会社を自社の清水産業に吸収合併して、埋立地に「鶴水園」をつくっている。昭和六年（一九三一）に鶴水園ホテルが竣工し、ほかに洋風の分譲別荘が建設された。鶴水園には、海辺のモダンな新街区が創出されたのである。

495　別府浜脇 朝日橋より小富士を望む（明治末期〜大正中期） 朝見川河口から朝日橋と電車軌道を見たところ。船は橋の下をくぐって行き来した。「小富士」と呼ばれているのは鶴見岳。車両は〔492〕と同型。

別府の浜辺を走る電車は一車両の可愛らしい格好をしているが、その周辺には、明治から大正期の別府を舞台に投資や開発を行った様々な事業家たちの姿がある。別府における電鉄経営は、明治期には愛媛人脈の活動が際立ち、大正期には、麻生太吉や小林一三など全国的に名の知られた大事業家ともつながりをもちつつ行われていった。そして彼らは電鉄だけでなく、別府の町に色々な開発や建設の足跡を残すのである。

市内路線の諸計画と遊覧事業構想

大分—別府の都市間連絡軌道として出発した電車は、昭和初期に至ると別府市内の路線を充実させていく。これを促したのは昭和三年（一九二八）四月から開催された中外産業博覧会で、その開催前後には、別府駅前線と亀川線の新設、別府浜脇間軌道の複線化が行われた。

結果的にはいずれも実現しなかったが、市内路線の展開に関連していえば、次に挙げる三つの計画が興味深い。その内容は、市民のための都市内交通事業であるのみならず、観光遊覧事業の性格をあわせもつものだった。

大正十五年（一九二六）に申請された別府亀川線の延長申請時には、実相寺山の海側山麓を通り、別荘分譲地「新別府」を経由して鉄輪地獄地帯に至る路線が計画された（大正十三年七月出願、同十四年七月却下願）。同

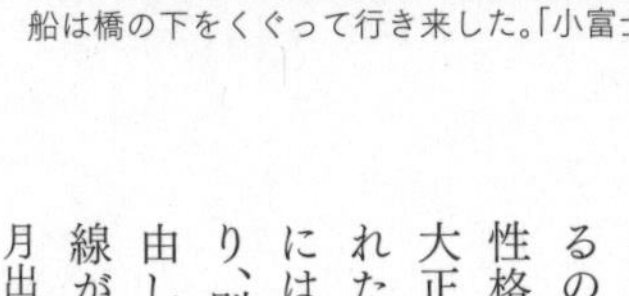

496　朝日橋より鶴見山を望む（大正中期〜昭和初期）〔495〕とほぼ同じ構図で、年代が降るもの。朝日橋が三連アーチの橋に架け変わっている。車両は同型。

497　**海岸通り（大正後期）**　海岸通、港付近。右奥に見えている洋風平屋建ての建物は大阪商船の別府支店で、大正９年５月に竣工した桟橋上に建っている。海岸通に軌道が新設されたのは大正11年（1922）。この頃には大阪商船の新造大型船、紫丸も就航している（大正10年）。左側には菓子屋、「別府人形」を商う店舗。

時期に、流川通を起点として山の手を巡行する「別府温泉回遊鉄道」（のち別府遊覧電気軌道）という計画があり、工事認可まで進んでいる。これは地獄地帯を周遊する私鉄で、大正十三年（一九二四）に広島瓦斯電軌株式会社が敷設許可を出願し、同十五年（一九二六）に下付された。経営者の松本勝太郎は、大正十五年に別府に開園した遊園地「鶴見園」の創業者である。しかし地主との利害調整や九水との電力供給契約が難航し、実現には至らなかった（昭和九年〈一九三四〉許可取消）。ほかにも昭和四年（一九二九）には広島資本による別府地

498　**高楼櫛比せる港畔の街景（昭和初期）**　海岸通、大阪商船の桟橋あたりを走る電車（別大電鉄二号）。軌道が複線化されたのは昭和４年（1929）。奥には乗合自動車もみえる。海岸通の左側に建ち並んでいるのは多層の旅館群で、湊屋〔225〕、三笠荘、和田彦。軌道の突き当たりには、埋立地にできた二条館の屋根がみえている。

499　温泉旅館櫛比する海岸通りの盛観（昭和初期）　海岸通沿い、「天然砂湯」の建物前あたりを走る電車。左手前は旅館鶴萬本家、その奥は児玉旅館。旅館の前に「貸馬あり」の看板が出されているのも興味ぶかい。桟橋以北、亀川延長線第一期が開通したのは昭和４年(1929)５月。

獄遊覧軌道合資会社が軌道敷設を出願している。これは、亀川、血の池地獄、鉄輪、海地獄間の約五キロメートルを、一部ケーブルを利用して運行する計画であった（昭和六年に却下）。

地獄地帯を経由する山手の周遊交通としては、大正六年（一九一七）の九州自動車を皮切りに自動車会社各社が参入しており、また昭和二年（一九二七）には亀の井バスが低廉価格で地獄遊覧バスを運行する。県道の地獄循環道路も大正十年（一九二一）に竣工した。電車軌道はこれらと競合することになり、いずれも県の許可を受けることができずに終わるが、これらの計画からは、大正から昭和初期の別府における交通インフラが、観光や遊覧による収益を狙う投資家や外部資本をひきつけて進められていったことがうかがえる。

500　別府名所 停車場通り（昭和初期）　停車場通(駅前通)を走る電車。はがき中の説明文に、「汽車の便に依る遊客は皆此の電車により各所に集散する」とある。電車と鉄道は連結して、市内の各所に旅客を運んだ。駅前支線の開通は昭和３年(1928)５月。

501　**豊後仏崎 電車（明治末期）** 明治43年２月１日付実逓。東京市麹町区宛。車両は〔490〕と同型。

502　**鎌崎より鶴見山と別府温泉場を望む（大正中期～昭和初期）** 別府と大分市街の間。鉄道線路と電車軌道はすぐ隣り合っていた。

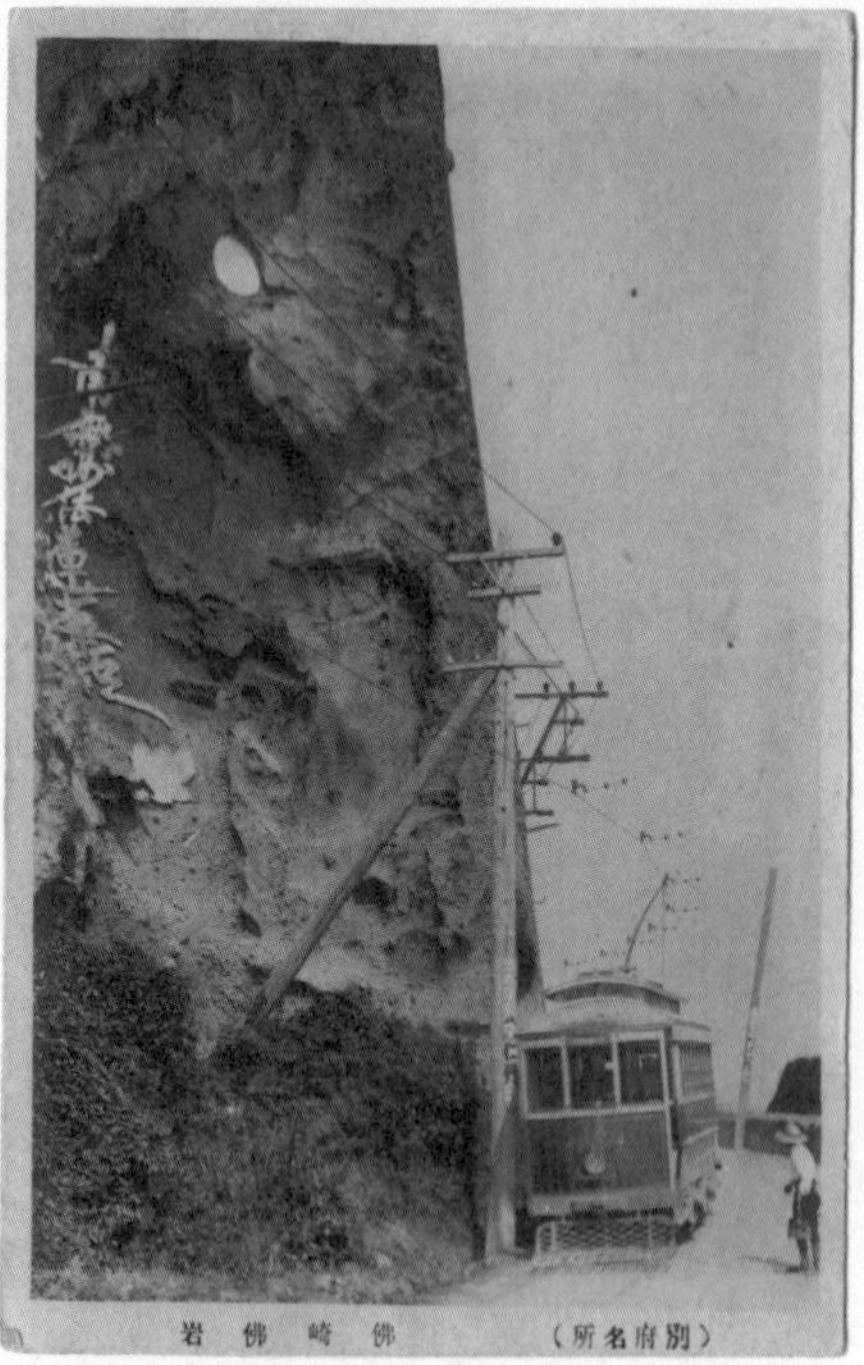

503　**仏崎 仏岩（大正中期～昭和初期）** 仏崎は別府と大分市街の中間にある岬で、海辺ぎりぎりまで崖が迫る急カーブの難所だった。左に迫る崖には「仏崎」の名の元になった仏像型の岩の窪みと念仏の妙号「南無妙法蓮華経」が見える。

504　**大日本豊後別府大分間電車（明治末期〜大正中期）** 仏崎のあたり。車両は〔493〕などと同型。

505　**別府大分間 海岸（昭和初期）** 別府大分電鉄の電車と同社の乗合自動車。別大電鉄が既存業者の権利を買い取って自動車を運行したのは昭和２年(1927)。交通業者間の競合を防ぐための事業であったとされる。

506　**別府大分電鐵 ボギー電車（昭和初期）** 別府大分電鉄株式会社発行。同社は豊後電気鉄道の後継で、昭和２年(1927)に大阪の資本家と九州水力電気会社の出資によって設立された。新型ボギー車は、昭和３年(1928)開催の中外産業大博覧会に備えて投入された。100形車両(110号)、九州初の半鋼製ボギー車。

507　朝見川鉄橋 汽車進行（明治末期～大正中期） 朝見川を上り方面に走る汽車。汽車専用の鉄橋は、電車軌道よりもだいぶ上流に作られた。汽車の後方に写っているのは高崎山。

別府と汽車

難航する工事

蒸気機関車が走行する遠距離鉄道は、電車より遅れること十一年、明治四十四年（一九一一）七月十六日に別府停車場（のちの別府駅）の開業を迎えた。続く十一月には、別府―大分間が開通し、電車と鉄道が湾岸を併走することになる。同年中に、亀川と浜脇の停車場も開業した。

九州鉄道会社が設立されたのは明治二十一年（一八八八）のことで、軌道は福岡県から南進していったが、別府の北に位置する国東半島の柳ヶ浦から南で工事が難航した。柳ヶ浦駅ができたのは明治三十年（一八九七）で、ここを起点に県庁所在地である大分までの路線「日豊本線」が計画され、明治四十年（一九〇七）五月より敷設工事が着手されるものの、川幅が約三〇〇メートルある駅館《やっかん》川と、「豊後の箱根」とも呼ばれる立石峠が鉄道の延伸を阻んだ。

鉄道が開通するまで、九州各地から別府への陸上交通は主に乗合馬車によっていた。別府の市街地では豊前道沿いにある西法寺の前に馬車の発着場があり、柳ヶ浦駅まで鉄道が延びると、乗合馬車が立石峠を越えて浴客を送迎したという。馬車の発着場は、ほかに御越町（亀川）と鉄輪に設けられた。

別府における汽車鉄道用地の買収協議は、明治四十年八月に町長日名子太郎同席のうえ日名子旅館で行われている。日豊本線の開通に交通便の大幅な向上を見込んだ別府では、別府駅開業前日に到ると夜を徹した提灯行列も行われ、町は祝祭の雰囲気に包まれたという。駅前には仮設の祝賀大アーチもつくられた。

左上508　**停車場（大正中期〜昭和初期）**　奥には乗合自動車の待合所もできている。デンマーク語の台紙に印刷された絵はがき。

上509　**別府停車場プラットホーム（明治末期〜大正中期）**　万国旗が飾られていて何かの記念日とみられる。別府駅は浜脇駅（11月）、亀川駅（7月）とともに明治44年（1911）開設された。

左510　**別府停車場内部（明治末期〜大正中期）**　汽車の右奥に見えているのが駅舎。列車はいま下り（大分方面）を向いて停車している。線路を挟んで右手が駅前通りや北浜の方向、左手が山手にあたる。

511　**日豊開通記念沿線勝景 其の一 別府全景（大正12年）**　日豊線全線開通（大正12年12月19日）記念絵はがき。写真は別府の町並み全景。

512　**日豊開通記念沿線勝景 其の二 別府アルプス（大正12年）**　同じく、日豊線全線開通記念絵はがき。写真は「別府アルプス」。鶴見岳の左右に連なる内山、伽藍岳、船原山、小鹿山、またこれらの奥にひときわ高くそびえる由布岳など、別府市街から望める連山を別府アルプスと呼んだ。

増加する旅客と人口

別府駅開業時の一ヶ月あたり乗降客数は一五万人であったが、大正十二年（一九二三）には一五〇万人にまで増加する。そのきっかけは大正十年に大分で開催された九州沖縄八県連合共進会の開催であり、これを期に別府への汽車旅客は急増した。同十三年には駅の拡張工事がはじまり、昭和二年（一九二七）には上下乗降場の延長、貨物線増設、同三年には待合室が増築された。待合室には、上海やウラジオストックまでの時刻表も掲げられていた。ちなみに上海までは長崎経由五十五時間、ウラジオストックまでは六十六時間の行程だった。昭和二年には別府浜脇両駅の乗車人員は一一六万人で、大正元年の六倍に至っている。

鉄道の開通は旅客の増加だけでなく、人口、戸数の増加も促した。昭和八年（一九三三）『別府市誌』（別府市教育会編、発行）は鉄道開通五年前にあたる明治三十九年（一九〇六）、別府浜脇両町合

513　堺川より四極山の遠望（明治末期〜大正中期）〔514〕と同じ境川鉄橋で、汽車を至近距離から写す。別府の写真絵はがきで、汽車を大きく写すものは珍しい。

併時の人口統計は六七九四人、一五〇七戸であったが、大正十四年（一九二五）第二回国勢調査時にはどちらも約六倍に至ったことを指摘している。

大正三年（一九一四）『別府町史』には、汽車鉄道が開通した明治四十四年七月十六日から一年間（四十五年六月末まで）の別府駅取扱貨物量があげられている。発送貨物では湯の花五八トン、竹細工一九〇トンなど別府の特産品が目に付く。着荷貨物量の掲載品目総計は発送貨物量分の四倍ほどもあり、不加工材九〇八トン、鉄管五〇トン、セメント六〇トン、石炭五一五トンなど建設資材や燃料が多く到着している。注目されるのは「引越荷物」六二〇トンの到着で、これは同項目の発送分二八トンの二十二倍にもなる。別府の人口増加を裏づける着荷貨物の状況である。

汽車は郵便も運んだ。別府における鉄道郵便事業の開始も明治四十四年七月である（→三〇六頁「絵はがき製作年代の見方」）。

514　境川鉄橋より別府を望む（大正中期〜昭和初期）　当時は別府市街地の北はずれにあたる境川の鉄橋を、北に向かって走る機関車。

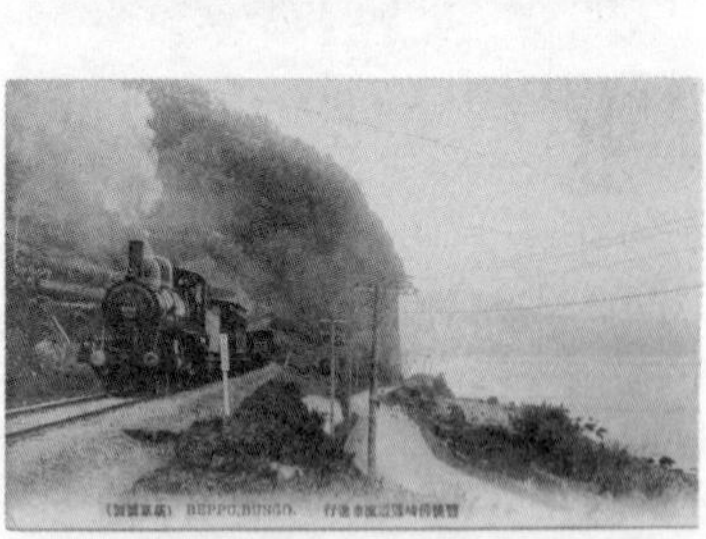

515　豊後仏崎隧道 汽車進行（明治末期〜大正中期）　仏崎を通過する機関車。車両はS742。線路脇には「きしゃにちういしべし（汽車に注意すべし）」と書かれた立札がみえる。

The Kamegawa Spa was opened over one thousand years ago and is not only noted the hot-spring but many old famous places.
Beppu
別府 亀川温泉
別府温泉郷の北の門戸亀川温泉は一千余年前から開かれ温泉許りではなく名所古蹟に富む。

516　**亀川温泉（昭和初期）**　亀川の市街地付近を走る機関車。左手に亀川小学校の建物が見える。

(別府名所)
別府湾ノ景

517　**別府湾の景（明治末期）**　浜脇の海岸を大分方面に向かって走る機関車。

來ル十六日ヨリ日出以南頭成亀川別府ノ三驛營業開始
豊州線
別府まで開通
列車發着時刻、賃金、其他は各驛待合所に掲示いたし候
四十四年七月
九州鐵道管理局

中央高等豫備校 生徒募集
本校は高等學校、高等商業學校專門學校入學受驗者の爲め準備教育を施すを目的とす●中央校卒業者及同資格者は無試驗にて入學を許す●新學期授業は本月十一日より開始す入學希望者は前日迄に申出でら

別府への鉄道開通を伝える新聞広告
「九州日日新聞」（明治44年7月）。

(濱脇名所) 濱脇停車場汽車ト有名ナル鶴見山ノ遠望

518　**濱脇停車場 汽車と有名なる鶴見山の遠望（明治末期～大正中期）**　浜脇停車場。昭和9年（1934）、浴客の誘致をめざす浜脇住民らの運動によって東別府駅に改称された。絵はがきに写る木造駅舎は現存している（別府市有形文化財）。

BEPPU, BUNGO.
豊後亀川驛汽笛一聲

519　**豊後亀川駅 汽笛一声（明治末期～大正中期）**　亀川駅を出発する汽車。亀川駅は、明治44年（1911）7月16日に開業した。

520　**世界最大なる別府の大仏（高さ八〇尺）（昭和初期）**　大仏竣工時。高さは約80尺（＝24メートル強）で、奈良の大仏より27尺（8メートル強）ほど高い日本一大きい大仏だった。大正15年（1926）着工、昭和３年（1928）竣工。岡本栄三郎という人物が建設した。仏像は「別府人形」の製造業、入江為義という人の制作。

18 創られる名所

別府八景と別府三勝

別府では昭和五年（一九三〇）九月に「別府八景」と「別府三勝」を選定した。由布岳や鶴見岳をはじめ、古来名勝地に富む別府でありながら、それらをまわる遊覧の指針がないことが不便であるため、昭和五年四月に別府八景選定投票が募集され、同年六月に八景選定審査会を組織、公募によって集まった十二ヶ所の調査を内務省嘱託林学博士である田村剛に依頼し、その意見を取り入れて八景と三勝を選出したのである。八景とは日出城下海岸、由布仙境、観海寺乙原高台、鶴見ヶ丘、高崎山、実相寺山、別府東公園、柴石渓流で、三勝とは志高湖、内山渓谷、仏崎遊園。海岸、小山、山、渓流、渓谷、湖など主には自然地形に基づく八景三勝が選定されたわけである。

日本最大の大仏と瓢箪温泉

同じ頃に別府では、より人工的な名所が私的につくりだされていった。新たに掘削されて開発された地獄は、その代表的なものである。鶴見園や別府遊園地、つつじ園や山水園などの遊園地や遊園も人工的で私的な名所であったといえる。ほかにも「世界一の大仏」や瓢箪《ひょうたん》型の展望所をもつ瓢箪温泉など、訪問者に強烈な印象を与える新名所が生み出された。これらは別府の地図や絵はがきにも加えられていく。

大仏は岡本栄信（栄三郎）という人物が野口の市営墓地近くに建

521　**大仏基礎工事 第一（昭和初期）**　大仏が建立された大佛山信栄寺発行の組絵はがき。地盤固めの基礎工事を行っている場面だろう。僧侶の姿もみえる。

522　**大仏工事 第二（昭和初期）**　基礎のコンクリート打ちが終わった段階か。

523　**大仏工事 第三（昭和初期）**　右に「八十尺大佛建立工事場」との立札がみえる。台座のコンクリート打ち終了段階か。案内書『世界一の別府大仏』によれば、コンクリートには全国から集められた人々の毛髪、歯、骨が混入され、これを「大仏の霊」にしたという。

立した。岡本は別府市内の豪農の息子で、十代から船舶業と竹や筵などの貿易業を営んでいた。四十一歳のとき入信し、大正十三年（一九二四）六月に大仏の建立を発願する。大正十五年（一九二六）十二月六日に着工、日夜数百人の人夫を使い、昭和三年（一九二八）三月までに三万人以上の延べ人数を動員して完成させた。昭和三年三月二十七日に開眼除幕式を行う。大仏の高さは八十尺で奈良の大仏よりも大きかった。胎内は三層にわかれていて、初層は暗闇であるが二層目は明るく、「大極楽本堂」と名付けられている。ここには三尊が安置され、納骨所もある。三層目には観世音菩薩三十三ヶ所の札所と弘法大師八十八ヶ所の札所がつくられた（大仏は平成元年〈一九八九〉四月に閉眼、五月に解体された）。

瓢箪温泉は鉄輪温泉場の下手に創業した旅館で、瓢箪型の建物はこの旅館の展望所であった。「瓢箪閣」という名で、昭和三年（一九二八）に建てられている。内部は七層で、高さは二一メートルほどあった。創業者は大阪の河野順作という人で、妻のリュウマチを治療するため、大正十一年（一九二二）に別府へ移住したのである。瓢箪は順作の出身地である大阪に因んでいる。つまり順作が尊敬する豊臣秀吉の千成瓢箪《せんなりびょうたん》にあやかったものだった。

左524 第七 大仏御耳（昭和初期） 大仏の巨大な耳と関係者。
右525 大仏 第五工事（昭和初期） 顔のあたりまでほぼ出来上がった大仏。完成までもう少しである。

526　第四 大仏工事（昭和初期） 足場見下ろし。完成した大仏は、案内本で遊園地の項に取り上げられている。胎内には多数の仏像が安置され、拝観することができた。この大仏は平成元年（1989）5月に解体された。

527　大仏 第四工事（昭和初期） 次第に出来上がっていく大仏。手前の小屋の中にあるのは完成像の模型だろうか。

528　**これは珍妙 世界一の瓢箪の家（昭和初期）**　鉄輪、瓢箪温泉の「瓢箪閣」。創業者は河野順作という大阪の人で、妻マツのリュウマチを治療するため、大正11年(1922)に別府へやってきた。鉄輪で温泉の掘削に成功した順作は、自分が尊敬する豊臣秀吉の千成瓢箪にあやかってこの温泉を開く。さまざまな浴場からなる「娯楽温泉」だった。

右下529　**世界一の瓢箪の家と旅館部（昭和初期）**　手前が旅館部。瓢箪閣は木造トタン葺きで、ひょうたん型のカーブに併せて切り出した部材を骨組みにしている。窓部分にその一部がみえている。七層の展望台で、高さは21メートルほどあった。瓢箪閣は、順作が還暦を迎えた昭和３年(1928)、記念に建てたものだった。

530　**浴場の趣き、珍奇なる瓢箪温泉（昭和初期）**　瓢箪温泉は、戦時中の昭和20年５月に、爆撃の標的になるとして取り壊された。結果的に別府は空襲を受けずに終戦を迎える。温泉は、今も創業者の子孫が「ひょうたん温泉」として経営している。創業当時に作られたひょうたん型の浴槽は、現在も女湯に残っている。

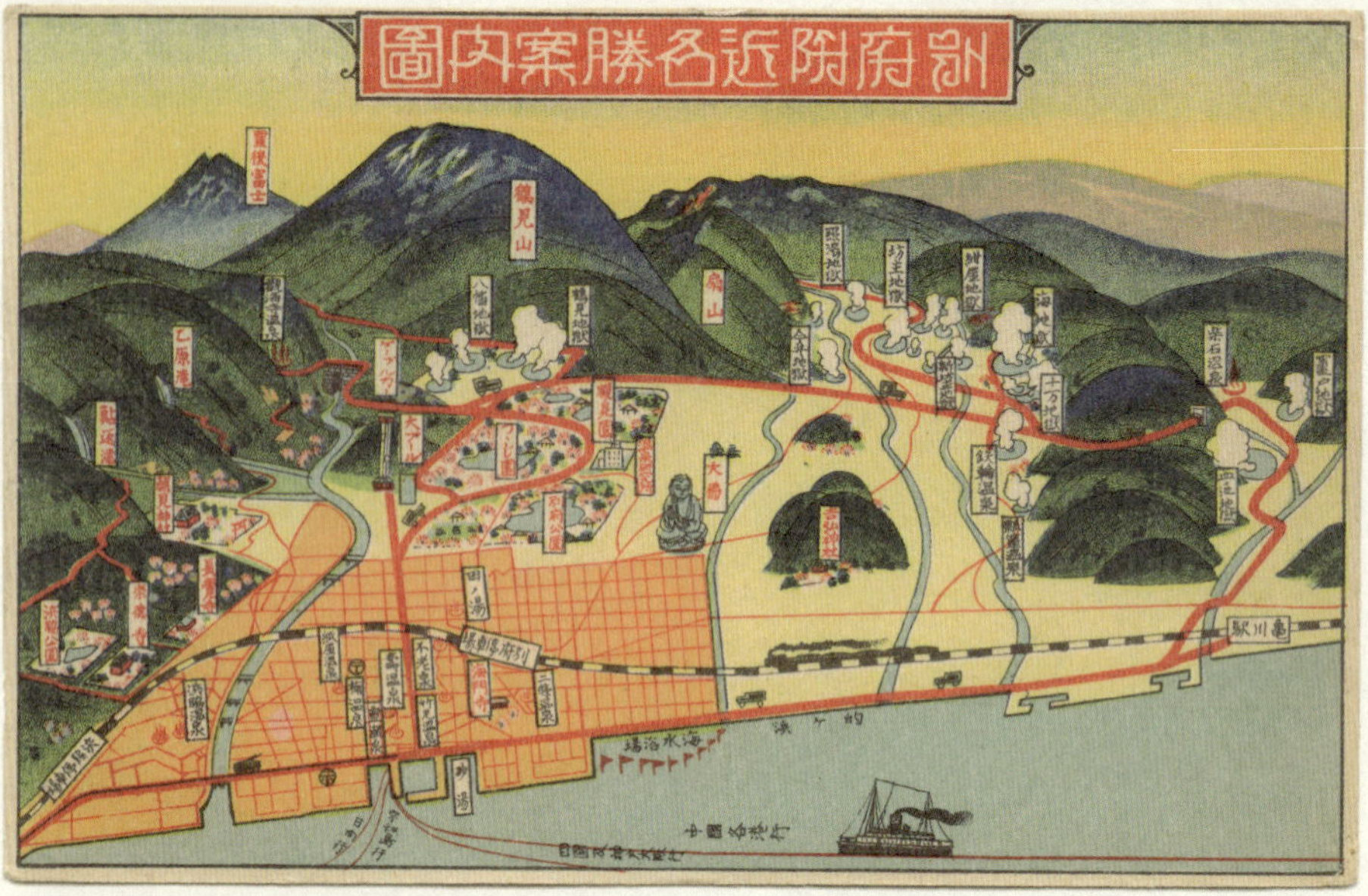

531　**別府附近名勝案内図（昭和初期）**　昭和初期の地図絵はがき。大仏、瓢箪温泉、鶴見園、ケーブルカーなど昭和初期の新たな名所が描き込まれている。裏面に昭和８年１月７日のケーブルカー遊園地記念スタンプあり。

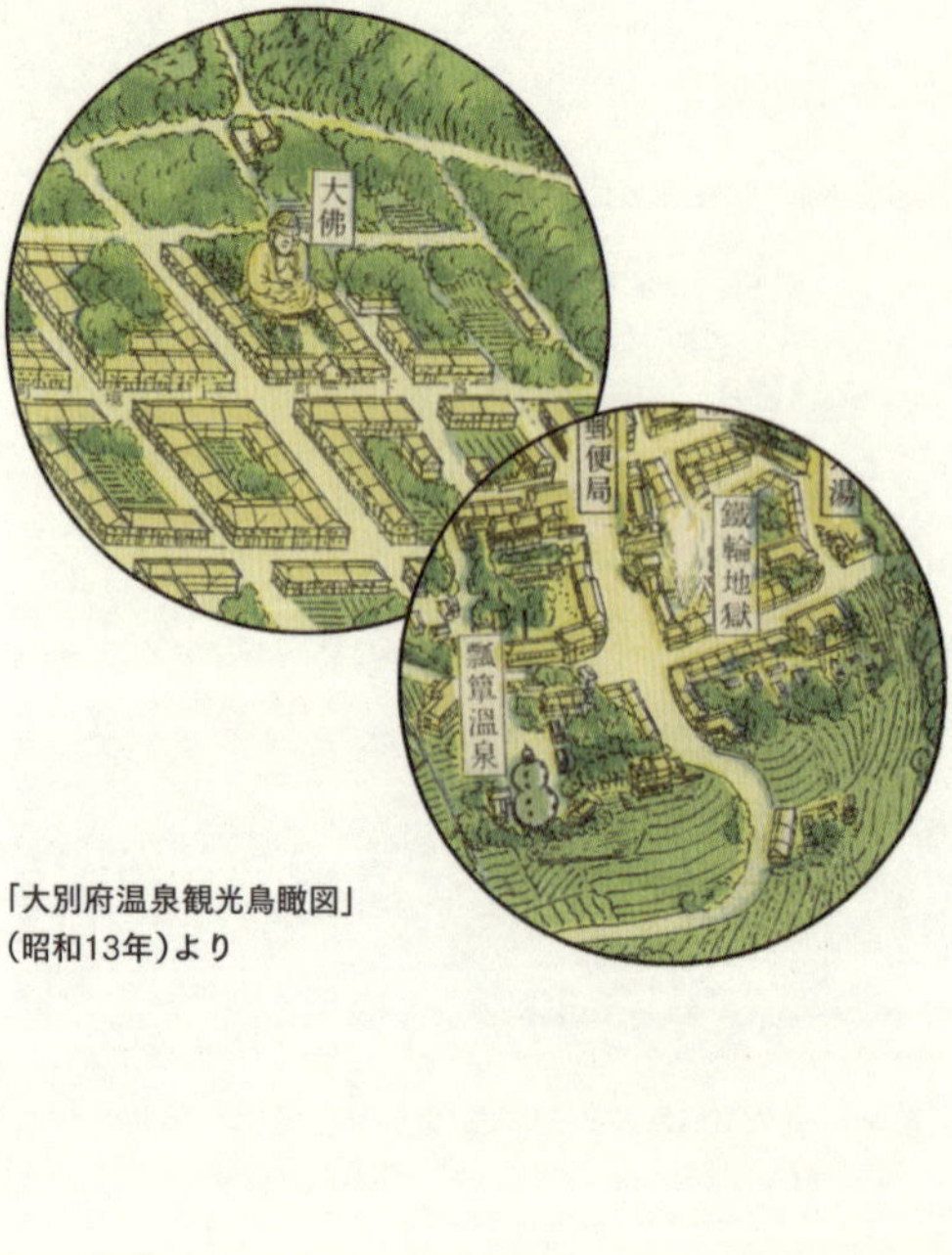

「大別府温泉観光鳥瞰図」
（昭和13年）より

大仏記念絵はがきのたとう

532　**今井地獄（明治末期〜大正中期）**　朦々と蒸気をあげる荒地にたたずむ男性。鉄輪一帯は至る所でこのような地熱現象がみられた。そのうち顕著な特徴をもつ血の池地獄や海地獄は江戸時代から知られていた。近代には、新たに様々な地熱地帯が開発されて「地獄」と名付けられ、見物の対象になっていく。

19 地獄

江戸時代の地獄

硫化水素や二酸化炭素が溶け込んでいる食塩型熱水が、地層の割れ目をとおって上昇し、圧力が低下する。熱水は沸騰して蒸気が発生し、蒸気層が形成される。熱水の沸騰によって、ガス成分は蒸気に移動し、蒸気はさらに地表に向かって上昇して、地下水と混合する。蒸気の量が多いと、その一部は地面から噴出する。このような場所を、日本人は「地獄」と呼んできた。

古くは天平四年（七三二）から十一年（七三九）頃に編纂された『豊後国《ぶんごのくに》風土記《ふどき》』に記されている「赤湯の泉」は、いまの血の池地獄か、その近辺にあった朱色の熱水を湛える温泉と考えられている。

別府における「地獄」は、かつての鉄輪村や、鶴見村、立石村に所在し、遅くても江戸時代には地獄と呼ばれていた。元禄七年（一六九四）貝原益軒『豊国紀行』には、鉄輪村にかんする記述のなかに「熱泉所々に多し。民俗是を地獄と称す」とあるほか、立石村の検地帳には、「ちごく」「ちごく谷」「ちごく原」「ちごくの元」などの字名が記されている。そこは地熱や熱泉、噴気のため作物の耕作がままならない不毛の地でもあった。地獄が暴発をおこし、田畑をだめにすることも珍しくなかった。いうなれば地獄は、災

害や不穏を予感させる場所だったのである。

地熱現象としての「地獄」に、仏教の地獄像が投影され、流布されていく過程は、九州肥前は雲仙岳の例に顕著である。

肥前国の雲仙岳は古くから「地獄」の存在によって知られた。すでに八世紀前期の『肥前国《ひぜんのくに》風土記』に記述がみえるという。四面宮《しめんぐう》と満明寺《まんみょうじ》が雲仙岳を霊地とする山岳信仰の中心で、満明寺は八世紀初頭から前期の創建と伝わる。十二世紀には一千坊もの僧坊を擁したという巨大霊場であった。江戸時代には満明寺一乗院が地獄を管理し、その案内権を把握していた。参詣者や旅人は満明寺の案内人に導かれて「地獄めぐり」を行った（橘南谿『西遊記』、寛政七年〈一七九五〉ほか）。雲仙岳霊場の地獄は、人々に地獄の存在を視覚的に訴え、そこからの救済を説くに格好の場所であった。満明寺の周辺には、仏説に因む地獄（叫喚地獄、大叫喚地獄、焦熱地獄、無間地獄など）、世俗的・倫理的意味付けがなされた地獄（不孝地獄、合戦地獄、酒屋地獄、紺屋地獄など）の数々が展開していた。

寺島良安『和漢三才図会《わかんさんさいずえ》』（正徳二年〈一七一二〉）の「地獄」の項では、雲仙の次に豊後鶴見の「赤江地獄」が挙げられている。つまり血の池地獄か、これに類するような赤い熱湯を湛えた地獄である。貝原益軒『豊国紀行』（元禄七年〈一六九四〉）では、鉄輪村について「熱泉所々に多し。民俗是を地獄と称す」とあり、ほか西の山際に「地獄」と称する場所が多い、と記している。具体的には鬼山地獄、海地獄、円内坊地獄（鶴見村）の名が挙げられている。脇蘭室『函海漁談《かんかいぎょだん》』（文化年間）にも、「地獄原と云うは道路狭くして、左右に方五六尺一二丈《ほうごろくしゃくいちにじょう》の熱泉数十、各《おのおの》泥を躍らせ湯を起こし脚下に響きて煙気醜悪なること鼻を穿《うが》つが如し。近隣の地往々湯池あり。海地獄、紺屋地獄、鬼山地獄、円内坊など称するもの

533　**別府名所 血の池大地獄 池中熱湯噴出の偉観（大正末期）**　古くから人びとに知られていた血の池地獄。封緘はがきを使って、写真をパノラマに仕立てている。彩色。下の説明文には「地獄中の首位を占める」とあり、天皇や皇太子の行幸があったことなどが説明されている。なお本書にはこうした封緘絵はがきを数種収録したが、これらはいずれも現存数が少なく珍しいものである。

甚《はなは》だ多し」と記されている。

さらに伊島重枝『鶴見七湯廼記』（弘化二年〈一八四五〉）では、「鶴見七地獄」として鶴見神山の地獄、明礬山の地獄、照湯の地獄、円内地獄、山田の鍛冶地獄、紺屋地獄を挙げている。

『鶴見七湯廼記』には、明治期以降現代まで、地獄めぐり観光では必ず語られる円内坊主地獄の由来譚が既に記されている。昔ここに強欲で非道な住職があったが、あるとき境内に噴出した地獄によって寺も住職も一夜のうちにそこへ呑み込まれた。その後この地獄では坊主頭のような形の泥土が怨みがましくぼこぼこと盛り上がっては消える、という説話的な筋書きである。これはかつて雲仙の地獄についてケンペル*（一六五一～一七一六）が書き残した次の内容にも通じる説話化であろう。

寺僧はこの温泉に諸役諸識の罪障消滅に因むような名をつけ、例えば、その温泉の水質、泡立ち、沸響、地底などと、職業との似通った面を抱き合わせ、この濁った湯井の底には嘘をついた酒造りが住んでいるとか（中略）地底から聞こえてくる沸響は、喧嘩早い人間が地獄に落ちて喚いているような声であるというような、適当な説話を作り上げている……

（ケンペル『日本誌』元禄三年～五年〈一六九〇～一六九二〉）

鉄輪村や鶴見村、立石村における地獄にかんする記述はしばしば残されており、文人たちが別府の地獄を見物していたことは確実である。

ところで地獄は一定のものではなく、時代ごとあるいは年ごとにその勢いや様子を変えるものであった。『鶴見七湯廼記』には、地

534　血の池地獄（大正中期～末期）　以下〔539〕まで、地獄の写真を彩色した一揃いの絵はがき。茅葺きの建物は管理人の住居か事務所だろう。その前には簡易な屋根をかけた観覧券売り場や茶店が設けられている。

535　海地獄全景（大正中期～末期）　海地獄の表面は水色に彩色されている。地獄で見物料を取り始めたのは海地獄が最初で、明治43年（1910）のことであった。

536　坊主地獄（大正中期～末期）　坊主地獄は古くからある地獄のひとつ。大正９年（1920）に裕仁親王（のちの昭和天皇）が別府を訪れた際には、血の池地獄、海地獄と共にこの坊主地獄に巡啓した。

537　**扇山の雪景と照湯地獄の噴蒸実景（大正中期〜末期）**　扇山を背景に、盛んに噴出する照湯地獄の蒸気。坊主地獄のすぐ裏手に位置していたが、戦前のうちに照湯温泉の整備によって消滅した。

538　**連山の雪景美観と鬼石地獄（大正中期〜末期）**　鬼石坊主地獄ともいう。のちに「新坊主地獄」とも呼ばれた。坊主地獄のように熱泥をぶつぶつと噴き出すのが特徴。昭和５年（1930）に、小倉市の木戸正三という人物が開発。現存。

539　**今井地獄と扇山及び連山の雪景（大正中期〜末期）**　左奥に写るなだらかな裾野が扇山。ちょうど扇形に草地が広がっている。その山麓の、ひな壇状に造成された耕地に今井地獄が現出した。この地獄は現存せず、「今井」というバス停がある付近にあたる。現在は一帯が住宅街になっている。

血の池地獄

540　**大正元年九月 血の池地獄 新噴口爆発の凄状（大正初期）** 絵はがきのタイトルにもあるとおり地獄はしばしば暴発を起こし、けが人や耕地などへの被害がでた。12月25日付実逓（年不明）。東京市牛込区白銀町宛、差出人は米屋に逗留中。

「昨日当温泉に来ました、二週間滞在の予定です。朝未明に温かい夜具から飛出で、温泉にドブンとつかります。湯気は心地よくモヤモヤと上がります、巻煙草を吸ひながら湯気の行手を眺めて居ますと、薄明り窓から朝日が上って来ました、何と柔らかい光ではありませんか、全身心地よい程赤くなって室に返りますと（ママ）、女中が朝飯を持って来ました、二言三言笑談を云って居る間にも、私は若き生の誇りを感じました。」

獄は火気の動静が時々変わり勢いの強弱も定まらず、ここに記したことはおおよそ近年のあらましである、との断わり書きがある。それまで田畑であったところに突如地獄が現出し、耕作が困難になることもあった。こうした土地について「出湯崩引《いでゆくずれびき》」、「地獄荒《じごくあれ》」などと記す史料もあり、田畑が湯だまりに浸ったり、「地獄」に変わってしまったために耕作地の年貢免除を願い出ている記録も残されている。

地獄の近代

ここまで江戸時代の状況をみてきたが、別府の地獄の特徴はやはり、明治期以降における開発と見世物化にあったといえる。そのあと押しをしたのが交通インフラの展開であった。別府における地獄めぐりは、自動車の参入をまって、大々的に展開したのである。昭和十七年（一九四二）に報告された、地獄とその遊覧事業にかんする詳細な調査から以下に実態をみていきたい（田中喜一・後藤佐吉「別府の地獄遊覧事業に関する調査」）。

地獄で見物料を取り始めたのは明治四十三年（一九一〇）のことで、海地獄がその先がけである。海地獄では、日露戦争以降にわかに遊覧客が増え、見物料を取るようになった。これに、血の池、坊主、八幡、紺屋地獄が続いて見物料を取り始めた。そこでは同時に「所有」の問題も発生していた。海地獄の土地所有者は転々としていたようだが、地獄地帯付近における新別府という分譲別荘地（↓二二〇頁「13別府の土地開発」）の開発にあたって、別荘地開発者の千寿吉彦が、そこへの温泉供給源とするために海地獄を購入した。大正九年（一九二〇）、陸軍の特別大演習にともなって、皇太子裕

541　血の池地獄染（明治末期〜大正中期） 血の池地獄のまわりには、低い塀が張り巡らされていたことがわかる。手前は茶店。その右手に血の池地獄の赤い泥で染めた布が干されている。「染物工場」と書かれた札もみえる。

542　血の池地獄（明治末期〜大正中期） 客を運んできたのだろうか。地獄の傍らで休憩する馬。

仁親王（のちの昭和天皇）が別府を訪れる。このとき裕仁親王は、海地獄、坊主地獄、血の池地獄に巡啓した。行啓を通じて、地獄の名は全国に知れ渡ることとなる。

「十大地獄」などの括りが生まれていくのも興味ぶかく、これは血の池地獄、海地獄、本坊主地獄、新坊主地獄、十万地獄、竈《かまど》地獄、鬼山地獄、紺屋《こうや》地獄、鶴見地獄、八幡地獄からなっていた。このうち古くからある自然の地獄は、血の池、海、本坊主、紺屋の各地獄に限られる。

地獄は、大正十一年（一九二二）から昭和十一年（一九三六）ごろ集中的に開発された。この間には八つの地獄が新出している（ただし絵はがきなどからは以下の「開発年」以前より存在する地獄も確認でき、各地獄は数度の「開発」を経ている可能性がある）。以下、開発順に地獄名を列挙し、かつ所有者名を併記しよう（一九四二年時点）。

鉄輪地獄…　大正十一年／佐原秀太郎
龍巻地獄…　同十二年／伊藤初治
無間地獄…　同十三年／松本勝太郎（広島県呉市）
鶴見地獄…　同十四年／松本勝太郎（広島県呉市）
八幡地獄…　昭和三年／中野次郎（福岡県飯塚市）
鬼石地獄（新坊主地獄）…　同五年／木戸正三（福岡県小倉市）
白池地獄…　同六年／井上知造ほか二名
鬼山地獄…　同七年／宇都宮則綱
金竜地獄…　同七年
竈地獄…　同十一年／宇都宮勇
雷園…　同十二年／木戸正三（福岡県小倉市）

なかには、別府以外の居住者が所有する地獄もある。同様の状

海地獄

543　**鉄輪 海地獄（明治末期）**　もくもくと蒸気を立ちのぼらせる海地獄。学生たちが見物に来ている。海地獄を写すものとして最初期の絵はがき。周囲にはまだ券売所や茶店もなく、海地獄で見物料を取り始めた明治43年よりも古い時期の撮影だと思われる。

544　**海地獄観覧券（明治末期〜大正中期）**〔543〕に写る同じ松の木の辺りを比べると、建物と茶店が新たに作られたことがわかる。見物料を徴収するようになった以降の海地獄の様子である。絵はがきの題も「海地獄観覧券」となっている。

545　**鉄輪海地獄（明治末期〜大正中期）**〔544〕の建物がさらに茅葺きに変わっている。

546　**海地獄（大正中期〜末期）**　海地獄では、日露戦争以降、急に遊覧客が増えたという。また海地獄は大正３年(1914)以降、新別府分譲別荘地の開発に伴って、別荘地開発者の千寿吉彦がその水面の半分を所有することになった。残り半分は別府市の所有であった。

坊主地獄

547　**坊主地獄（明治末期〜大正中期）**　丸刈りの子どもたちが整列して、一心に地獄の表面を眺めている。

況は古い自然湧出地獄でもみられ、血の池地獄は佐賀県の松田麒造と松田克己が、また前述のとおり海地獄は東京の千寿吉彦が所有していた。

　つまり地獄は不在地主を含む人々によって所有されていたのである。別府市在住の所有者も、必ずしも地獄のそばに住んでいたわけではない。ほぼすべての地獄には、所有者とは別に管理者がおかれていた。管理者は売店を経営し、飲食物や土産物の販売などを行う。前掲の調査報告は、このような体制による弊害を指摘している。つまり管理人は給料制で、かつ園内にかんする権限もあまり与えられておらず、所有と管理が分離しているために各地獄では十分な施設の改善や創意が望めないというのだ。

　昭和初期までに、地獄は多大な見物料収入を見込める有望事業とみなされ、一種の投資事業としていくつもの地獄が開発された。地獄地帯に分布する小噴気孔を掘削し、人工的に大噴出を誘導して地獄をつくりだすのである。地獄遊覧事業の展開のいっぽうでは、先に挙げた所有と管理の分離のほか、観光客の誘致合戦と競合、地獄の組合化など、いくつもの問題と転機が生じている。

　なかでも地獄経営のありかたを大きく変えたのは、遊覧バスの成立であった。昭和二年（一九二七）十月、亀の井ホテル社長の油屋熊八が亀の井自動車株式会社を設立、同月より八幡地獄、鉄輪地獄、海地獄、亀川をまわる地獄めぐりバスの運行を開始する（同社は昭和十年、亀の井遊覧バスに改称）。このバスに搭乗して七五調の美文による名所解説を行った少女車掌がわが国におけるバスガイドの嚆矢とされることは、既にさまざまな出版物で紹介されている有名なエピソードである。地獄めぐり事業における亀の井バスの革新性はふたつあり、ひとつは一度に移送できる客数の増加、ふ

548　**坊主地獄（大正末期）**　彩色。「見落とすなかれ　地獄中の最大地獄」と書かれた立札がみえる。大正13年４月１日の消印があり、「別府市制記念」と書き入れられている。消印は別府の市制施行と同じ日付け。市制施行記念印の台紙としてこの絵はがきが使われたものだろう。

549　**朝日公園と本坊主地獄（大正中期～末期）**　いずれの地獄にも休憩所や東屋が設けられ、簡単な飲食ができた。休憩所や飲食店の経営者は地獄の所有者とは別に存在し、現地で地獄の管理・経営にあたっていた。

550　**坊主地獄全景（明治末期～大正中期）**　絵はがき中には、坊主地獄の由来記が印刷されている。ここには昔、悪徳坊主が住んでいたが、突然噴出した地獄によって寺もろとも呑み込まれた。その後、坊主頭の形をした泥のかたまりが、地獄の底からぶつりぶつりと現れては消える、という説話的な内容である。

たつは料金の低廉化であった。

初期地獄めぐりの交通は、人力車や客馬車などにたよっていた。初めて自動車が参入したのは大正六年（一九一七）、九州自動車であった。しかし主な地獄をめぐる行程は半日を要した。地獄地帯は別府の中心市街地からかなり離れていたうえ、道も整備されていなかった。当時の地獄めぐりはまず、駅前から一路山手を目指して鶴見の八幡地獄を訪れ、いったんこの道を引き返して駅前に戻り、その後豊前道を北上、亀川の手前で山手へ折れて鉄輪・海・坊主地獄をめぐり、再び豊前道まで引き返して北上、再度山手へ

551　**明礬温泉場名所 紺屋地獄（明治末期）** 地獄のほとりにたたずむ２人の人物。右手には簡単な小屋が造られはじめている。明治末、地獄の写真絵はがきでは最初期のもの。

紺屋地獄

552　**紺屋地獄（明治末期～大正中期）** 「紺屋」と書いて「こうや」と読む。荒れ野に蒸気が立ちのぼっている。

左553 紺屋地獄（明治末期～大正中期） 地獄のほとりに佇む僧侶と案内人。やはり古い時代のもの。
右554 明礬 紺屋地獄（大正中期～末期） 手前では地獄染めを乾かしている。地獄染めとは、各地獄で採取される泥などを使って、独特の色合いをもつ絞り染めを製作したもの。別府土産の代表に育っていった。

照湯地獄

555　**照湯地獄（大正中期～末期）**
方々から盛んに蒸気を吹き上げる照屋地獄。石垣は別府一帯で産出する「別府石」を積み上げたもの。

今井地獄

556　**今井地獄（大正中期～末期）**
湯気抜きが見えることから、左奥の建物は浴場だと思われる。今井地獄は大小の石が転がる荒涼とした場所であった。

折れて血の池地獄に至る、という引き返しが多く効率の悪い経路を使うほかなかったのである。その状況を大きく変えたのが、先に述べた大正九年（一九二〇）の皇太子行啓である。これに備えて道路の整備が進み（巡啓時に不便であったからという説もある）、鉄輪―堀田間を結ぶ地獄循環道路が大正十年末に完成、続いて海岸道路の別府―亀川間の延長工事も竣工した。これらの道路事業は大分県の四ヶ年事業として計画、遂行されたのである（『別府市史』、昭和三年）。

道路の竣工によって市街地中心部と地獄地帯との連絡は格段に向上し、地獄めぐりの行程も二時間半あまりに短縮された。ちょうどこの頃、市内では自動車会社が乱立している。大正末期にはじまる地獄の開発と自動車会社の勃興とは、ちょうど軌を一にするものであった。地獄も自動車会社も、それぞれ観光客の獲得を争って競合する。地獄と交通会社はそれぞれ個別に関係を結んで、客を融通する状況も生まれた。

このような事態に別府市や警察が介入し、地獄の組合化が模索される。協議はなかなか合意に到らず、紆余曲折を経て「別府地獄遊覧組合」が設立されたのは、昭和十三年（一九三八）のことであった。これによって各地獄が個別に徴収していた観覧料が共通券販売に変わり、遊覧バスが立ち寄る地獄については平等の集客条件が保証されたのである。

＊ケンペル……エンゲルベルト・ケンペル。ドイツの博物学者で医師。元禄三年（一六九〇）にオランダ東インド会社の医官として来日、二年間長崎の出島に在任し、その間に江戸へ二度参府した。帰国後、日本の社会・政治・宗教・地理を観察した『廻国奇観《かいこくきかん》』、『日本誌』を著し、ヨーロッパの思想界に知られた。『日本誌』は外国人による日本研究の白眉とされる。

鉄輪地獄

557　鉄輪地獄（大正末期～昭和初期） 大正11年(1922)に佐原秀太郎という人物が開発した。佐原は当時鉄輪郵便局長で、郵便局の隣接地に地獄を開発し、見物に供していた。地獄の中央には忿怒の相をもつ不動明王像を設置して、「地獄」の異界的雰囲気を演出している。昭和12年以降は入湯貸間旅館を併設、貸間は現在も営業を続けている。

鬼石地獄

558　鬼石地獄（明治末期～大正中期） 石垣で囲まれた少し低い場所に、地獄が沸き出している。茅葺きの小さな小屋がみえる。

559　鬼石地獄（大正中期～末期）〔558〕とは別の建物から、一段低いところにある地獄を望む。周辺には石垣で造成された耕地が広がっており、今井地獄と似たような景観である。今は宅地化が進んでほとんど見ることができないが、別府が位置する扇状地は、古代に鶴見岳や由布岳の火砕流や土石流で運ばれた「別府石」と呼ばれる角閃安山岩が一帯に広がる荒れ地であった。土地を造成するにはたくさんの別府石を処理しなければならず、掘り起こしたこれらの石によって石垣や石塀が築かれていた。

560　かまど地獄（明治末期〜大正中期）　壁に湯気抜きの格子が巡っていることから、手前の小さな建物は浴場とみられる。地獄の背後の傾斜地には人家が広がっている。

561　かまど地獄（大正中期〜末期）
手前は温泉の蒸気で調理する「地獄蒸し」のかまどと思われる。後方には藁積みが見えていて、周辺は田んぼだったことがわかる。

562　竈門地獄（昭和初期）　かまど地獄の記念スタンプ押印。浴衣に仕立てた布地を使った地獄染めが竿に吊されている。〔560〕の写真とくらべて、建物が増えている。

563　猛烈なる熱気による名物蒸卵子と蒸饅頭の珍味なる調理（昭和初期）　地獄の売店ではこのように温泉か蒸気を利用した飲食物が売られていた。光の加減がきれいな１枚。

564　熱気の猛勢渦巻きあがるかまど地獄の壮観（昭和初期）　かまど地獄には複数の売店があった。これは「製薬所」。湯の花や飲用薬を販売していた。

565　五大地獄のうちかまど地獄（明治末期〜大正中期）　大量の蒸気を噴き出す石垣の穴を覗き込む男性浴客。

566　**三日月地獄（大正中期～末期）**　中央に写る小さな小屋（下部煉瓦造）は蒸し湯。三日月地獄ではこの蒸し湯が有名だった。

三日月地獄

567　**豊後観海寺の地獄（明治末期～大正中期）**　観海寺の三日月地獄。眺めの良い観海寺温泉場の一画にあった。

568　**三ケ月地獄は池の中に三ケ月の形が現れて居る不思議な現象がある　爰（ここ）には立派な蒸し湯や浴槽がありまして極閑静な所で遊覧の方は絶えませぬ（大正中期～末期）**　絵はがきによれば、三日月地獄の名は、池中に三日月の形が浮かび上がるゆえであるという。また別の説では、かつて付近に「三日月庵」という庵があったことに因むともいわれる。

569　**観海寺 三日月地獄（明治末期～大正中期）**　三日月地獄の蒸し湯。手前が男湯、奥が女湯。「極楽蒸」という名前だったようだ。大正２年（1913）４月５日付実逓。京都市上京区姉小路東洞院、初音小学校宛。差出人は田の湯館に滞在中。なお蒸し湯で賑わっていた三日月地獄は昭和初期に廃止され、現在はまったく面影を留めていない。

八幡地獄

570　堀田八幡地獄（明治末期〜大正中期）　古くから存在したが、昭和初期に再開発されたとみられる八幡地獄（別名堀田八幡地獄、旧名権助地獄）。茅葺きの休憩所が建てられ、ささやかに地獄染めも行われていた。すすきの向こうに蒸気が煙る。それほど観光地化されていない、山手の静かな地獄の雰囲気が伝わる。

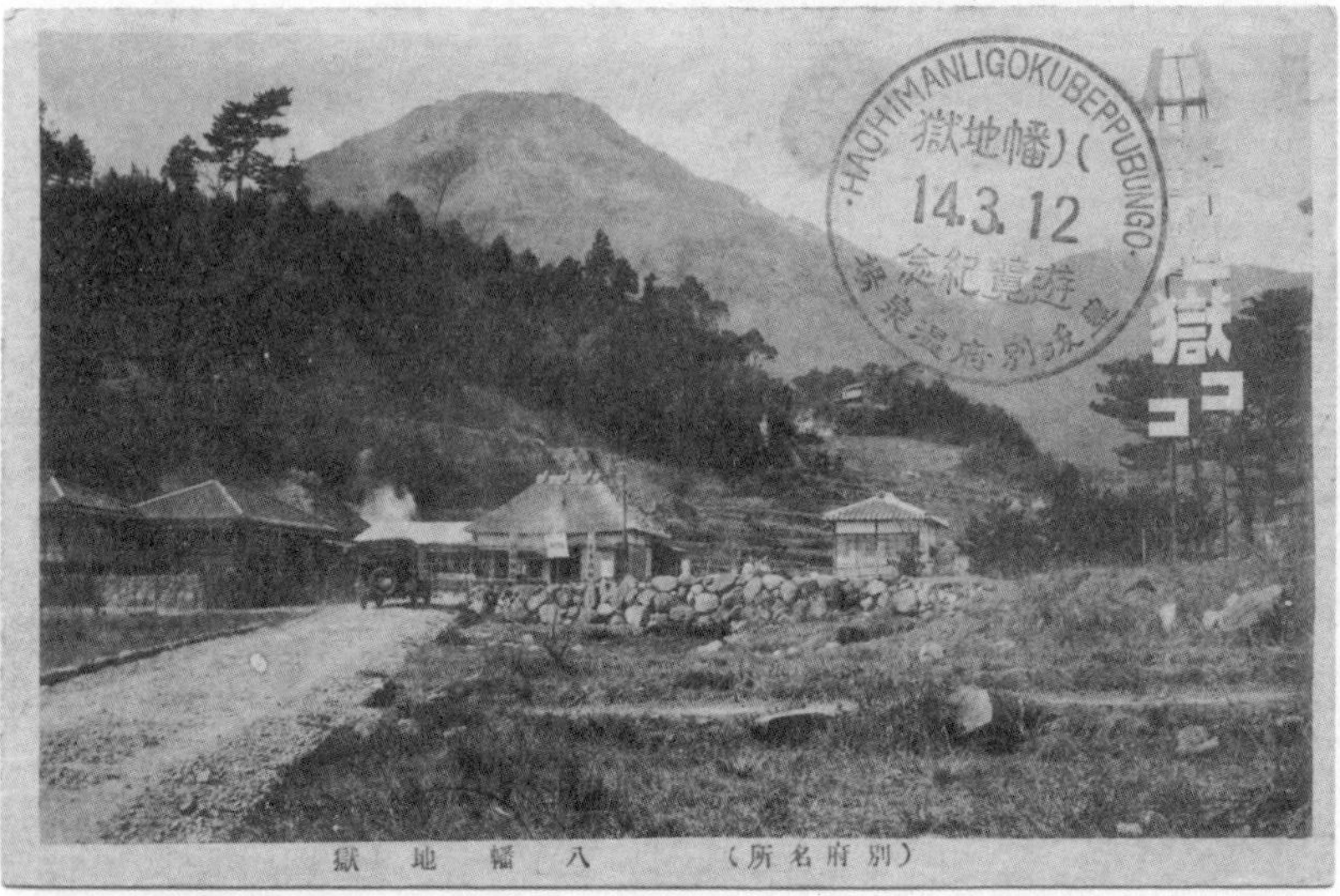

571　八幡地獄（大正末期）　八幡地獄は、昭和３年（1928）に福岡県飯塚市の中野次郎という人物が再開発した。南立石八幡町に位置する。戦前には「十大地獄」のひとつに数えられた人気の地獄で、多くの見物客を集めた。大正14年３月12日付の記念スタンプがあるので、中野が再興する前の様子か。右には地獄の位置を示す大きな立て看板がみえる。

鶴見地獄

572　鶴見地獄（昭和初期）
鶴見地獄は現存するが、霊泉寺という寺の境内にあり、観光客には現在ほとんど知られていない。しかし戦前には代表的な地獄のひとつだった。少女歌劇で知られる鶴見園の創業者呉市の松本勝太郎が、同園の建設時期と重なる大正14年（1925）に開発している。鶴見地獄の入口に立つ洋風の門柱や券売所は、鶴見園のデザインと連続するものである。

573　鶴見地獄 入口（昭和初期）　鶴見地獄は、戦前期に「十大地獄」と呼ばれた地獄のひとつだった。昭和11年（1936）8月9日付の実逓。京都市東山区渋谷通東大路東入宛。差出人は「海岸通旅舎」に滞在中。

574　鶴見地獄（昭和初期）　鶴見地獄内部。右は券売所とスタンプ台。女学生たちも見学中。

板地八幡地獄

上575 世界有数なる間歇地獄 噴出高さ百五十尺（大正中期～末期） 別府には戦前、八幡間歇地獄（八幡町）、朝日間歇地獄（字火売）、龍巻地獄（字野田）という間歇泉があった。しかし付近の泉源開発で勢いが低下するなどし、現存するのは龍巻地獄だけである。これは板地八幡地獄の敷地内にあった八幡間歇地獄。高さ150尺とあるので、約45m も噴き上がっていたことになる。

576　板地八幡地獄（大正中期～昭和初期） 彩色。正面奥に洋風の東屋がみえる。板地八幡地獄は別名「前八幡地獄」で、八幡地獄〔570, 571〕の東に隣接して開発された（現「前八幡児童公園」）。

577　間歇地獄（大正中期～昭和初期） 間歇泉は日に数度、時を決めて湧くので、その時間に合わせて見物客が集まる。大勢の人が間欠泉の周囲を取り囲んでいる。これも板地八幡地獄。

578　鶴見地獄（大正中期～末期） もうもうと蒸気を噴出する鶴見地獄。写真面には板地八幡地獄のスタンプが押されている。八幡地獄の北隣に鶴見地獄〔572～574〕、東隣に板地八幡地獄がある。

観音地獄

579　**白煙濛々たる観音地獄（昭和初期）**　昭和４年(1929)に竣工したケーブルカーの別府遊園地に開かれた新しい地獄。

湯の花製造

580　**明礬 湯の花採集工場と湯の花地獄（昭和初期）**　明礬湯の花小屋。この辺りは地熱が高く、地面から多量の硫黄分を含む蒸気が噴き出す土地で、地元で「地場」と呼ばれる。そこに茅葺きの小屋を建て並べて湯の花を採取した。この場所が「湯の花地獄」ともよばれた。昭和３年(1928)４、５月の記念スタンプ押印。

581　**湯の花搬出の盛況（大正中期～昭和初期）**
湯の花の積み出し風景。馬にひかせて搬出していた。

地獄染め

582　別府八幡 地獄染めの実況（明治末期〜大正中期）　八幡地獄や血の池地獄などでは「地獄染め」と称する染め物が行われていた。地獄の温泉を染料にして絞り染めをつくり、これを土産物などとして販売する。

583　血の池地獄 染物の実況（大正中期〜末期）　血の池地獄の染め物場で働く人々。地獄染めは、江戸時代に豊後の特産品として全国に知られた「豊後絞り」の流れを汲む。良質な木綿と藍を産出する豊後では、これらを使った絞り染めの技法が発達し、「豊後絞り」と呼ばれて著名だった。しかし明治の中頃にはほとんど消滅したとされる。替わってそのころ別府で生まれ、観光みやげとして一大産業に展開したのが地獄染めだった。

584　十大地獄の内 八幡地獄（明治末期〜大正中期）　彩色。八幡地獄の地獄染め。絵はがきに「十大地獄之内 八幡地獄」とあるとおり、古くからある血の池や海地獄などと、八幡、鬼山、鶴見地獄など大正末期から昭和初期にかけて開発された地獄の主なものを合わせて、「十大地獄」という括りが作られていた。吊された地獄染めの生地が幔幕のように揺れるなか、和服に日傘の女性がふたり地獄へ向かう。

585　血の池地獄 染物の実況（明治末期〜大正中期） 地獄染めは血の池地獄で創始されたと伝わる。当初は各地獄それぞれが小規模に生産していたが、次第に市街にも製造元や販売元ができ、製品として大々的に生産されるようになっていった。地獄絞り、別府絞りとも呼ばれる。

上586〔タイトルなし〕（明治末期〜大正中期） 上の写真では竹田女学院の学生たちが別府絞りの実習をしている。高山絞りは、〔587〕の高山繁本店で製作した別府絞りの呼び名。

下587〔タイトルなし〕（大正中期） 別府絞り製造発売元の高山繁本店。大正６年（1917）同店差出の年賀状。熊本宛。

588　血の池地獄実景 遊覧記念（明治末期〜大正中期） 休憩所のまわりの柵に、地獄染めの生地が干されている。地獄からはもくもくと蒸気が立ちのぼっている。

20

自動車

地獄めぐりと自動車

地獄めぐりは当初、人力車や客馬車、時には徒歩で行うよりほかなかった。この地獄めぐりの交通に初めて自動車が参入したのは大正六年（一九一七）のことである。この年、九州自動車がハイヤーの運行を始

589　**坊主地獄（大正中期〜昭和初期）**　停まっているのは地獄巡りの乗合自動車。地獄巡りが成立・普及するためには、自動車の存在が不可欠だった。広域に分布し、かつ別府港や北浜などの市街地から離れて立地する各地獄を巡るには、機動力の高いモダンな交通インフラが必要だった。自動車による移動手段が整備されたことで、地獄巡りは別府の名を全国に広める観光要素に成長したのである。

亀の井ホテル前の地獄めぐりバスと油屋熊八、バスガイド
亀の井ホテルの門前で撮影された貴重な写真。亀の井自動車株式会社の地獄めぐりバス２台と、社長の油屋熊八・少女車掌・運転手。昭和２年(1927) より運行を開始した。

590　八幡地獄（大正中期〜末期）
地獄巡りの乗合自動車で、当時人気だった八幡地獄に乗り付けた見物客たち。

591　血の池地獄・朝日公園本坊主地獄（昭和初期）　本坊主地獄に到着する幌付きの自動車。

592　THE CLUB HOUSE OF BEPPU GOLF CLUB（別府ゴルフクラブ）（昭和初期）　南端ゴルフリンクス（別府ゴルフクラブ）は、昭和８年（1933）に開業した。朝香宮の意見を受けて油屋熊八が設置に奔走し、大阪商船専務の村田省蔵という人物を建設支援者に迎えて開設したという。亀の井自動車では多くの宿泊客をゴルフ場に案内したほか、ゴルフ場行きのバス路線も経営していた。

めた。大正九年（一九二〇）には同事業が泉都自動車に継承される。自動車は六人乗り、一日二回の定期運行で、料金は一人あたり二円五十銭。これは先行する客馬車の貸し切り料金と同額の設定であった。

これら乗合ハイヤーの輸送力を一挙に塗り替えたのが、亀の井自動車による地獄めぐりバスである。地獄めぐりバス運行のきっかけは、昭和三年（一九二八）の中外産業博覧会であった。博覧会の開催が決定すると、多数の遊覧客を運ぶバスの運行が望まれ、ここ

593～596　別府亀の井自動車 解説別府絵はがき（8枚セット、昭和初期） 亀の井自動車のバスの中で語られる七五調美文の案内文を、各名所や少女車掌の写真と共に掲載した絵はがき。

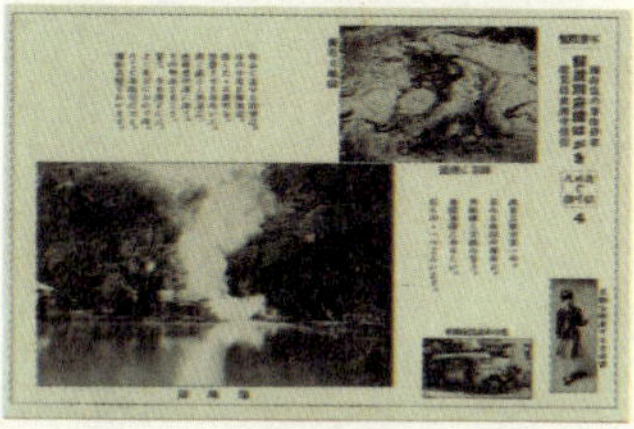

に亀の井ホテルが名乗りをあげる。亀の井ホテル自動車部は昭和二年（一九二七）八月に地獄遊覧バス事業の免許を取得し、運行を開始した。同年十二月には亀の井自動車株式会社が設立され、亀の井ホテル自動車部の資産と事業すべてを継承する。経営の実権は亀の井ホテルの社長である油屋熊八が握り続けた。同社設立にあわせてスチュードベーカー二台、ホワイト一台、グラハムベーヂ一台と、いずれも二十五人乗りの高級車計四台が揃えられた。二十五人乗りは当時国内最大の自動車だった。

亀の井バスは料金面でも改革をおこす。一人あたり一円という低廉な料金を打ち出した。それだけでなく、バスには少女車掌を乗車させ、七五調の美文による名所案内を行った〔593～596〕。このガイドは評判を呼び、案内文を吹き込んだレコードがポリドールレコードから売り出されるまでになった。これが、日本の女性バスガイドの創始とされる。

地獄遊覧事業について戦前に調査研究を行った経済学の調査書（田中喜一・後藤佐吉「別府の地獄遊覧事業に関する調査」一九四二年）は、こんにち別府の地獄の名が天下に喧伝され、浴客の主要な遊覧対

右597 **耶馬渓青洞門（明治末期～大正中期）** 大正4年（1915）実逓。
左598 **耶馬渓青洞門（大正中期～末期）** 大正15年実逓。

象となったのは、このバス路線の発達に依拠するところがすこぶる大きいと断言している。「地獄の驚異とバスの快適さ」（同調査書）が別府観光事業の基幹を形成したのであった。

拡大する別府観光圏

自動車の普及は、別府の浴客を近郊の名勝地にも運んでいく。別府近郊には、耶馬溪、由布院などの景勝地が分布しているが、これらが別府温泉の案内書にも掲載されはじめるのは昭和三年頃からである。自動車によって、別府の観光圏域は拡大し、また一方で旅程の速度は増していったのだ。

亀の井自動車では耶馬溪と由布院の遊覧バス事業も手がけている。これらは地獄めぐり同様に少女車掌のガイド付きだった。

耶馬溪は別府の北西内陸に位置し、文政元年（一八一八）に頼山陽が命名して以来有名になった景勝地で、耶馬溪六十六景と呼ばれる奇観を誇る渓谷である。亀の井自動車の耶馬溪めぐりでは、本耶馬溪の青の洞門、深耶馬溪の一目八景、裏耶馬溪などの見所をめぐる日帰り周遊が一周五円で準備された。往路には由布岳と由布院、復路には福沢諭吉の出生地中津と、古い由緒と格式を誇る宇佐神宮へも立ち寄るという盛りだくさんの内容である。亀の井のパンフレットには、「昔の探勝ならば一週間を要する道程」「山岳と高原と盆地と渓谷と平野と海浜とを連絡し、百景万勝一日にして鑑賞しうる」とうたわれている。

由布院めぐりは、北浜の本社を出発して鶴見岳の中腹へ登り、城島台の鐘紡緬羊牧場と由布岳を経て由布盆地に至る往復三時間のコースで、一周二円であった。

亀の井自動車、亀の井ホテルの創業者である油屋熊八は、自動車

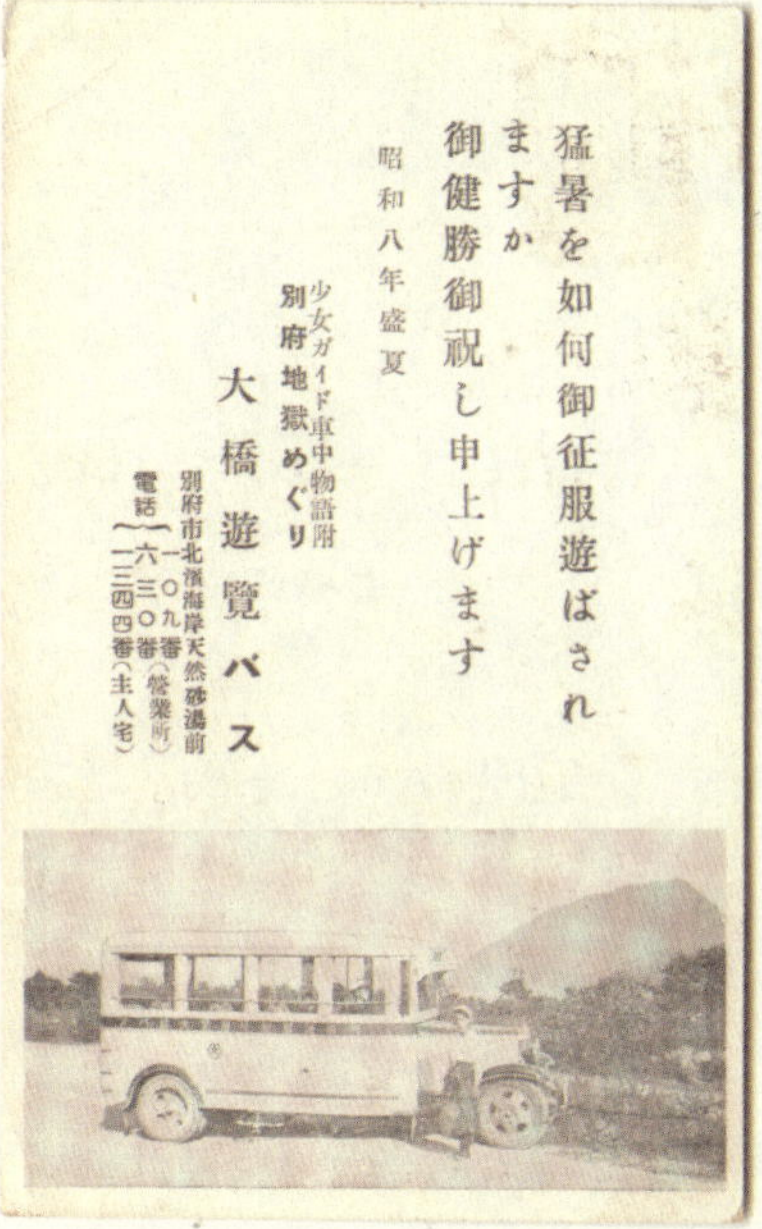

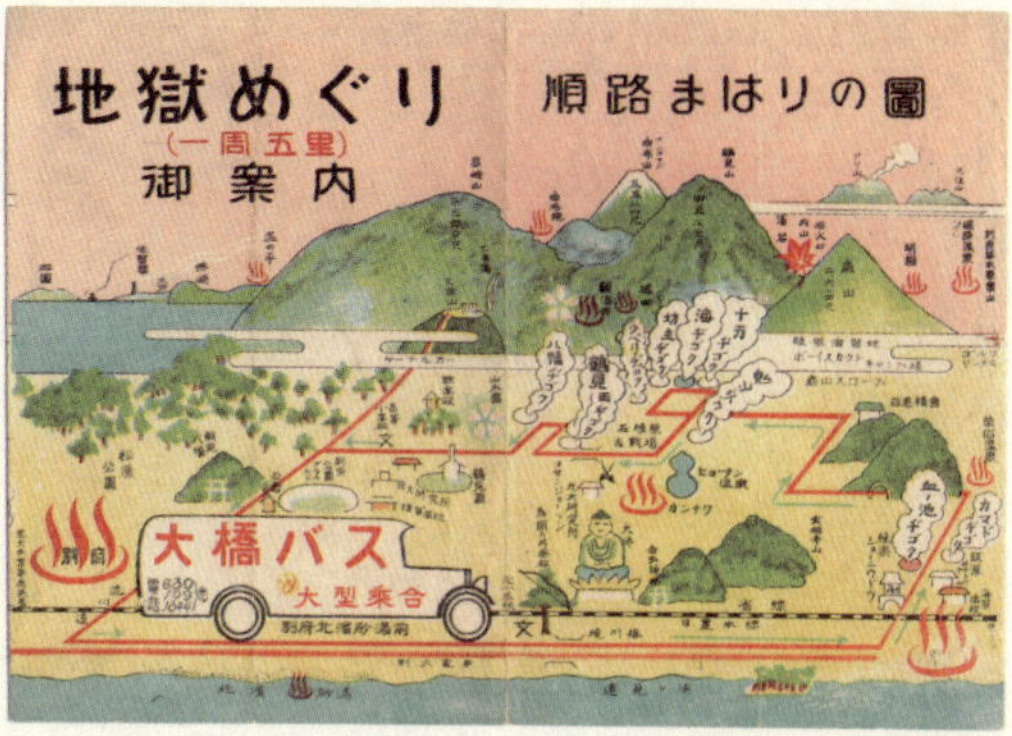

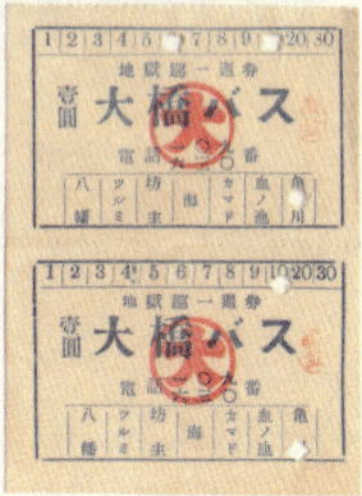

左599 大橋遊覧バス（昭和初期） 大橋自動車商会は亀の井と逆順のルートを申請して地獄遊覧自動車事業の許可を獲得し、昭和７年(1932) ９月に参入した。これは開業１年あまり後に同社が顧客へ出した暑中見舞い。

上・右 地獄めぐり御案内順路まわりの図(昭和初期) 大橋バスのパンフレットと使用済み切符。

を使った広域観光圏の構想を描いていた。昭和二年頃には九州一大国立公園構想、同三年頃には九州観光横断道路（国際遊覧観光道路とも）構想を新聞紙上などで発表し、喧伝に努めている。九州一大国立公園構想とは、阿蘇を中心に別府と雲仙を連結し、さらに高千穂をあわせて九州を一大国立公園にするという壮大な計画で、昭和二年（一九二七）の八月十四日に大阪毎日新聞紙上で発表されている。これは同年七月六日に別府が「日本新八景」のひとつに選出されたことと、同七月二十二日に内務省が国立公園の選定方針を発表したことに連続するものであったと考えられる。また九州観光横断道路構想とは、城島高原、由布院、耶馬溪など別府近郊景勝地のほか、阿蘇、雲仙、長崎と別府を結ぶ広域観光ルートの樹立計画で、昭和二年頃に熊八が中心となって趣意書を発表し、昭和四年（一九二九）一月二十日には、大分、熊本、長崎各県を巻き込んで「九州横断国際遊覧幹線既成会」が結成されたのである。「別府温泉の力強いことは奥の院の広いこと」と考えていた熊八の構想と一体に、別府の観光圏は自動車によって拡大が目指されていったのであった。

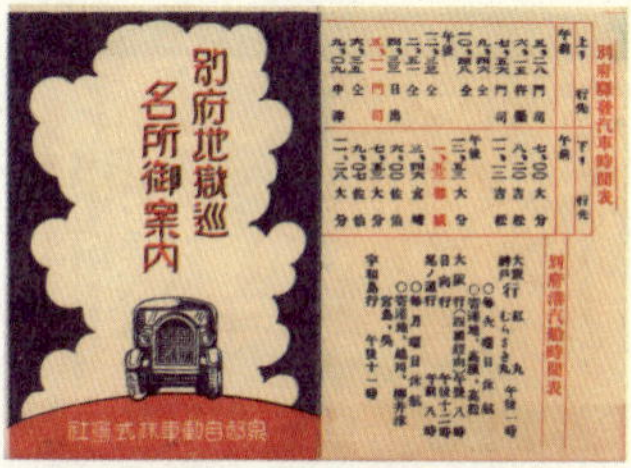

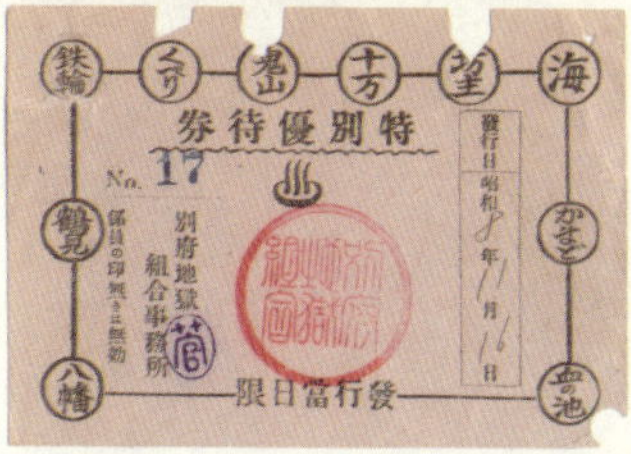

泉都自動車別府地獄巡名所御案内（昭和初期） 泉都自動車は亀の井と同じコースで地獄めぐりバスの運行許可を獲得し、昭和９年(1934) に運行を開始した。昭和12年に開催が決定した国際観光温泉博覧会を見越しての参入だった。地獄めぐりバス業者はこれで亀の井・大橋・泉都自動車の３社となり、集客競争が激化する。

600　**大阪別府間飛行記念（大正末期）**　大正12年（1923）11月18日、大阪別府間飛行記念の絵はがき。飛行士阿部勉、同乗者河野通友とある。飛行艇。差出人は大阪市西区の人で、大分県直入郡宛の年賀状。消印は大正13年（1924）元日。

21 飛行艇

広がりゆく別府のイメージ

日本における民間定期航空便のはじまりは、日本航空輸送研究所が大正十一年（一九二二）十一月に就航した堺―高松間の飛行艇であるという。続いて朝日新聞社が組織した東西定期航空会が、同十二年一月に陸上機による東京―大阪間定期郵便飛行をはじめた。大阪―別府間の定期航路が開かれたのは同年七月で、日本航空株式会社（大阪／社長川西龍三）による貨物輸送が行われた。つまり別府には、民間航空路の開拓期に定期路線が就航したことになる。当初は、海軍払下げの横廠《よこしょう》式水上機を使用した貨物輸送のみであったが、翌年からは旅客輸送も開始された。日本航空株式会社は的ヶ浜に飛行艇の格納庫と発着所を設け、ここから大阪、福岡に定期便が飛んだ〔601〕。その後、日本航空輸送研究所が大

601　**飛行場（大正末期〜昭和初期）**　別府港の横にあった日本航空株式会社の飛行場と飛行艇格納庫。飛行艇を移動するためのクレーンもみえる。

阪―高松―別府に郵便輸送路線を就航している。以降、国策会社の設立によって多くの民間路線が廃止されたいっぽうで、この路線は昭和十四年（一九三九）まで存続し、あわせて遊覧飛行も行われた。

地獄めぐりバスで知られる亀の井遊覧バス株式会社には航空部もあり、飛行艇による別府上空の遊覧飛行を五円で提供していた。バスによる地獄めぐりは当時一円で、現在の地獄めぐりバスは二千円であるから、別府上空の周遊は五千円から一万円くらいの感覚だったのだろうか。ほかに同社では、別府と大阪、高松、松山間に定期便を飛ばしている。別府―大阪間は二十五円であった。亀の井の油屋熊八は、昭和二年「新日本八景」に別府が当選した際、翌日すぐさま飛行艇で大阪へ乗り付け、主催者の大阪毎日新聞社長に面会している。その様は新聞で大きく報道された。熊八は別府の宣伝にうまく飛行機も利用していたのである。

別府の町並みを鳥瞰する写真絵はがきには、しばしば飛行艇の姿を見つけることができる。それは飛行艇の部分を鳥瞰写真に重ね焼いたものである。海と山という別府の環境資源に、「空」を加えてひろがっていく別府のイメージの軌跡をここに確認することができるだろう。

私たちもそろそろ別府の近代をめぐる旅を終え、空を舞うこの飛行艇とともに未来の別府へ向けて離陸しよう。

602　別府全景（大正末期～昭和初期）　別府の町並みと飛行機。飛行機は合成と思われる。町並みのほぼ中央を縦断している道は豊前道（小倉街道）。この絵はがきのように、町並み、別府湾、船、飛行機を（合成）掲載したものはしばしば作られている。

603　別府温泉場（大正末期～昭和初期）　海軍の艦隊入港時の写真と飛行艇の画像を合成した絵はがきと思われる。

604　別府温泉場全景（大正末期～昭和初期）　別府港に入港しようとする大阪商船の客船と飛行艇。

付録

さまざまな絵はがき

ここでは古城コレクションから、本篇では紹介しきれなかったさまざまな絵はがきや別府の郵便事情を物語る絵はがき、記念スタンプなどを紹介する。

上606 鎌崎より別府温泉地帯の風景遠望（大正末期〜昭和初期）
下607 別府名所中央鶴見岳（一名別府富士）前面は八幡地獄全景で右側三角形の美しき山は有名なる扇山の雪景実写（大正末期〜昭和初期）

605　別府海浜砂湯と諸大家の論説抜擢 及び海浜砂湯浴場繁盛と別府港の偉観高崎山（一名四極山）の遠望（大正末期～昭和初期）

608　左から（1）大阪商船会社客船〔むらさき丸〕出港準備名残紐の実写（2）船は徐々と桟橋を離れ乗客と送る人に名残紐を引く（3）名残紐は切れて船は黒煙を吐き無遠慮に進行し互いに名残りを惜しむ（大正末期～昭和初期）　客船が次第に離岸する様子を合成し1枚の封緘絵はがきに仕立てたもの。

609　**海上より見たる湾岸通り 其の一・其の二（大正末期～昭和初期）**「世界の公園　天下の楽土」という別府観光記念スタンプが押されている。

封緘絵はがき

本書には写真絵はがきを中心に収録したが、明治末期から大正時代にかけて一大メディアであった絵はがきには、イラストはもちろんさまざまな工夫のされたものが多数流通していた。

裏面に広く通信欄をとった封緘はがきは、折り目のついているように四つに折り畳み、封をして投函する。料金は当時三銭。パノラマ写真を利用したもの、とりわけ別府の風景をカラーで収めたものは非常に珍しく、古城コレクションの白眉である。地獄の景観を収めた〔533〕も、同じシリーズの一枚。未使用のため、封をするための糊しろが残っている。

パノラマ絵はがき

別府港を写したパノラマ写真を利用した〔14〕～〔18〕は、七枚組のセット絵はがきだが、陸軍の兵舎を写した〔451〕やここにあげているものはつながった状態で販売されていた、二枚組のパノラマ絵はがきである。封緘はがきとは異なり、真ん中のミシン目から切り離してそれぞれを使用する。そのまま投函することもできた。その場合は封書とおなじ三銭であった。

610　八幡地獄 大正十四年六月新噴煙の実況（大正末期）

611～618「温泉情緒豊にして世界の楽園と云わるる夜の別府」たとうと８枚組の絵はがき（昭和初期）
たとうのイラストは朝見川の河口、朝見橋付近(遊廓のあたり)。別府TS商店発行。

イラスト・絵画の絵はがき

カラー写真や夜景を美しく撮影することが望めない当時、夜景を題材にする絵はがきは少なく、本書〔6〕〔19〕は珍しい。このセットでは、写真をベースにイラストに見えるほどの濃い着彩を加える工夫によって、夜も皎々《こうこう》と賑わう別府の様子を伝えようとしている。このような絵はがきセットをつくったのは、どう別府の夜を描写し、伝えるかを考えた末のことだったのだろう。

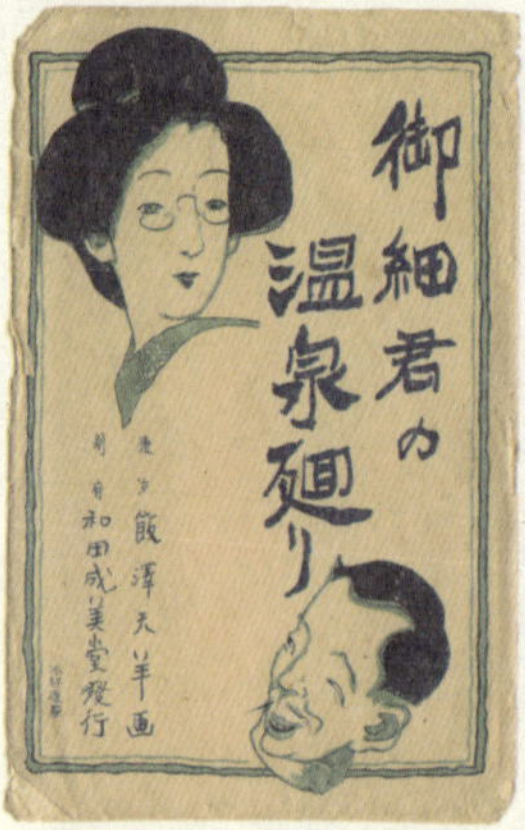

619 ~626 「御細君の温泉廻り」たとうと絵はがき（大正中期~末期）
飯沢天羊画、和田成美堂発行。飯沢天羊にはほかに『御細君閣下』という作品があるが、この絵はがきも「閣下」と呼ぶにふさわしい妻と、懸命に尽くす夫の姿をコミカルに描く。そんな二人を通して描かれる別府。大阪商船の船で別府港に降り立ち、温泉旅館に宿泊。海地獄、血の池ラジューム温泉、海岸砂湯に観海寺と別府を堪能している。最後のはがきには「この光景を絵はがきにして中浜通りの（和田）成美堂からでも発行したら売れますね」というオチがついている。写真絵はがきのほかに、このようにマンガや油絵で別府を描いた絵はがきもたくさん発行された。

627～629　左から**「別府砂湯」「別府の宿より」「別府朝見川」(すべて大正中期～末期)**　○スのサインは、大正期の挿絵画家のひとり宇崎純一。当時、竹久夢二とも並び称される人気を誇り、絵はがきのために多数の作品を描いた。

中段630、631　　**麻生豊画の漫画の絵はがき２枚(昭和初期)**　海地獄の名物ゆで卵をつくるところと、山、海、温泉の揃う別府の光景を漫画にしている。麻生豊(明治31年〈1898〉～昭和36年〈1961〉)は大分出身の漫画家で、新聞四コマ漫画の草分け。日本名所図絵社印行。

下段632、633　　**浴室の裸婦（猪熊源一郎画、昭和初期)、鉄輪の湯（吉田博画、昭和初期)**　著名な画家たちの描く別府。ほかにも血の池地獄や仏崎などが題材に選ばれた。

上193再掲　**竹瓦温泉（明治末期～大正中期）**　左手前の荷車に、「和田成美堂」「エハカキ」の文字。右手前には黒塗りのポストの上部が写る。

下154再掲　**別府港に上陸し別府ホテルに向う港町市街（明治末期～大正中期）**　右手看板の下に、黒塗角形ポストがみえる。

右187再掲　**濱脇開創第一薬師温泉（明治末期～大正中期）**　左上に郵便局を示す看板。

別府の郵便・郵便局

郵便局の開局を追うと、しだいに発展していく別府の様子が想像できる。明治五年（一八七二）に開局した別府局をはじめ、明治時代には鉄輪、亀川、濱脇の各局が、その後大正時代には、竹瓦、観海寺の郵便局が開局している。町並みを写した写真絵はがきを丹念に探ると、郵便局や絵はがき売り、ポストが写り込んでいるものが見つかり、当時の郵便事情の一端が見えてくる。

明治三十年に改築された薬師温泉のはがき〔187〕には、郵便局の位置を示す看板が写っている。掲載したはがきは「通信事業創始五十年記念」の記念はがき。同じ記念の切手と別府局の記念スタンプが押されている。

竹瓦温泉の絵はがき〔193〕の左手には和田成美堂の名前の読める小さな荷車が写っている。道ゆく人にこのようにして絵はがきを販売していたのだろうか。

同じはがきの右手前には黒塗角形ポストと呼ばれる最初期のポストが写っている。杉板でつくられたこのポストは、明治五年の郵便事業創始以来、明治三十四年（一九〇一）に鉄製の赤く丸いポストが考案されるまで長く使われた。港町通りを写した一枚〔154〕には、右手看板の下に設置されているのがみえる。ほかには〔183〕〔213〕にもみつけられるだろう。

634　通信事業創始五十年記念大正十四年四月二十日（別府郵便局）（大正後期）　玄関左に、自転車と局員が整列している。

635, 下左636　別府郵便局の新築工事をつたえる絵はがきセット（昭和12年以降）
昭和11年起工。同封の紙には建坪や設備、工期など新築工事概要が記されている。
下右637　　試験室 別府局電話交換室 温泉浴場（昭和12年以降）

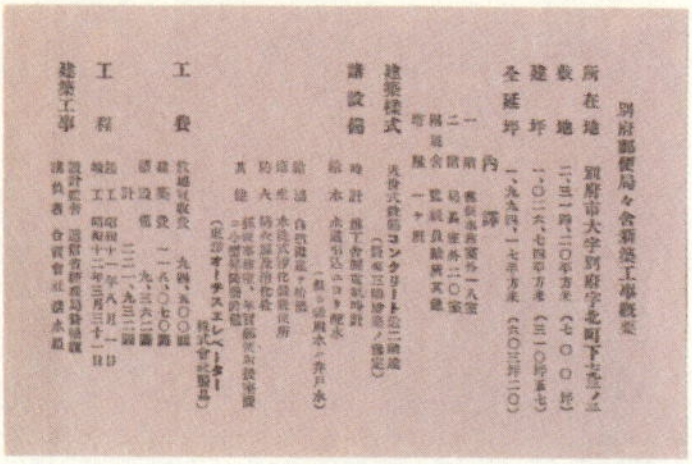
別府郵便局々舎新築工事概要
所在地　別府市大字別府字北町下[illegible]ノ五
敷地　二、三一四、二〇平方米（七〇〇坪）
建坪　一、〇二六、七四平方米（三一〇坪五七）
各延坪　一、九九四、一七平方米（六〇三坪二〇）
内訳
一階　事務室外一九室
二階　局長室外二〇室
屋階　監視員試験室
塔屋　一ヶ所
建築様式　鉄骨鉄筋コンクリート造二階建（屋根三階塔屋ノ鉄骨）
諸設備
時計　地下合同電気時計
給水　水道引込ニヨリ給水（但シ別用水ハ井戸水）
給湯　自然循環ヲ給湯
浄化　水洗式浄化装置使用
防火　防火扉及消火栓
其他　[illegible]
（東洋オーチスエレベーター株式会社製品）
工費
総工費　九四、五〇〇圓
建築費　一一八、〇七〇圓
設備費　九、三六二圓
計　二二一、九三二圓
工程
起工　昭和十一年八月一日
竣工　昭和十二年三月三十一日
建築工事
設計監督　遞信省熊本遞信局営繕課
請負者　合資会社清水組

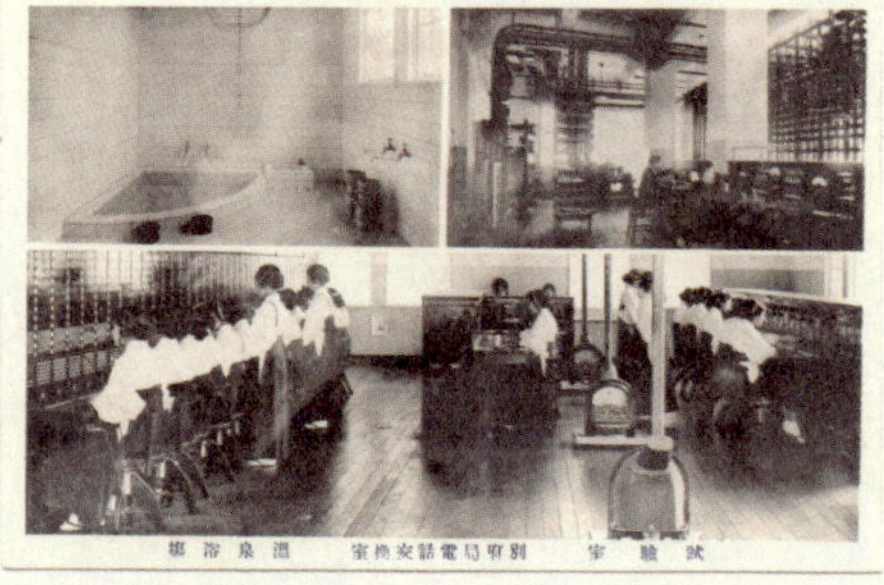

638　天皇陛下（大正後期、通信面）

右上639　大日本軍艦伊吹一万四千六百噸（大正後期）

右640 通信事業創始五十年記念（大正後期）　同じく通信事業創始を記念したはがき。明治４年に発行された４種類の郵便切手を図案にしている。消印は記念日当日の別府局のもの。

641　別府温泉場全景（大正後期）　明治神宮鎮座記念切手と記念スタンプ。大正９年11月１日、スタンプは別府局のもの。

記念絵はがき・記念スタンプ・記念切手

絵はがきが映像と文字を伝える有力なメディアのひとつであった当時、国家的な行事に際してさまざまな記念はがきや記念スタンプ（特殊日付印）がつくられた。そのなかにはもちろん別府にまつわるものもあった。

たとえば、国際温泉観光大博覧会〔379〕や陸軍特別大演習〔458〕などは別府で行われた出来事を記念するはがき。軍服姿の大正天皇のはがき〔638〕の通信面下に押された印（下）には「挙行記念二豊平野に於ける陸軍特別大演習大正九年十一月上旬」とあり、切手に押された印は宇佐局のもの。記念はがきのほか、記念スタンプがつくられているのがわかる。同じ大演習を記念した別府局のスタンプ〔639〕もあるが、この二局は大分局とともに日付印指定局とされていた。

別府局を写した〔634〕には、通

①

②

①別府温泉場より別府湾を望む図案（昭和８年）
②別府温泉砂湯と特産の竹細工の図案（昭和12年）

③「大別府建設記念温泉祭」（昭和11年）
④「大分県殖産館新築竣工記念」（昭和11年）
⑤「戦捷祈願温泉祭記念」（昭和13年）

③

④

⑤

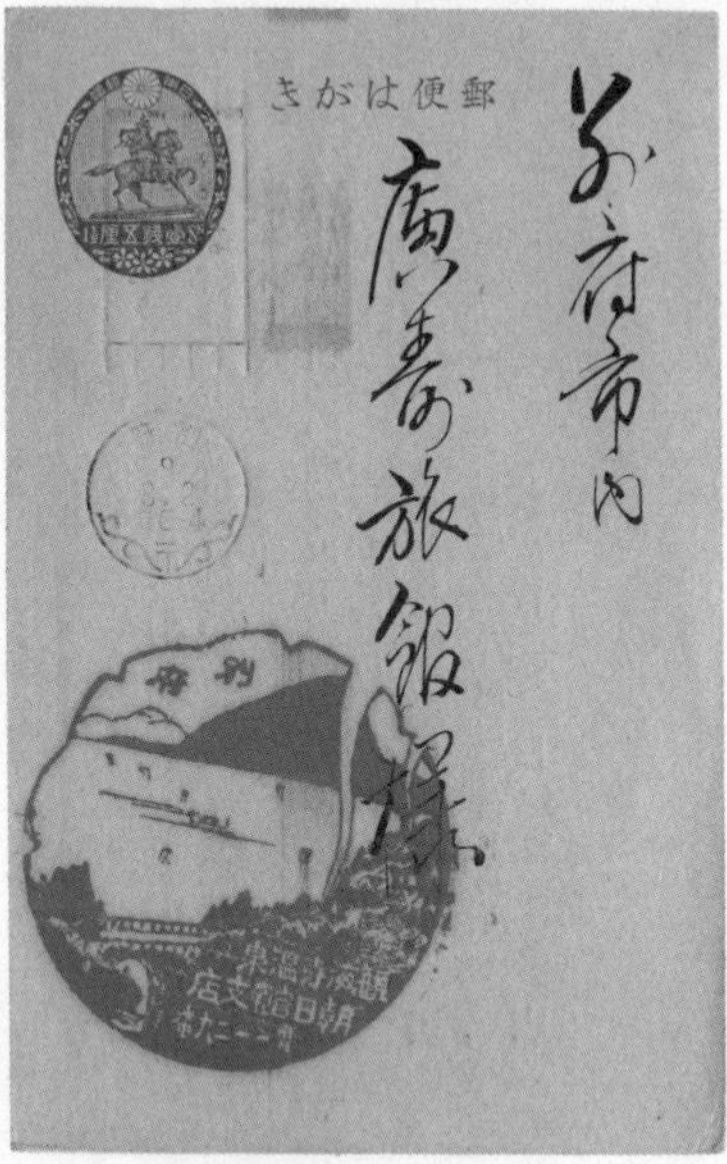

642　観海寺温泉朝日館支店の私製スタンプ

信郵便創始五十年記念（大正十年四月二十日）の切手と記念スタンプ（左）、万国郵便連合加盟五十年記念（昭和二年六月二十日）の切手とスタンプ（右）がそれぞれ残されている。いずれも別府局のスタンプで記念に押印してもらったのだろう。

また別府の風景を図案化した、風景印とよばれるスタンプもつくられた。昭和六年九月二十五日より使用されており、はがきの年代を定めるヒントになる。図案には別府温泉場より別府湾を望むもの、別府温泉砂湯と特産の竹細工などの印がある。いずれも別府の砂湯や湯煙などを図案としており、別府の温泉町としてのイメージを伝えている。

官製の風景印のほか、私製のスタンプにもさまざまな図案が考案され、絵はがきや暑中見舞い、年賀状などに添えられた。〔642〕は観海寺温泉朝日館支店製の一例。観海寺橋〔104〕がデザインされている。

通信欄が２分の１のはがき。表記が「はかき」となっていることから、大正７年以降、昭和８年までの間に制作されたものと推定できる。

付録 絵はがき製作年代の見方

通信面の様式から

はがきの通信面の様式は、次のように移り変わっており、絵はがきの製作年代を推定する第一の手がかりとなる。

①明治三十三年十月一日、私製はがきが認可される。実際には、明治三十四年の年賀状からの使用が多い。明治三十五年六月十八日、最初の記念絵はがきが発売される（万国郵便連合加盟二十五年記念）。この時期のはがきは本書では「明治三十年代」と表記した。通信欄がない。

②明治四十年三月二十八日、郵便規制法が改正され、表面下部三分の一以内の通信文記載が認められた。それ以前の表面には、通信文と宛名を区切る横線が引かれていない。明治四十二年十月十三日には「私製はがき製式規制」が制定される。材料が紙に限定され、郵便はがきたることを何らかの文字で記すこととされたが、翌日には通達が出て、写真や薄い紙片、織物を密着させても差し支えないとされた。本書では「明治末期〜大正中期」としている。

③大正七年三月一日、郵便規制改正。通信文の範囲が二分の一に拡大された。この間のものは「大正中期〜昭和初期」とした。

④昭和八年二月十五日、はがき上部の「郵便はかき」の表示が「郵便はがき」に改められる。本書では「昭和初期」とした。また昭和二十年以降、右読みの「郵便はがき」から左読み「郵便はがき」に改められた。本書では戦前のはがきを中心に収録しており、これは扱っていない。

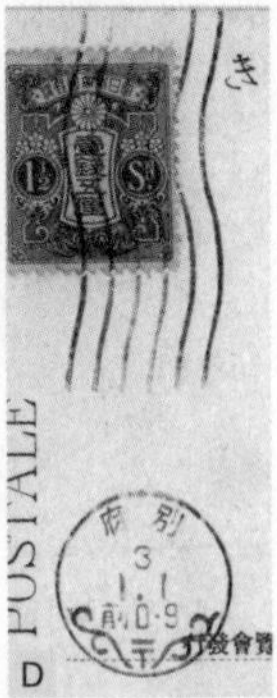
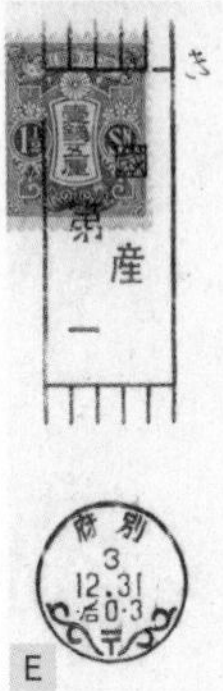

１段目左からＡ丸一型日付印、Ｂ櫛型日付印、Ｃ林式郵便処理押印機印。
２段目D,E大型機械印、Ｆ中型機械印、
３段目はＧ鉄道郵便印（下）、H,I小型機械印、Ｊ大正16年用の年賀印

日付印・スタンプから

日付はもちろん、日付印の形状からも、そのはがきの使用年代のヒントを得ることができる。以下、別府で使用された実例をみてゆこう。

Ａ丸一型日付印。明治二十一年九月一日から全国一斉に使用開始した。上部欄に「豊後　別府」と国名、局名が入っている。明治四十二年末まで使用。**Ｂ**櫛型日付印。**Ａ**にかわり明治四十三年一月一日から戦後まで、消印の形状としては最も長く使われた。**Ｃ**林式郵便処理押印機。林理作により考案された初期の機械印のひとつ。このはがきにみられる大正十四年一月一日より使用開始。**Ｄ**、**Ｅ**大型の機械印。日付の部分に唐草の模様。波形のものと標語入りのものがあり、別府局で使用された標語入りは昭和三年「国産第一」が最初。**Ｆ**中型の機械印。これは「宛名は詳しく判りよく」という標語が入ってる。**Ｇ**明治四十四年八月二十八日、前月の別府への鉄道開通後の消印。別府最初期の鉄道郵便印。**Ｈ**、**Ｉ**小型機械印。時代を反映した標語「偲べ戦線求めよ国債」「速達で内地は何処へでも」。**Ｊ**は大正十五年十二月二十五日の大正天皇崩御以前に投函されたはがきのみに使用された大正十六年用の年賀印。別府局。

本書では、これら通信面の様式・日付印・スタンプなどの情報に加え、写真面に写されているものの景観年代や絵はがき発行元の情報なども加えて、総合的に判定し、年代を記した。

参考文献（刊行物のみ掲載、一次史料は省略）

全般

加藤賢成編・発行『豊後名勝温泉案内』、一八八八年
佐藤蔵太郎『南豊温泉記』、甲斐書店、一八九六年
加藤十次郎『豊後温泉誌』、萩原号、一九〇七年
佐藤蔵太郎『別府温泉誌』、高倉駒太、一九〇九年
菊池清（幽芳）『別府温泉繁昌記』、如山堂書店、一九〇九年
田島大機『新撰南豊温泉記』、人円会九州支部、一九一〇年
別府町役場編・発行『別府町史』、一九一四年
岡野定治編・発行『別府旅館能力調査票』、一九二〇年
佐藤巌『温泉案内漫画の別府』、総文館、一九二二年
別府宿屋組合事務所編・発行『豊後温泉地旅館名簿』、一九二三年
三内金左衛門編・発行『大別府大観』、一九二五年
稗田武士編・発行『最新別府温泉案内』、一九二五年
別府市役所編・発行『別府市史』、一九二八年
笠置雪治編・発行『温泉の別府案内』、一九三一年
郷土史蹟伝説研究会編・発行『豊陽古事談』、一九三一年
別府市教育会編・発行『別府市誌』、一九三三年
伴中編『大分県紳士録』、大分情報局、一九三三年
網中幸義『大別府人物史』、温泉タイムス社、一九三五年
別府商工会議所編・発行『大別府案内』、一九三七年
別府市役所産業課編・発行『別府市旅館業の実態』、一九五一年
別府市・別府商工会議所編・発行『別府市商工名鑑』、一九五二年
別府市立図書館編・発行『明治三十二年前後の別府の状況に就いて』、一九五九年
是永勉『別府今昔』、大分合同新聞社、一九六六年
別府市役所編『別府市誌』、別府市役所、一九八五年
安部巌編『別府歴史地図総攬』、別府教育資料館、一九八六年
安部巌『別府温泉湯治場大事典』、創思社出版、一九八七年
藤田洋三編・村松幸彦監修『別府近代建築史』、別府観光産業経営研究会、一九九三年
別府市編・発行『別府市誌』、二〇〇三年
佐藤健二『風景の生産・風景の解放　メディアのアルケオロジー』、講談社選書メチエ5、一九九四年
細馬宏通『絵はがきの時代』、青土社、二〇〇六年
乾由紀子『イギリス炭鉱写真絵はがき』、京都大学学術出版会、二〇〇八年
松田法子「近代温泉町の成立過程と大規模旅館の諸相　別府温泉を事例として」、『日本建築学会計画系論文集』五八二号、二〇〇四年
同「泉源開発と旅館街の立地傾向にみる近代温泉町の成立過程　別府温泉を事例として」、『日本建築学会計画系論文集』五八二号、二〇〇四年

第一章

1渚のある温泉町
大分歴史事典刊行本部編『大分歴史事典』、大分放送、一九九〇年

2港町別府
「大阪商船と別府の近代」
大阪商船株式会社編『大阪商船株式会社五十年史』、大阪商船株式会社、一九三四年
岡田俊雄編『大阪商船株式会社八十年史』、大阪商船三井船舶株式会社、一九六六年

3海水浴と砂湯
全般の項所収文献参照
「写真絵はがきの製作発行者」
小俣慤編・発行『大分県人名辞書』、一九一七年
小野弘「懐かしの別府ものがたり」No.943、「今日新聞」、今日新聞社、二〇一〇年

第二章

4別府の古層
「別府と火山、火山神」
安部作男「別府温泉の守り神　火男火売神社の事」、『別府史談』三号、別府史談会、一九八九年
火男火売神社編・発行『式内火男火売神社史』、二〇〇〇年
加藤兼司・牧弘之「地獄と温泉の守護神　火男火売神社の由来」、『別府史談』一七号、別府史談会、二〇〇三年
由佐悠紀「別府温泉の原熱水」、『別府市誌』第三編一章二節二、二〇〇三年
同「温泉系の年齢」、『別府市誌』第三編一章二節四、二〇〇三年
帆立道久『かぐや姫と王権神話　「竹取物語」・天皇・火山神話』、洋泉社、二〇一〇年
「災厄の記憶」
橋本操六「沖の浜の瓜生島説は誤り」、大分歴史事典刊行本部編『大分歴史事典』、大分放送、一九九〇年
飯沼賢司「地形環境からみた別府地域の荘園開発と集落」、『別府市誌』第二編三章二節七、二〇〇三年
後藤重巳「江戸時代の村」、『別府市誌』第二編四章二節一、二〇〇三年
日名子健二「瓜生島考」http://www9.plala.or.jp/chietaku/uryu.html

5別府八湯
国府犀東・大佛次郎・田中純・石井柏亭『絵の国豊前豊後』、九州風景協会、一九三四年
『日本歴史地名大系』第四十五巻、平凡社編・発行、一九九五年
飯沼賢司「荘園の登場」、『別府市誌』第二編三章一節一、二〇〇三年
別府市誌編纂事務局「温泉の開発とその利用」、『別府市誌』第二編三章一節二、二〇〇三年
後藤重巳「特産品と新田開発」、『別府市誌』第二編四章三節七、二〇〇三年
同「江戸時代の別府温泉の様相」、『別府市誌』第三編二章二節一、二〇〇三年
末廣利人「堀田温泉」、『別府市誌』第三編二章四節五、二〇〇三年
同「明礬温泉」、『別府市誌』第三編二章四節六、二〇〇三年

同「亀川温泉」、『別府市誌』第三編二章四節九、二〇〇三年

6町並み

織田作之助『夫婦善哉 完全版』、雄松堂、二〇〇七年

「町並みの地勢」

全般の項所収文献参照

7共同温泉浴場

全般の項所収文献参照

「温泉の等級」

夏目漱石『坊っちゃん』、一九〇六年

8温泉源開発

『西日本新聞』、一九八八年六月十六日、十八日、二十九日

『大分合同新聞』、一九九二年五月三十一日

段上達雄「泉源掘り」、『別府史誌』第七編第三節一、二〇〇三年

外山健一「別府温泉『突き湯第一号』解明」、『別府史談』一八号、別府史談会、二〇〇四年

9旅館

「旅館業の社会と空間」

全般の項所収文献参照

「相場師と観光 油屋熊八伝再考」

「大阪毎日新聞」、一九二七年八月十四日

「大分新聞」、一九三〇年三月二十八日、同二十九日

「豊州新聞」、一九三〇年三月二十八日、同四月三日

「油屋熊八翁をしのぶ座談会」、『二豊の文化』第四巻九号、二豊の文化社、一九五〇年

『観光別府の先覚者 油屋熊八翁』、別府市、一九五一年

神川清『大分県交通史』、九州交通新聞社、一九七八年

丸山宏『近代日本公園史の研究』、思文閣出版、一九九四年

小野功「湯布院・別府の観光開発の先駆者・小野駿一と油屋熊八」、『滋賀大学産業共同研究センター報』第二号、二〇〇三年

第三章

10温泉町の博覧会

安部登『世界一大温泉府 大別府案内』、第二版、南郷山荘、一九三七年

加藤泰信「大別府市への発展」、『別府市誌』、第二編五章第四節五、二〇〇三年

11遊園地

倉橋滋樹・辻則彦『少女歌劇の光芒 ひとときの夢の跡』、青弓社、二〇〇五年

12公園

全般の項所収文献参照

13別府の土地開発

交詢社編・発行『日本紳士録』、一九二一年

古澤丈平『二豊官民人士録』、二豊新聞社、一九二九年

高砂淳「温泉リゾートと郊外宅地開発 観海寺、別府荘園文化村計画」、片木篤・藤谷陽悦・角野幸博編『近代日本の郊外住宅地』、鹿島出版社、二〇〇三年

小川功『虚構ビジネス・モデル 観光・鉱業・金融の大正バブル史』、日本経済評論社、二〇〇九年

同「海と山のリゾート開発並進と観光資本家の興亡 大正期の別府土地信託、別府観海寺土地を中心に」、『彦根論叢』第三八一号、滋賀大学経済学会、二〇〇九年

14軍の療養地

加藤泰信「「新」別府町の誕生」、『別府市誌』第二編五章三節三、二〇〇三年

同「連合艦隊と別府」、『別府市誌』第二編五章第五節一、二〇〇三年

同「戦時下の別府」、『別府市誌』第二編五章第五節二、二〇〇三年

15水際の遊廓

大分県編・発行『大分県統計書 下 明治一五』、一八八二年

大分県編・発行『大分県罰令類纂』、一八九三年

16芸妓と料亭

北川世外『新別府花柳細見』、楽文社、一九〇七年

矢島嗣久「高岸源太郎と料亭『なるみ』について」、『別府史談』八号、一九九四年

神田由築『近世の芸能興業と地域社会』、東京大学出版会、一九九九年

17電車と汽車

神川清『大分県交通史』、九州交通新聞社、一九七八年

窪田勝則編『大分の鉄道』、株式会社ＯＡＫ発行、一九八〇年

大分県交通株式会社編・発行『大分交通４０年のあゆみ』、一九八五年

田尻弘行『大分交通別大線』、RM LIBRARY85、株式会社ネコ・パブリッシング、二〇〇六年

18創られる名所

全般の項所収文献参照

19地獄

田中喜一・後藤佐吉「別府の地獄遊覧事業に関する調査」、『大分高等商業学校経済研究所 研究資料集報』一七巻一号、一九四二年

エンゲルベルト＝ケンペル『日本誌』今井正訳、霞ヶ関出版、一九七三年

入江秀利「江戸時代の別府温泉の記録（一）地獄」、『別府史談』一三号、一九九九年

後藤重巳「江戸時代の別府温泉の様相」、『別府市誌』第三編二章二節一、二〇〇三年

小川功「湯布院・別府の観光開発の先駆者 小野駿一と油屋熊八」、『滋賀大学産業共同研究センター報』第二号、二〇〇三年

根井浄「地獄の略縁起・山絵図を読み解く 『肥前国高来郡嶋原温泉山之図』をめぐって」、『文芸論叢』第七二号、大谷大學文藝學會、二〇〇九年

20自動車

田中喜一・後藤佐吉「別府の地獄遊覧事業に関する調査」、『大分高等商業学校経済研究所 研究資料集報』一七巻一号、一九四二年

加藤泰信「別府市制の施行」、『別府市誌』、第二編五章四節二、二〇〇三年

21飛行艇

全般の項所収文献参照

おわりに

写真絵はがきと都市史の眼

絵はがきのとても面白いところは、マクロスケールからミクロスケールまで様々な空間の範囲が絵はがきという同じ一枚の寸法で切り取られているところだ。私たちはあたかも、それらを同列であるかのように手にとって眺める。そのとき私たちの目は、巨視的・微視的なレンズを自動的に持ち合わせているといえるだろう。鳥瞰的な眼と虫瞰的な眼をあわせもつことは、筆者が携わっている都市史研究の経験とも似ている。

第一章では「渚と泉」という二つの水際を、第二章では「大別府」という領域の歴史を、第三章では温泉町からみる日本の近代について扱い、それらをこの都市を支える交通インフラと共にみてきた。本書に絵はがきの配列を決めていくことは、別府という町のかたちについて記述するテキストを、画像に置き換えていく作業のようだった。絵はがきを選ぶこと、並べることは、膨大な絵はがき群のなかからどのような〈別府〉を読み出していくのかという手続きだったように思える。

写真絵はがきのなかの〈別府〉史

写真絵はがきに切り取られた群像と、文献史料や地図史料などから再構成される別府とが同じ輪郭を描くことは、決してない。そこからは、絵はがきに写されたものと写されなかったものとが、図と地のようにして浮かんでくる。写真絵はがきと文献史料はどちらも、資史料としての可能性と限界の双方を持ち合わせている。それぞれが描きだす〈別府〉の姿のズレにこそ、写真絵はがきが切り出す都市のかたちの特徴がみえてくるだろう。

別府の町にとって写真絵はがきは、ありのままの別府の姿を伝えるものであった以外に、この町が浴客を集めることで栄える温泉町である以上、町のイメージを伝えるという見逃せない役回りを託されていたことが想像される。的ヶ浜や柴石のように風雅な雰囲気が重ねられる場所、流川通や海岸通、駅前通などのように繁華な賑わいが求められる町並み、竹瓦温泉や浜脇東西温泉のように温泉浴場施設の壮麗さを喧伝する建築、砂湯のように温泉資源のあり方の特徴を伝えるもの、市街の空撮によって別府の躍進を誇示する写真絵はがきなどからは、特定の場所や構図に込められた写真師や写真絵はがき発行元の意図を感じることができるだろう。しかし別府の写真絵はがきには、そのような目的だけに照らせばこんなものまでと思うような素材を取り上げたものも少なくない。なかには別府の住人が手に取ってこそ意味を発揮した絵はがきもあるだろう。写真絵はがきが切り取る別府の光景が紋切り型であったかといえば、決してそうではない。町の外へと羽ばたいていく別府のイメージと、町の中にとどまり、住民に再確認されていくような場所のイメージとが渾然一体に私たちの目の前へ差し出されているところが、別府の写真絵はがきの魅力である。

別府では旅館などひとつの建物について、わずかな時間差で別の写真絵はがきが作られていることも珍しくない。一軒の旅館の増改築状況が数年単位で追えることさえある。ここで重要なのは、その旅館が別府において決して特別な建築だったのではなく、無数にあった旅館の一軒だということだ。その旅館の増改築の履歴が別府の町の近代史において重要な出来事であったとは思えない。しかしそれは紛れもなく、温泉町別府を下支えしてきた建物、商売、人の歴史なのである。別府の写真絵はがきは、この町の中核を支えた、無名の建物や人々の歴史へと向かう無数の入り口である。

そしてここで気がつくのは、写真絵はがきが切り取った膨大な数の〈別府〉像のほとんどが、この町をかたちづくる建築や社会の最上層部でも最下層部でもない、分厚い中層部であったということだ。それが写真絵はがきの〈別府〉である。

別府における社会的中層部の分厚さ、そしてその中層部にかんする豊富なイメージ、すなわち写真絵はがきの膨大さは、温泉を中心とする土地の豊かな資源性に基づいているのではないだろうか。

写真絵はがき――〈別府〉への旅

豊かな湯脈を湛え海に開かれた大地、その地の温泉＝とくべつな泉のほとりに群生した浴場や旅館の建築とその社会、こうしてできた小さな場所の単位が連動してつくりあげる、〈別府〉という領域の歴史。その領域の一場面を小さな紙片に切り取る「絵はがき」。その写真絵はがきによって流通していった〈別府〉という場所のイメージ。

本書の特徴であるこのような別府のみかたが、あなたを新しい旅に誘えたならば、うれしい。

謝辞

はじめて別府に降り立ったのは、二〇〇〇年の秋だった。その後、修士研究の調査地として通った。古城氏との出会いはもう少し最近のことである。もう一度別府と向き合って調査を再開しようとしていたとき、別府にかんする膨大な絵はがきのコレクションを秘蔵されている方がいる、と古い知人から紹介された。

古城氏は、このごろコレクションの整理をはじめたのだと言われた。ついてはこの別府の写真絵はがきも手放すつもりだと。そのコレクションが別府という町にかんするイメージのほぼ総体を浮かび上がらせていることは、一目で見てとれた。それがまたばらばらになっていろいろなところへ別れてしまうのは、とても惜しいことだとわたしは思った。翌日、足は古城氏のところへ向いていた。この本はそのときのふとした会話をきっかけに生まれた。古城氏のコレクションを一般にひろく公開し、またちょうど古稀をお迎えになる節目を記念して、一冊の本にまとめてみようかということになったのである。

本書を執筆するにあたっては、コレクションの所有者である古城俊秀氏に、掲載絵はがきだけでなく、絵図や地図、図書館にも収蔵がない新聞をはじめ、さまざまな資史料や情報の提供など、甚大なるご協力を賜った。本書のための追加調査にもご協力いただいた。さらに奥様の多恵子さまにも、ご理解と多大なご支援を頂いた。この場をお借りして、尽きぬ感謝の辞を述べたい。

そして企画の段階からご助力を頂き、編集作業の労をとって頂いた左右社の東辻浩太郎氏に、心からお礼を申し上げる。そのほか、別府でお世話になっているみなさま、学恩を賜った諸先生や先輩同輩のみなさま、ご協力いただいたすべての方々に、深甚なる感謝の言葉を捧げたい。

二〇一二年三月　松田法子

索引

ゴチック体は絵はがきなどの図版を収録したページを示す。( )内に示したページは簡単な言及、ゴチック体のすぐ後の( )内は絵はがきの再掲ページを示す。

人物・出来事など

一遍上人……………79, 81, 82
織田作之助(『夫婦善哉』)……92, 94, 103, 134
別府の外国人………**49**, 169, **174**, **247**
貝原益軒……………58, 104, 265, 266
上総堀………………59, 122, 123, **124**, 125
慶長の大地震………58, 59, 217
後冷泉天皇…………84
市区改正……………23, 100, 102, 103, 130, 161, **200**, 220
少女歌劇……………202, **204**, **205**, 282
青筵…………………**102**, 126
大正天皇(嘉仁親王)…**69**, **70**, 211, 213, **214**, 304
多田次平……………69〜72, 172, 224, 225
田能村竹田…………242〜244
萩原定助・萩原号…24, **51**, **52**, 77, 80, (110), 200, 212, **215**, 227
ビリケン……………**95**, 192
源為朝………………18〜20
湯株…………………130, 134
湯突き………………123, **124**, 125
脇蘭室………………57, 58, 71, 77, 266
和田成美堂…………51, **52**, **110**(302), 212, 300

地名

朝見川………………54, 62, **65**, **66**, 67, 122, (167), (220), **243**, **248**, **250**, **251**, **256**, **298**, **301**
浮世小路……………243, 245, 246
瓜生島(沖の浜)……58, 59
観海寺橋……………**71**, **175**, **305**
佐伯湾………………229, **235**
志高湖………………61, **89**, (90), **91**, 260
高崎山(四極山)……**24**, **25**, **29**, **50**, **79**, **256**, **258**, 260, **295**
鶴見岳・鶴見連山…54, **55**, **56**, 65, **66**, 79, 89, 90, **100**, 202, 203, 207, **251**, **254**, **257**, **259**, 260, 277, 290, **294**
道後・道後温泉……56, 57, 79, 118, 119, 236
日出生台……………229, **232〜234**
仏崎…………………**250**, **254**, **255**, **258**, 260, (301)
耶馬渓………………132, 184, **290**, 291
由布院・由布岳……61, 74, **89**, **91**, 133, 184, **257**, 260, 277, 290, 291

おもな旅館・共同温泉浴場

泉孫…………………130, **159〜162**, 188
駅前高等温泉………**100**, **117**, 119
鶴寿泉………………76, 77, **78**
亀の井別荘…………89, **91**, 133
亀の井旅館(亀の井ホテル)… 71, 89, 91, 124, 131, (150), **169**, 183〜186, 188, 221, 273, **287**, 289, 290
河綱…………………130, **165**
楠湯…………………105, 107, **113**, 120, 242, 243
児玉屋・児玉別荘…**42**, 45, **92**, **94**, 131, 132, **135**, (138), **140**, (142), (143), 149, 253
寿温泉………………107, **114**
米道…………………**62**, **167**, **168**, **243**
米屋…………………130, **134**, **154**, 155, 157, 270
鹽久…………………**64**, **163**
新別府温泉…………**224**, **225**, 226
杉の井………………**176**
竹瓦温泉……………96, 106, **110**(302) 〜**112**, 113, 132, 138, 146, 210
聴潮閣………………**160〜162**
鶴田旅館……………117, 130, **141**, 168, 240
照湯(江戸時代)……59, 104, 269, **270**
西温泉………………62, 63, 105, **106**, **107**, 108, 119, 124
花菱…………………**50**, 132, 135, **149**
東温泉………………62, 63, 64, **104**, **105**, 106, **107**, 108, 114, 124, (164)
日名子旅館…………102, 130, (138), 154, **155**, 157, 256
瓢箪温泉……………**81**, 260, 261, **263**, **264**
富士屋………………**80**, **177**, **178**, (180)
不老泉………………103, 105, 111, **118**, **119**, 125
別府ホテル…………93(302), (150), **170**, **171**
松屋・松屋別荘……**46**, 111, 131, 132, **138〜140**
湊(港)屋……………**26**, **42**, **136**, (141), **252**
森屋…………………**111**, (114), **127**, (140), **146**, (210)
萬屋…………………**96**, **146**
四の湯………………86, **88**
霊潮泉………………**26**, 107, (111), **115**, **116**, (135)
薬師温泉(浜脇)……62, **108**(302), 124
若松屋………………**153**

VIEW OF NATURAL HOT SPRING "SAND BATH" FROM UPSTAIR. BEPPU.
（別府名勝）海岸天然砂湯階上の展望

松田法子（まつだ・のりこ）
一九七八年生まれ。博士（学術）。都市史・建築史。京都府立大学大学院生命環境科学研究科専任講師。日本観光研究学会学会賞（奨励賞、二〇〇九年）ほか受賞。主な著書・編書に、『熱海温泉誌』（熱海市、二〇一七年）、『危機と都市 *Along the water: urban natural crises between Italy and Japan*』（左右社、二〇一七年）、「温泉場の私娼とその空間」（佐賀朝・吉田伸之編『シリーズ遊廓社会2 近世から近代へ』、吉川弘文館、二〇一四年）などがある。

古城俊秀（こじょう・としひで）
一九四一年生まれ。一九五九年大分県立大分舞鶴高校卒業。一九六二年四月より日田郵便局をはじめ、普通局の郵便・会計・総務職を努める。二〇〇三年、大分萩原郵便局局長を最後に退職。郵趣家。日本郵趣協会に所属、郵便史に造詣が深い。絵はがきのコレクションは、地元大分県に関するもの、広告絵はがき、干支絵はがきなどを中心に数万枚におよぶ。

絵はがきの別府
古城俊秀コレクションより

二〇一二年五月三〇日初版第一刷
二〇一七年一月三〇日初版第三刷

著者 松田法子
監修 古城俊秀
発行者 小柳学
発行所 株式会社左右社
〒一五〇—〇〇〇二東京都渋谷区渋谷二—七—六
金王アジアマンション五〇二
TEL.03-3486-6583 FAX03-3486-6584
http://www.sayusha.com

装幀 安藤一生
印刷・製本 光邦

Printed in Japan ISBN978-4-903500-75-1